中等职业教育"十二五"规划教材

中职中专物流类教材系列

物流市场营销

李洪奎　主　编

苏国锦　李素芳　副主编

科学出版社

北　京

内 容 简 介

　　本书内容共分为 10 章：物流市场营销概论，物流市场调研，物流市场细分与目标市场，物流市场营销的产品策略、价格策略、促销策略、人员推销策略、渠道策略，物流客户关系管理，国际物流市场营销。全书对营销的全过程进行了系统的介绍，各章节按照需要程度的不同，相应地配备了学习目标、案例导入、必备的理论知识、相关作业、小组模拟仿真、作业展示及点评、思考与练习等内容。

　　本书在编写过程中注意突出以下几个特点：通过各种案例分析培养学生分析和解决问题的能力；通过小组模拟仿真培养学生的团队意识和协作能力；通过各种作业培养学生的实际操作能力；通过作业展示及点评和大量的实例训练提高学生学习的主动性和积极性。

　　本书既可以作为中高职职业院校物流专业学生的教材，也可以作为广大物流企业在岗职工的培训教材。

图书在版编目（CIP）数据

物流市场营销/李洪奎主编.—北京：科学出版社，2008
（中等职业教育"十二五"规划教材·中职中专物流类教材系列）
ISBN 978-7-03-020999-3

Ⅰ.物… Ⅱ.李… Ⅲ. 物流-企业管理-市场营销学-专业学校-教材
Ⅳ. F253

中国版本图书馆 CIP 数据核字（2008）第 012862 号

责任编辑：任锋娟　毕光跃／责任校对：耿　耘
责任印制：吕春珉／封面设计：山鹰工作室

斜 学 出 版 社 出版
北京东黄城根北街 16 号
邮政编码：100717
http://www.sciencep.com

三河市骏杰印刷有限公司印刷
科学出版社发行　　各地新华书店经销

*

2008 年 4 月第 一 版　　开本：787×1092　1/16
2019 年 10 月第十次印刷　　印张：15 1/2
字数：368 000
定价：40.00 元

（如有印装质量问题，我社负责调换〈骏杰〉）

销售部电话 010-62136131　编辑部电话 010-62138978-8767（SF02）

中职中专物流类教材系列
编写委员会

顾　问

　　姜大源（教育部职业技术教育中心研究所研究员、教授，《中国职业技术教育》杂志主编）

　　任豪祥（教育部中等职业教育物流专业教学指导委员会主任委员，物流采购与联合会副会长）

主　任

　　李守斌（教育部中等职业教育物流专业教学指导委员会委员，河北经济管理学校副校长）

委　员（按姓氏笔画排序）

王国文	王爱霞	王维民	王淑荣
孙明贺	李　伟	李洪奎	李素芳
苏国锦	张立川	张月华	张秀生
陈伟明	柳和玲	侯彦国	傅锡原

序

　　教育的根本任务，在于根据人的智力结构和智力类型，采取适合的培养模式，发现人的价值，发掘人的潜能，展示人的个性。

　　长期以来，社会上普遍存在一种看法，认为职业院校的教学质量、教学水平低于普通院校，这是不公平的。因为职业教育与普通院校是两种不同类型的教育，从满足社会需求来看，职业教育重在培养生产、服务和管理第一线的应用型职业人才；而从个性需求来看，职业教育则重在培养以形象思维为主的青少年，使其同样成为国家不可或缺的人才。作为不同于普通教育的另外一种类型的教育，职业教育有着自己独特的规律和特点。教育类型不同，评价的标准也应该不同。

　　因此，职业教育的教育教学必须遵循自身的规律和特点。针对传统的建立在学科体系理论知识基础上的教学，职业教育改革鲜明地提出了"行动导向"的全新教学观。所谓职业教育行动导向的教学，其基本意义在于：学生是学习过程的中心，教师是学习过程的组织者与协调人，遵循资讯、决策、计划、实施、检查、评估这一完整的行动过程序列，在教学中师生互动、生生互动，学生独立地获取信息、独立地制定计划、独立地实施计划、独立地评估计划，在动手中获取职业技能并掌握相关的专业知识。教学方法也从传统的课堂授课的组织形式逐步向项目教学法、案例教学法、仿真教学法、角色扮演教学法等转换。

　　但是，长期以来，对职业教育的教育教学改革至关重要的课程改革却一直止步不前，其原因在于课程微观内容的设计与编排始终远未跳出学科体系的藩篱。实践表明，职业教育课程内容的序化已成为制约职业教育课程改革的关键。在改革过程中出现的"工作过程系统化"的课程开发，很可能成为建立凸显职业教育特色的课程体系的突破口。

　　全国现代物流大会期间，我欣喜地听说科学出版社联合高职和中职院校以及相关企业的专家，在"行动导向"教学思想的指导下，共同合作开发了一套职业院校物流专业系列教材。这意味着，职业教育的课程开发正引起并成为教育界、经济界努力探索的目标，并且已经在物流行业取得了很大进展。所以，当这套物流教材的样章交给我时，我深深地感到，我们近年来在职业教育课程理论上的探究，在物流行业得到了实际的体现。特别是，以就业为导向的工学结合的办学模式，通过这套教材的开发、编写而得以"物化"。

　　伴随着物流这样一个在我国方兴未艾的行业的发展，物流管理专业由于刚刚起步，无论是在理论体系还是在教学实践层面都有待完善。正因为如此，对教育界来讲，这是一种挑战，也是一种机遇。如何针对市场的不断变化、针对物流业的实际需求，培养出满足物流企业需要的职业人才，同时又如何针对学生的智力特点，针对学生的个性需求，培养出社会需要的合格劳动者，是我们职业教育界必须正视的问题。本系列教材密切结合物流企业的实际工作，结合物流业务的真实案例，在教材编写时充分考虑了学生的学习兴趣及其能力的培养，其特色可以概括为：

一、业务案例导入

　　本系列教材选择物流行业中的实际的工作案例，引发学生的思考，让学生带着问题去学习相应的理论知识，充分调动了学生的学习积极性。鉴于职业院校的学生主要具有形象思维的智力特征，如何将抽象的逻辑建构的知识体系形象化、具体化、生活化和职业化，提高他们的兴趣，是至关重要的。因此，从物流业务的实际工作案例导入，能大大提高学生学习的兴趣，从而激发其学习动力。

二、工作流程主线

本系列教材难能可贵的是，既关注职业院校毕业生必须首先以就业为目标的根本方向，强调教材内容要有助于学生迅速适应职业工作的要求，又关注技术和社会发展对职业人才提出的新要求，强调教材要有助于学生职业能力的培养，因此，理论知识不能太抽象而必须契合职业实践。以实际工作过程为主线的课程符合这一需求，所以本系列教材结合物流企业实际业务工作过程，在将职业技能的习得与相关理论知识的学习结合方面，做出了有益的探索。

三、教学资源多元

本系列教材扩展了传统教材的界域，将其视为一个教学资源库，从而能集实践、知识与操作应用于一体，配合视频采集、图片图表，并采取情境模拟、作业发布、集体讨论、小组竞赛等多种教学方式，极大地丰富了学生的感性认识和理性认识，有利于了教与学、做与学的整合。

四、学习内容综合

本系列教材的内容具有跨专业的视野。现代物流是一个深入国民经济各方面的开放系统和动脉系统，具有跨地区、跨行业、跨部门的特征，因此本系列在教学内容上必然涉及多方面的专业知识，由此必须打破传统教材的学科性及学科体系的界限，而按工作过程逻辑建构教学内容，就将专业的和跨专业的知识有机融合在一起。

五、学生主体凸显

本系列教材围绕基于职业实践的教学任务或单元，设计学习环境及其活动，并在各小节设置相关实训作业，旨在消除传统学科教学满堂灌的弊端，强调学生参与操作、参与思考，其内容编排要求学生采取小组学习形式，可充分发挥团队力量，既有利于学生主动探索和创新精神的培养，又有助于学生责任感和协作精神的形成。

陶行之老先生有句话："生活即教育，社会即学校，教学做合一。" 我相信，只要我们职业教育界的各位同仁共同努力，深化改革，解放思想，追求创新，就能实现陶老的希望，创造卓越。

物流行业的发展日新月异，物流人才的需求与日俱增，物流职业教育的改革日益深入。如果说，物流职业教育的改革与发展，正迎来一个美好的春天，那么，在经历夏日的辛勤的耕耘之后，一定会有一个硕果累累的金秋。

教育部职业技术教育中心研究所研究员、《中国职业技术教育》主编

前　　言

物流业在 21 世纪已经发展成为中国国民经济的支柱产业。发展物流业的关键是人才。为解决人才在物流发展中的瓶颈作用，中华人民共和国教育部（以下简称教育部）等六部委颁布了《关于实施职业院校制造业和现代服务业技能型紧缺人才培养培训工程的通知》。不久，教育部、中华人民共和国劳动和社会保障部、中国物流与采购联合会共同制定了《中等职业学校物流专业紧缺人才培养培训教学指导方案》。本书正是按照该方案对物流人才培养规格的要求，按照"以全面素质提高为基础，以就业为导向，以能力为本位，以学生为主体"的职教课程改革的指导思想编写的行动导向型教材。

本书在编写过程中注意突出以下几个特点：

1. 通过各种案例分析的讲解来增强学生分析和解决问题的能力。

2. 通过小组模拟仿真来培养学生的团队意识和协作的能力。

3. 通过各种作业程序和标准来培养学生的实际动手操作的能力。

4. 通过作业展评和大量的实例来提高学生学习的主动性和积极性。

本书编者在对实践考察和参阅相关资料的基础上，按照营销工作的实际需要将全书分为 10 个部分，对营销的全过程进行了系统的介绍。

本书的编写人员及具体分工如下：刘杨（第一、八章）、李素芳（第二、四章）、张晋（第三、七章）、苏国锦（第五、六章）、罗梦一（第九、十章），李洪奎负责编写大纲和各章节内容的协调、修改和审定。

由于编者水平有限，加之时间仓促，本书难免有不足之处，恳请广大读者批评指正。

李洪奎

2008 年 2 月

目　　录

第1章 物流市场营销概论

本章概括介绍了物流及物流市场营销的基本概念、基本知识和基本理论。读者通过本章学习，可以对物流、物流市场营销、物流市场营销的主要内容等有基本认识，为以后各章节的介绍奠定基础。

1.1 市场营销及其观念演变

学习目标

1. 理解市场营销的概念
2. 掌握新旧市场营销的区别，把握现代市场营销观念的内涵

案例导入

两家鞋业制造公司分别派出了一个业务员去开拓市场，一个叫杰克逊，一个叫汤姆。在同一天，他们两个人来到了南太平洋的一个岛国，到达当日，他们就发现当地人全都赤足，不穿鞋! 从国王到贫民、从僧侣到贵妇，竟然无人穿鞋子。当晚，杰克逊向国内总部老板拍了一封电报："上帝呀，这里的人从不穿鞋子，有谁还会买鞋子? 我明天就回去。"汤姆也向国内公司总部拍了一封电报："太好了，这里的人都没有穿鞋! 我决定把家搬来，在此长期驻扎下去!"两年后，这里的人都穿上了鞋子……

必备的理论知识

1.1.1 市场营销的含义

1. 市场的核心概念

市场是商品经济的产物，并随着商品经济的发展而发展。人们对市场的理解，也随着市场本身的发展而日趋全面和深化。一般意义上，市场的涵义可以从以下三个角度理解：

1）市场是商品交换的场所。这种认识把市场理解为特定的空间，人们在这种特定的空间内进行商品买卖活动。例如，我们平时所说的农贸市场、菜市场、鲜花市场，就是这个意思。

2）市场是商品交换关系的总和。这通常被称为广义的市场，是目前公认的一种比较科学、完整的市场定义。随着商品经济的发展，商品的品种、数量日益增多，交易越来越频繁，交换的范围和规模迅速扩大，交换的形式日益多样化，交换过程中当事人的关系日渐复杂化。社会各部门之间的经济联系，也正是通过这些错综复杂的交换关系来实现的。

3）市场是人口、购买力和购买欲望的有机组成总和。这是从营销的角度看待市场，也就是营销市场，其关系可以表示为

$$市场＝人口＋购买力＋购买欲望$$

2. 市场营销的内涵

市场营销的最新定义来源于世界著名营销专家菲利普·科特勒博士与加利·阿姆斯特朗合著的《市场营销原理》（第7版）：市场营销就是通过创造和交换产品的价值，从而使个人或群体满足欲望和需要的社会和管理过程。这一定义包含了以下几方面的内容：

1）营销是一种创造性行为。营销不仅生产和创造各类产品或服务，满足消费者的现实需求，还创造消费者新的需求和欲望。

想一想： 如何对市场营销进行全方位理解？

2）营销是一种自愿的交换行为。自由交换是一切营销活动的基础。

3）营销是一种满足消费者或潜在消费者需要的行为。充分了解消费者的需要，以需求为导向、以客户为中心是市场营销的根本。

4）市场营销是一个系统的管理过程。市场营销不是一个部门、一个机构、一项活动，而是涉及企业各个部门、环节

和人员的一种时刻不息的全方位、全天候活动。

5）市场营销也是企业的内部营销或对内营销。企业在经营管理和生产活动中，不仅要面对众多的外部客户，同时还要面对众多的内部客户。就个体而言，这些内部客户包括上司、同事和下属。事实上，对内部客户的营销是整个营销活动的原点，同时也是对外营销取得成功的关键之所在。

6）营销是企业参与社会活动的桥梁之一。现代社会中，企业除了追求自身效益、顾客价值外，还必须把履行企业公民责任放在越来越重要的位置，高水平的营销能够有效地实现这三者的和谐统一。

7）市场营销的本质是要营造一种从各个方面都有利于销售的企业文化，提升企业的核心竞争力。

3. 产品和服务

产品是可以满足人们需要的任何有形物品。服务是可以满足人们需要的任何无形物品。

现代市场营销中的产品和服务是相互融合、不可分割的有机体，供应商在提供有形产品的同时，也必须提供配套的无形服务，这种行为伴随了前述过程的始终；同样，以提供无形产品也即服务的供应商，如物流企业，在提供无形产品的同时，还必须根据客户的需要提供相应的有形产品，如包装物、简单加工等。

1.1.2　市场营销观念的演变历史

所谓市场营销观念，是企业在一定时期、一定生产经营技术和一定的市场营销环境下进行的全部市场营销活动中，所遵循的处理企业、顾客和社会三方面利益的指导思想和行为的根本准则。

随着商品交换日益向深度和广度发展，企业营销观念也不断地演变和充实。纵观营销观念发展演变的历史，大致经历了生产观念、产品观念、推销观念、市场营销观念、社会市场营销观念和大市场营销观念六个阶段。其中，前三种观念统称为传统营销观念。

（1）生产观念

生产观念是 20 世纪 20 年代以前的一种传统古老的经营思想。这种观念强调"以产定销，以量取胜"，一切营销活动以生产为中心，不考虑消费者的需要和社会利益，具体表现为"我们生产什么，就卖什么"。

资　料

美国福特汽车公司的创办人福特曾经说过："不管顾客的需要是什么，我们的汽车就是黑色的"。因为在那个时代，福特汽车公司通过采用大量流水生产组织形式，大大提高了福特汽车的生产效率，降低了汽车的生产成本，从而大幅降低了福特汽车的售价，使福特汽车供不应求，清一色的黑色汽车畅销无阻而不必讲究市场需求特点和推销方法。显然，整个市场的需求基本上是被动的，消费者没有多大选择余地。

（2）产品观念

这种观念认为企业的主要任务就是努力提高产品质量，只要质量过硬，就不怕卖不出去，具体表现为"酒香不怕巷子深"、"皇帝的女儿不愁嫁"。这种观念容易造成"营销近视症"，只看到自己的产品质量好，看不到市场的变化，其结果必然导致产品单一老化，缺乏创新。

（3）推销观念

这种观念认为，如果不采取措施刺激消费者的兴趣，消费者就不会购买企业的产品，或只是少量购买。因此，这种观念强调"以推销、促销活动刺激消费"，一味强调把自己生产出来的产品推销出去，而不是生产能够出售的新产品，因此这一观念强调的仍然是产品而不是顾客需求，具体表现为"我们卖什么，人们就买什么"。

资　料

美国皮尔斯堡面粉公司在20世纪20年代以前的口号是："本公司旨在制造面粉"。30年代左右，它的口号改为："本公司旨在推销面粉"。一些存货待售的企业，则更加重视推销技巧。

（4）市场营销观念

这是一种以消费者需求为中心的观念，认为要实现企业目标，关键是断定目标市场需求和欲求，并且比竞争者更有效地满足消费者的要求。它强调以市场为中心、以顾客需求为导向，强调顾客的需要和企业的利润。关于此观念有许多生动的说法，如"找出需求并满足之"、"顾客就是上帝"、"制造能够销售出去的东西，而不是销售制造出来的东西"等。

资　料

20世纪50年代前后，美国皮尔斯堡面粉公司经过调查，了解到战后美国人民的生活方式已发生了变化，家庭妇女采购食品时，日益要求多种多样的半成品或成品（如各式饼干、点心、面包等）来代替购买面粉回家做饭。针对消费者需求的这种变化，这家公司主动采取措施，开始生产和推销多种成品或半成品的食品，使销售量迅速上升，1958

年，这家公司又进一步成立了皮尔斯堡销售公司，着眼于长期占领食品市场，着重研究今后 3 年至 30 年的消费者消费趋势，不断设计和制造新产品，培训新的销售人员。而福特汽车公司在相当长的一段时间里，由于无视消费者需求的变化，坚持生产和推销款式单一和色彩单调的汽车，使该公司的销售量日趋下降，甚至面临倒闭的危险，后来，该公司改变了营销观念，根据消费者需求特点改变了产品，推出了各种不同牌号、档次、型号和颜色的汽车，扭转了局面，打开了销路。

（5）社会市场营销观念

社会市场营销观念指企业不仅要满足消费者的需要，还要符合消费者自身和整个社会的长远利益。其强调在保持或增进消费者和社会福利的情况下，比竞争者更有效、更有力地使目标市场满意，市场营销者在制定政策时，兼顾三方面的利益，即企业利润、消费者需要的满足和社会利益。同时，把保护环境和改善环境纳入正式议程，重视社会利益，注重对地球生态环境的保护。

资　料

汉堡包快餐行业提供了美味可口的食品，但却受到了批评。原因是：他的食品虽然可口却没有营养；汉堡包脂肪含量太高，餐馆出售的油炸食品和肉馅饼都含有过多的淀粉和脂肪；出售时采用方便包装，因而导致了过多的包装废弃物。在满足消费者需求方面，这类餐馆可能损害了消费者的健康，同时又污染了环境。

（6）大市场营销观念

菲利普·科特勒针对现代世界经济迈向区域化和全球化，企业之间的竞争范围早已超越本国本土，形成无国界竞争的态势，于 1984 年提出了"大市场营销"观念。大市场营销是对传统市场营销组合战略的不断发展。科特勒提出，企业为了进入特定的市场，并在那里从事业务经营，在策略上应协调地运用经济的、心理的、政治的、公共关系等手段，以博得外国或地方各方面的合作与支持，从而达到预期的目的。大市场营销除包括一般市场营销组合（4Ps）外，还包括另外两个方面：权力和公共关系。

> 想一想：
>
> 思考市场营销观念演变的内在逻辑。

知识链接

20 世纪 70 年代以来，对于市场营销观念又有许多新的提法，如人类观念、理智消费观念、生态主宰观等，其中影响较大的是社会性营销观念、绿色营销观念等。

1.1.3 新旧市场营销观念的区别

上述几种市场营销观念大致可以分为两大类：前三种是旧的（传统的）市场营销观念；后三种是新的（现代的）市场营销观念。新旧市场营销观念的主要区别如下：

（1）营销活动的程序和中心不同

旧的市场营销观念是生产导向，其程序是先发展可以发展的产品和服务，然后通过推销活动，将产品推向市场，因而是以现有产品为中心。新的市场营销观念是以市场为导向、以客户为中心，一般是先根据市场需要及市场环境，拟定市场营销计划，发展既可以满足市场需要，又有利可图的产品和服务，因而是以顾客需求的满足为中心。

（2）营销活动的手段不同

在旧的市场营销观念的指导下，企业的市场营销活动片面强调某一方面，如生产观念片面强调降低成本增加产量，产品观念只强调提高产品质量，推销观念只片面强调现有产品的推销。而企业在新的市场营销观念指导下，为满足目标市场需要，综合运用各种营销手段。总之，旧的市场营销观念是以产品为中心去强调营销，而新的市场营销观念是以消费者为中心实行整体营销。

（3）营销活动的最终目标不同

新旧市场营销观念都要考虑利润。旧的市场营销观念着眼于每次交易活动，通过扩大销售取得利润，急功近利、目光短浅，多为短期行为，缺乏长远打算。而新的市场营销观念从市场的整体出发，从消费者满足中获利，着眼于长远利益和顾客忠诚度的培养。

（4）内部管理不同

在旧的市场营销观念指导下，由于企业活动的中心是生产而不是消费者，所以企业内部各部门考虑的是本身的职能任务，各自为政，基本上是"各吹各的号，各唱各的调"。新的市场营销观念则要求整个企业计划的出发点以消费者为中心，企业内部各职能部门围绕这一中心协调运转。其中，营销部门是企业中最主要的职能部门，担负起协调各部门的任务，各部门密切联系、协调一致，共同关心消费者，集中力量为实现企业总目标服务。

1.1.4 树立现代市场营销观念

树立现代市场营销观念，对现代企业的经营活动具有十分重要的意义，具体表现在以下几个方面：

1）树立现代市场营销观念，有利于增强企业活力和市场的开拓与发展能力。市场即战场，在激烈的市场竞争环境下，企业是否能够生存和得到发展，取决于企业的适应能力以及随着市场变化而变化的应变能力。因此，树立市场营销观念，有利于促使企业了解市场消费者的需求，时刻把握消费者需求的变化动向，并通过控制企业一切可以控制的因素去适应消费者的需求及其变化。

2）树立现代市场营销观念将激发企业不断创新的精神。由于现代市场营销观念认识到满足顾客需要比生产特定产品更为重要，而顾客的需要又会随着生产的发展与社会文化、科技进步而不断地产生和改变，因此要满足顾客需要，企业就不能满足于现状，而应自觉地不断改进产品和其他营销手段，即不断在管理、产品、服务等方面进行创新。

知识链接

创新这个词起源于拉丁语。它的原意有三层含义：一是更新；二是创造新的东西；三是改变。创新作为一种理论，其形成是在20世纪。熊彼特在1912年第一次把创新引入了经济领域。换句话说，他从经济的角度提出了创新，他认为创新就是要建立一种生产函数，实现生产要素的从未有过的组合。他从企业的角度提出了创新的五个方面：

1）采用一种新的产品，也就是消费者还不熟悉的产品或一种产品的一种新的特性。

2）采用一种新的生产方法，也就是在有关的制造部门中尚未通过经验检验的方法，这种新的方法决不需要建立在科学新发现的基础之上，并且，也可以存在于商业上处理一种产品的新的方式之中。

3）开辟一个新的市场，也就是有关国家的某一制造部门以前不曾进入的市场，不管这个市场以前是否存在过。

4）掠取或控制原材料或半制成品的一种新的供应来源，不问这种来源是已经存在的，还是第一次创造出来的。

5）实现任何一种工业的新的组织，比如造成一种垄断地位（如通过"托拉斯化"），或打破一种垄断地位。

后来人们将他这一段话归纳为五个创新，依次对应产品创新、技术创新、市场创新、资源配置创新、组织创新，而这里的组织创新也可以看成是部分的制度创新，当然仅仅是初期的狭义的制度创新。现在"创新"两个字扩展到了社会的方方面面，如理论创新、制度创新、经营创新、技术创新、教育创新、分配创新等。

3）树立并运用现代市场营销观念将不断提高企业的经济效益，并引导企业非常重视市场营销调研和销售预测。企业掌握了市场动态，根据市场情况对企业内部资源进行优化配置，生产市场所需要的产品，产品通过市场交换能顺利实现，这样就能避免因盲目生产而造成的产品卖不出去的问题，从而加速资金运转，不断满足消费需要，并取得最佳的经济效益。

4）树立现代市场营销观念可以促使企业更好地履行其社会责任。随着社会文明的进步，使市场营销既富有成效又合乎社会责任，这个问题越来越引起人们的关注。在长期的市场营销实践中，人们越来越认识到：企业只有向消费者、向社会提供利益，才能成功地实现企业的利益目标。"使消费者、公众获得最大满足的企业就是成功的企业"，这种营销观念已逐渐为人们所接受。由于企业创造利润的过程是建立在满足消费者需求的基础之上的，并且还需要兼顾消费者与社会的长远利益，因此，企业、社会、消费者三者的利益从根本上说是一致的。树立现代市场营销观念，并在实践中应用它，就可以保证企业能更好地履行社会责任。企业作为社会的一个细胞而存在，其发展也就有了真正的原动力。

小 结

市场是商品经济发展的产物，市场营销观念随着市场的发展而不断发生变化，树立现代市场营销观念是步入职场的必备条件之一。

相关作业

1. 简析市场营销观念演变的主线和内在逻辑。
2. 结合实际谈谈你对市场营销的认识。

小组模拟仿真

选择两家同类企业比较分析其营销观念的异同。

营销观念比较

1. 岗位角色

全班同学自由结组，每组 6~8 人。

2. 活动要求

小组人员分工明确，团结协作。

3. 模拟步骤

1）分组进行集体讨论，明确组内分工。
2）确定实训作业的具体内容（选定拟进行比较的企业）。
3）按照分工进行资料收集、整理、撰写分析报告等工作。
4）提交分析报告。

5）各组分别选一名代表对所有分析报告进行点评、评优。

4. 作业展示及点评

考核测评见下表。

考核测评表

	A组	B组	C组	D组	E组	F组	G组	H组	得分
A组	■								
B组		■							
C组			■						
D组				■					
E组					■				
F组						■			
G组							■		
H组								■	
失分									

说明：测评采用两两对比方式，横排为某组得分，相应的竖列为其失分；如认为横排对应小组作业好于竖列对应小组，则填写"1"，反之则填写"0"；填写时应注意对应关系，如在A组与E组交叉处填写了"1"，则必须在E组与A组交叉处填写"0"；最后的总得分与总失分应相等。

1.2 物流企业营销

学习目标

了解物流与营销、物流营销与营销物流的区别
掌握物流企业服务的内容

案例导入

宝供物流企业集团（以下简称宝供）是国内第一家注册成立的物流企业集团，为了在物流业激烈的竞争中占得先机，宝供做了大量的社会性工作，如从1997年开始，宝供和北京工商大学合作，每年召开一次"物流技术与管理发展高级研讨会"，邀请国内外物流界专家和一些客户代表，为中国物流业的发展出谋划策，以期扩大物流业内部的信息交流和沟通。另外，2000年8月18日，宝供在北京钓鱼台国宾馆召开新闻发布会，独家设立我国第一个由企业出资、面向物流领域的公益性的"宝

供物流奖励基金"，每年出资100万元用于奖励科技界、企业界和新闻界对中国物流业发展做出贡献的团体和个人。另还将筹资1000万～2000万元用于对有关物流研究项目的资助。通过这些活动，宝供对自身进行了良好的促销和宣传，使企业树立了良好的形象，进而争得了更多的客户资源，在市场竞争中稳定发展并获得了更大的份额。

必备的理论知识

1.2.1 物流企业的含义

国家《物流术语》中给出的物流企业的定义是：从事物流活动的经济组织。

物流是指为了满足客户的需要，以最低的成本，通过运输、保管、配送等方式，实现原材料、半成品、成品及相关信息由商品的产地到商品的消费地所进行的计划、实施和管理的全过程。

物流活动（logistics activity）是指物流功能的实施过程。物流活动实际是物流企业可以据此向客户提供的产品或服务项目。物流活动的具体内容包括以下几个方面：用户服务、需求预测、订单处理、配送、存货控制、运输、仓库管理、工厂和仓库的布局与选址、搬运装卸、采购、包装、情报信息等。

1.2.2 物流企业服务的内容

按照物流活动进行内容细分，物流企业服务的内容包括以下几方面：

1）包装功能要素，包括产品的出厂包装、生产过程中在制品、半成品的包装以及在物流过程中换装、分装、再包装等活动。

2）装卸搬运功能要素，包括对输送、保管、包装、流通加工等物资活动等进行衔接的活动，以及在保管等活动中为进行检验、维护、保养所进行的装卸活动。

3）运输功能要素，包括供应及销售物流中的陆、海、空等范围内的运输，生产物流中的管道、传送带等方式的运输。

4）保管功能要素，包括堆放、保管、保养、维护等活动。

5）流通加工功能要素，流通加工是指为满足物品流通需要而实施的定量包装、袋装、挂（贴）标志牌、分类、混装、价格标签、商品检验、分割、计量、分拣、组装等活动的总称。

6）配送功能要素，是物流进入最终阶段，以配送、送货形式最终完成社会物流并最终实现自愿配置的活动，配送作为一种现代流通方式，集经营、服务、社会集中库存、分拣、装卸搬运于一身，而不仅仅是单一运输。

7）信息处理功能要素，包括进行与上述各项活动有关的计划、预测、动态（运量、收、发、存数）的情报及有关的费用情报、生产情报、市场情报活动。信息加工是指收集、归纳、整理、传输与物流各种活动有关的知识、资料、图像、数据、文件、单证等的活动。

物流功能实际上就是物流企业可以向客户提供的物流产品或服务项目，物流功能的组合为物流产品开发提供了更为广阔的空间，也为物流企业实现差别化营销提供了产品基础。

> 想一想：
>
> 日常生活中常见的物流企业服务有哪些？

1.2.3 物流营销与营销物流

（1）物流营销

物流营销就是物流企业将自己的物流产品或服务转化为客户所需要的利益和价值的过程。

（2）营销物流

营销物流是指在营销活动过程中，产品经过计划、预测、储存、订购、运输、签收、销售等流转服务活动最终到达顾客手中，同时将客户需求和相关产品信息反馈给企业的循环过程。

在实际应用中，一些大型集团企业将物流委托给第三方管理实施，以便最大限度地贴近最终用户，有效反馈客户诉求。从表面上看，这种分割管理的模式似乎将相关环节人为割裂，但在本质上，这些环节所遵循的主线就是营销物流系统，是一个完整、协调的统一体。

（3）营销物流的架构体系

世界零售业巨头沃尔玛在营销物流上获得了巨大的成功，其高级管理者认为，营销物流中的配送和运输服务是沃尔玛的主要竞争优势之一，甚至在未来几年内，产品供给也许是能够影响其获利能力的唯一因素。

就运营而言，营销物流至少包括十个方面的服务输出：订单管理及处理、库存控制、需求预测、客户服务、文件票据流转管理、包装、退货处理、仓库配送中心管理、销售生产计划及采购、零部件服务支持。

知识链接

第三方物流是指生产经营企业为集中精力搞好主业，把原来属于自己处理的物流活动，以合同方式委托给专业物流服务企业，同时通过信息系统与物流企业保持密切联系，以达到对物流全程管理控制的一种物流运作与管理方式。

第三方物流（third-party logistics，3PL/TPL）是相对第一方（发货人）和第二方（收货人）而言的。3PL既不属于第一方，也不属于第二方，而是通过与第一方或第二方的合作来提供其专业化的物流服务，它不拥有商品，不参与商品的买卖，而是为客户提供以合同为约束、以结盟为基础的系列化、个性化、信息化的物流代理服务。最常见的3PL服务包括设计物流系统、EDI能力、报表管理、货物集运、选择承运人、货代人、海关代理、信息管理、仓储、咨询、运费支付、运费谈判等。由于这种服务方式一般是与企业签订一定期限的物流服务合同，所以有人称第三方物流为合同契约物流（contract logistics）。

第三方物流内部的构成一般可分为两类：资产基础供应商和非资产基础供应商。对于资产基础供应商而言，他们有自己的运输工具和仓库，他们通常实实在在地进行物流操作。而非资产基础供应商则是管理公司，不拥有或租赁资产，他们提供人力资源和先进的物流管理系统，专业管理顾客的物流功能。广义的第三方物流可定义为两者结合。因此，对物流各环节如仓储、运输等的严格管理，再加之拥有一大批具有专业知识的物流人才，使得他们可以有效地运转整个物流系统。故而，第三方物流形成了又称为"物流联盟（logistics alliance）"。

1.2.4 物流与营销的关系

物流代表了一个企业巨大的战略潜力，它是企业获得持续竞争优势的一个关键因素。达到营销目标，所依靠的一个极其重要的因素就是物流。物流所涉及的活动中很多都与营销策略有关，这些活动构成了营销和物流两个系统的相互联系，物流企业只有首先了解客户企业的物流活动与营销活动的关系，才能在接揽客户外包的物流业务时，明确客户需求，切实为客户提供相应的物流服务以支持客户的营销活动，也就是说，物流企业为客户所提供的物流服务最终还是以满足客户营销活动为目标的。

1. 客户营销产品策略与物流是交织在一起的

从产品策略的角度看，客户企业物流活动中的采购、推销、顾客服务与之关系最为密切。产品生命周期一般要经过导入期、成长期、成熟期和衰退期。进入成熟期后，从表面来看，产品的规模不断扩大，是销售的旺季，但实际上，产品生产者和销售者的利润都逐步下降。从营销的角度看，这时庞大的销售额同时也意味着市场对该产品的需求已达到饱和。此时，企业必须立即向市场推出新的产品，或者加宽、加深原有产品的系列，以抵消该种产品销量下降而引起的利润减少。物流系统的销售人员对成熟期的到来最为敏感，能及时将这一信息反馈给营销策划部门。在策划开发研制新产品时，由于销售人员经常与顾客接触，最了解顾客的需求是什么，对开发何种新产品、系列产品及其应达到怎样的广度和深度，什么产品最有市场潜力，新产品应具备什么功能等问题，销售人员能为开发人员提供最有价值的信息。

2. 客户营销价格策略与促销活动对物流的影响

价格策略对物流及其所提供的服务也具有影响作用。价格策略的正确与否将影响物流活动的广度和深度及其顺畅性。价格策略中对顾客的数量折扣将影响顾客的订货规模。适宜的折扣优惠将吸引顾客加大订货量，仓库的作业将趋向于处理大宗货物，搬运和运输作业都将变得简单而高效，在实行配送制时尤为突出。因此，只有从营销和物流两个角度综合考虑，才能制订出一个能够满足营销和物流综合需求的定价策略。

促销活动也影响物流活动。对广告、公共宣传等促销活动大量投资是对推销人员提高销售量的一种支持。但是，如果物流系统不能及时把产品供应到顾客手中，销售量将得不到如期的扩大。所以，需要在物流部门与营销部门之间建立便于信息快速传递的信息系统，不断沟通并协调促销活动的规模与库存、运输、顾客服务等物流环节。

3. 物流是营销的大动脉

物流作为营销的大动脉，在实施中，其所有活动都与客户企业的营销目标、方案、市场活动、广告宣传、分销零售、售后服务等息息相关。所以，客户企业的物流战略计划定位应处于整个物流系统最上端，它规定了客户企业的物流服务定位。而营销系统处于中间层。这个层次具体体现了客户企业物流能力与运作的表现，与顾客有着直观互动和接触。这一阶段中，物流与营销的关系表现得最为显著和全面，营销强调在适当的地点和适当的时间，以适当的价格将适当的商品或服务提供给目标市场，满足顾客的需要。营销能否取得满意的效果、能否吸引和满足顾客，在很大程度上受客户企业物流管理能力和决策的制约。物流能力直接影响着企业的销售业绩。客户企业的顾客化增值服务，则是与营销密切联系的个性化服务，它具有差异性和不确定性，因而对客户企业的物流服务要求更高。

物流过程中向顾客提供的服务水平是影响顾客购买和连续购买客户企业产品的关键因素。为顾客服务的水平越高，预期的销售量水平也就越高。服务水平的提高，同时意味着产生的费用上升。客户企业应在较低的费用与顾客满意的服务之间进行抉择。物流是响应市场需求、改善营销绩效的极富潜力的工具。客户企业要求物流企业通过改善物流管理、提高服务质量、降低价格等，吸引新的顾客，提高企业竞争力和营销效果。

4. 物流成本占营销成本很大比重

一般认为，营销物流总成本的主要构成部分是运输（46%）、仓储（26%）、存货管理（10%）、接收和运送（6%）、包装（5%）、管理（4%）以及订单处理（3%）。物流成本往往在生产企业占到全部营销总成本的13.6%以上，与营销成本息息相关，日益受到管理人员的重视。一些经济学家认为，物流具有节约成本费用的潜力，并将物流管理形容为"成本经济的最后防线"和"经济领域的黑暗大陆"。如果物流决策不协调，则将导致过高的营销成本代价。

小　结

作为一种现代经济组织，物流业的发展离不开市场营销，同时，物流业在整个经济领域的营销中也发挥着重要作用。

想一想：
物流与营销的相互关系与作用。

相关作业

1. 简述物流与营销的关系。
2. 物流服务细分的要素包括哪几个方面的内容？
3. 案例分析。

亨利·福特一直有一个梦想，就是要成为一个完全自给自足的行业巨头。于是，除了庞大的汽车制造，他还在底特律建造了内陆港口和错综复杂的铁路、公路网络。为了确保原材料供给，福特还投资了煤矿、铁矿、森林、玻璃厂，甚至买地种植制造油漆的大豆。他还在巴西购买了250万英亩的土地，建起了一座橡胶种植园，以满足他的汽车王国对橡胶的巨大需求。此外，他还想投资于铁路、运货卡车、内河运输和远洋运输，这样整个原材料供应、制造、运输、销售等都纳入他所控制的范围。这是他要建立世界上第一个垂直一体化公司辛迪加计划的一部分。本来还有很多，但日久天长，福特发现独立于自己控制之外的专业化公司不仅能够完成最基本的工作，有些工作甚至要比福特公司自己的官僚机构干得更好。随着政治、经济环境的不断变化，福特公司的金融资源都被转移去开发和维持自己的核心能力、汽车制造，销售、运输等制造之外的工作都交给独立的专业化公司去做。

问题：
福特公司的转变说明了什么问题？

1.3　物流市场营销的主要内容与方式

学习目标

1. 了解物流市场营销的主要内容
2. 掌握物流市场营销的主要方式

案例导入

从超市的货架上随手取下一瓶洗发水,你能想到这瓶洗发水从走下流水线那一刻起,到你拿到手中为止,中间究竟被多少辆卡车运转到多少个物流配送中心?历经多少道批发商以及多少人的手才被送上货柜?它要经过多少道工序才变成你看到的样子?更重要的是,需要怎样做才能够以最经济的成本将这瓶洗发水送到零售店里去?

必备的理论知识

1.3.1 物流市场营销的主要内容

物流市场营销的主要内容包括以下几方面:

1)物流企业的外部市场调研。

2)物流市场细分、确定目标市场及物流市场营销组合。

3)物流产品及产品价格策略、促销策略、人员推销策略。

4)物流市场营销的渠道策略。

5)物流客户关系管理策略。

6)国际物流市场营销。

1.3.2 物流市场营销的方法

物流市场营销的方法主要包括产品研究法、组织机构研究法、职能研究法、管理研究法和系统研究法,其中最为常用的是系统研究法。

1.3.3 物流产品营销的方式

1. 直接销售

直接销售是指通过与客户签订一次性、短期或长期的协议,将自己现有的部分或全部物流产品、服务项目直接推销给客户,或先从部分区域、业务、产品入手,逐步为客户提供全方位的物流服务。

资　　料

MENLO 物流公司与 IBM 的合作,经历了从对美国中央物流中心的运输服务,到增加对重要物流中心的管理服务,再增加到对欧洲市场的物流服务,最后到提供全球性的物流服务。

2. 先收购再销售

先收购再销售即先部分或全部买进客户的物流系统，使自身原有的物流系统更加完善和充实，再为原企业或其他企业提供物流服务。这种情况的发生，一般是由于客户的物流系统具有明显的优势，在收购后可以急剧增加自身物流产品的市场竞争力。

3. 与优势资源捆绑销售

采用这种方式，一般是由于自己的物流系统还不够完善，无法完全满足客户所需要的物流服务需求，只能"借鸡下蛋"。在实际操作中往往有两种方式：一是通过合资，把自己与客户合资，共同拥有部分物流系统的产权，然后共同推广和营销双方的物流系统和物流服务项目，以实现共同营销；二是先与社会上零散的、少量的物流资源实现整合，一般通过挂靠的方式，实现物流资源的积聚，再共同开展营销的方式。

4. 客户物流资产托管

对一些自己没有能力运营和管理，又希望能拥有自己的物流系统和资源的客户，通过签订全面托管协议，向其出让自己物流系统的管理服务，而几乎可以完全依托客户的物流设施，自己输出物流管理服务即可，替客户管理其物流系统和业务。

知识链接

托管简而言之就是指委托管理。资产托管业务是接受委托，安全保管托管人资产、行使监督职责，并提供投资管理相关服务的业务。

小　结

物流市场营销包含着丰富的内容，在本书随后的章节中将一一详述。了解物流产品营销的方式，将是学好其他相关内容的基础。

相关作业

1. 试比较各种物流产品营销方式的优劣。
2. 案例分析。

近年来，传统货运企业经营开始陷入困境，经济效益不佳，于是，诸多传统货运企业开始谋求新的发展思路，寻求更多的利润点，部分企业开始向现代物流企业转型，而多数小企业则转向快速货运等特色服务，快递便是其中之一。

在国外物流业不断成熟和发展的今天，快速货运虽然只是物流系统供应链中的一个"小尾巴"，但它却成就了一大批以 TNT、宅急便为代表的著名快运公司。相比之下，在国内物流市场并不成熟的今天，国内快速货运业发展的环境并不理想，特别是小型运输企业，无论从规模、实力、服务还是在运营及信息管理上都存在非常大的差距，要想"速成"快运企业又谈何容易。于是，众多小企业对"快递"表现出了好感，纷纷转向"民营宅急便"，以其快捷、价廉的优势从 EMS 和"洋快递"手里争得了一块不小的蛋糕。

UPS 联合邮递物流公司是世界上最大的航空和陆地邮件运输公司，他们以"收取最低的费用，提供最佳的服务"，不仅在传统的邮递业务中取得了领先地位，同时也同联邦快递公司的夜间快递业务方面展开竞争，而其成功的关键就是拥有一套科学的管理信息系统。可见，快递运输既然念的是"快字诀"，那么出色的网络技术和信息处理能力是极为必要和关键的。

在"首届中国物流企业家年会"上，宅急送公司总裁陈平曾将民营企业比作"农村户口的小孩"，他说道："我们算不上弃婴，至少也是农村出生的孩子，从出生下来，环境就比较恶劣，不像城市里的孩子有优厚的出生环境与待遇。"而民营快递公司也确实如同农村的孩子一样，在生活环境并不优厚的条件下，只能靠自己闯出一片天地。于是，"如何跳出龙门"成为许多民营快递公司的燃眉之急，优胜劣汰、资产重组成为民营快递业发展的必然趋势。而在公司规模和服务质量上寻求突破，以此获得更多市场份额和企业竞争力的同时，有更多的业内人士认为，快递市场的运价和服务方式进入完全竞争后，信息技术将成为企业逐鹿未来快递市场、升级快运企业的制胜法宝。

问题：

你认为这些小型快递公司应该采取什么样的营销方式来发展壮大自己？

1.4 物流市场营销活动的优化

学习目标

1. 了解物流观念的发展与演变
2. 掌握物流市场营销活动优化的主要内容

案例导入

王先生想买冰箱，于是他来到居所附近的一家三联家电连锁店，这个以陈列各类家电产品为主要功能的连锁店更像现在的汽车展示厅，在销售人员的帮助下，王先生大致了解了各种品牌的冰箱的性价比，打算购买 A 厂家生产的冰箱 a。王先生下的订单通过这家连锁店的信息采集系统迅速传送到三联家电总部的 ERP 系统中，并通过系统接口自动传达到厂家的信息系统。冰箱 a 生产完成后，由专业物流配送人员根据订单上留下的地址送到王先生家。这是个基于异常通畅"信息流"的过程，这个过程物流所涉及的环节减到了最少，三联称此为"零环节物流"。与之相比，传统的物流过程是复杂的，产品从下线到工厂的仓库、大区的中转仓库、各地分公司的仓库，甚至在供应商内部还要经过几个物流环节，然后，到分销零售的配送中心、再到门店的仓库，可能还要再经过安装服务机构，才能到消费者家门。就是说，一件产品从下线到最终售出的过程中，至少停留 5～6 个仓库，经历 10 次以上的装卸，而每次装卸的费用都超过 1 元。"零环节"意味着高效率和低成本，三联物流中心负责人说，在成本方面，三联物流的费用率可以达到 0.5%。而国内百货业的费用率通常为 3%～40%不等，上海华联的物流在全国是目前最好的，其物流费率也只达到 1%。

必备的理论知识

1.4.1 物流观念的演变

如前所述，市场营销观念随着社会生产的发展而逐渐发生着变化。这种发展变化也同样影响到了物流企业的营销观念。

国际上物流观念的演变，按其基本定位大致可划分为七个阶段。

1. 生产物流

在 20 世纪 20 年代以前，市场营销中的主流观念是以生产为主导的。在这一时期，物流的发展处于起始阶段，用固有的简单运输和仓储设施去应对客户的多样化需求，致使客户的很多需求难以实现满足。目前，我国相当一部分物流企业仍处于该阶段。

2. 推销物流

30 年代时，市场逐渐呈现出供大于求的发展态势，因此，强调销售、推销就成为这一时期市场营销的主题。此时，物资供应呈现低层次的过剩特征，企业不得不向物流服务倾向，但在本质上来讲，这种观念的理论基础仍然是"生产什么卖什么"。

3. 市场物流

50 年代时，随着市场上供过于求的加剧，不少企业开始意识到以消费者需求为出发点的重要性，并开始展开市场调查，据此组织生产和营销。企业在此背景下，开始重视对市场需求的调查研究，研发推广物流新技术，按照市场需要提供相应的物流服务，并高度重视来源于市场、客户的信息反馈。

4. 生态物流

70 年代前期，企业资源的有限性与客户需求无限性的矛盾日益突出，这一现象逼迫企业必须发挥自身的优势，去提供既是消费者需要又是自己擅长的产品或服务。此时，物流企业的优势资源和客户的需求均处于变动之中，物流企业必须深入研究"市场生态"，以变制变，寻找商机，并作出正确的抉择。

5. 社会物流

70 年代后期，环境恶化、人口爆炸性增长、全球性通货膨胀等问题，使企业逐渐认识到，在发展中不但要考虑自身的利益，也必须符合消费者和社会发展的长期利益。与此相对应的是，物流企业也开始追求"社会进步、客户需求、企业发展和员工利益"的协调发展。

6. 绿色物流

到了 80 年代，以保护环境、保护地球为宗旨的环保运动在全球蓬勃兴起，"绿色"成为企业市场定位与产品定位的主流。物流企业在此大背景下，也积极探索与实施以环保为主题的绿色物流。

7. 大物流

到了 90 年代，随着全球经济一体化进程的加快和世界范围内市场竞争的加剧，贸易保护主义有所抬头，市场拓展更为艰难。一些市场领先的物流企业为了扩大市场占有率，开始更多地从国际化高度考虑全局问题，物流战略营销的含义逐步扩大到了物流一体化、标准化、国际网络化等。

1.4.2 现代物流市场营销活动的优化

物流是为客户的营销活动服务的，物流要满足客户营销的目标，高效的物流服务是确保竞争有利性和差别性的重要手段。物流企业取得可持续发展竞争优势，离不开正确应用营销策略。只有不断优化企业的物流营销活动，才能使物流企业在竞争中不断推出特色服务，使企业立于不败之地。

1. 营销渠道策略

营销渠道策略是指物流企业选择采用何种营销渠道去销售现代物流服务的策略。这包括选用自行建立直销服务网络的策略，借用他人服务营销网络的策略和建立营销战略联盟的策略等几种。其中，自行建立直销服务网络的策略是物流企业通过自己的电子商务网络或人员推销网络将现代物流服务直接销售给客户的营销策略；借用他人服务营销网络的策略是通过他人的代理去销售自己的物流服务的策略；而建立营销战略联盟的策略是通过与同业或其他行业的企业建立战略伙伴关系，共同推销双方的商品或服务的策略。

2. 关系营销策略

关系营销策略是指通过吸引、开拓、维持和增进与顾客的服务关系，从而推动物流企业营销的策略。这一营销策略包括开发潜在的客户使其逐步发展成为实际客户，将实际客户不断地保持下去并进一步扩大实际客户的服务业务总量等工作。这一营销策略要求物流企业全面关注客户的需求和利益，培养开放的物流服务想象力，确立主动服务意识，全面考虑客户的价值取向和消费偏好，强调对客户的服务承诺和服务质量的保障，对客户的服务要有针对性地进行及时调整，拓宽服务面，在保证原有服务质量的基础上不断推出新的服务品种及增值服务，以提高客户满意度等。对于物流企业而言，关系营销策略应该是整个营销策略组合中的核心策略。因为采用这一营销策略可以使物流企业与客户形成一种相互依存的关系，并通过这种依存关系获得价值增长。

3. 贯彻 4Cs 营销组合策略

1）瞄准客户需求（consumption）。物流企业首先要了解、研究、分析客户的需要与需求，而不是先考虑企业能提供什么样的物流服务。现在有许多企业开始大规模兴建自己的物流中心、配送中心等，然而一些较成功的物流企业却不愿意过多地把资金和精力放在物流设施的建设上，他们主要致力于对物流市场的分析和开发，争取做到有的放矢。

2）客户愿意支付的成本（cost）。这就是要求物流企业首先要了解物流需求主体满足物流需要而愿意付出多少钱（成本），而不是先给自己的物流服务定价，即向客户要多少钱。该策略指出物流的价格与客户的支付意愿密切相关，即使某物流企业能够为其提供非常实惠但却高于客户支付意愿的服务时，物流企业与客户之间的物流服务交易也仍无法实现。因此只有在分析目标客户需求的基础上，为目标客户量体裁衣，设计一套个性化的物流方案才能为客户所接受。

3）客户的便利性（convenience）。此策略要求物流企业要始终从客户的角度出发，考虑为客户提供的物流服务能给客户带来什么样的效益。如时间的节约，资金占用减少，核心竞争力增强等。只有为物流需求者带来效益和便利，他们才会接受物流企业提供的服务。

4）与客户沟通（communication），即以客户为中心，实施营销策略，通过互动、沟通等方式，将物流企业的服务与客户的物流需求进行整合，从而把客户和物流企业双方的利益无形的整合在一起，为用户提供一体化、系统化的物流解决方案，建立有机联系，形成互相需求、利益共享的关系，共同发展。在良好的客户服务基础上，物流企业就可以争取到更多的物流市场份额，从而形成一定的物流服务规模，取得规模效益。

4Cs 营销组合策略以客户对物流的需求为导向，积极地适应客户的需求，运用优化和系统的思想去整合营销，着眼于企业与客户间的互动，通过与客户建立长期、稳定的合作关系，把企业与客户联系在一起，形成竞争优势，与目前我国的物流供求现状相适应，达到物流企业、客户以及最终客户都能获利的三赢局面。因此，该营销组合将会成为我国物流企业目前和今后很长一段时间内，主要运用的营销策略。

想一想：
4Cs 营销组合策略的核心是什么？

4. 了解客户的潜在需求

潜在需求指人们模糊、朦胧的需求欲望和意识，它是产品或服务诞生的土壤、物流企业创造市场的源泉，有潜在需求，必然存在潜在客户，潜在客户是现代物流企业发展的重要动力，是在激烈的市场竞争中寻求发展的主要目标。企业面对着优胜劣汰的市场竞争，要想长期扎根市场，除了稳固实际客户之外，还要在潜在客户上寻求突破，以求得持续发展。物流企业要挖掘潜在客户，就要善于发现物流购买者的潜在需求，全方位地满足他们的需求，引导和创造物流服务的新需求，把潜在需求转化为实际需求。

5. 科学细分物流市场

市场细分是一个有力的营销工具，在营销策略中起着关键作用，市场细分可以准确地定义客户的物流服务需要和需求，帮助决策者更准确地制订营销目标，更好地分配物流资源。物流企业按照一定的分类标志将整个物流服务市场划分成若干个细分的市场以后，再根据自身的条件与外部环境、细分市场的规模和竞争情况以及细分市场客户的服务需求、偏好与特点等各种要素，确定出企业主攻的细分市场，并努力去开拓和占领这一细分市场。由于在当前和今后一段时间内，中国物流市场的需求在地区和行业上存在着差别，因此物流市场细分可以根据地区和行业来进行细分，对不同地区和不同行业的市场又可根据产品的时效性要求、企业接受服务价格的能力和客户在供应链中所处的地位等因素进一步划分出子市场。

6. 提供物流组合服务

物流组合服务（logistics complex combined services, LCCS）是指提供由不同物流服务所构成的服务集合，如计划、供给、装卸、仓库管理、仓储、运输及信息处理等服务功能。任何一个物流企业，无论其规模和能力多大，服务如何多样化，都无法满足所有客户的全部需求，而只能满足一部分市场的需求。因此，物流企业必须确定适当的物流组合服务策略以更好的满足他们的需求，使企业在激烈的市场竞争中得以生存和发展。

7. 建立相对稳定的客户群

稳定的客户群表现在：接受并长期消费企业的服务，能够并愿意参与企业的业务计划，能够理解企业业务的调整，主动与企业沟通自己的要求，在通常情况下，有较强的抵御其他物流企业竞争者的"利诱"。当然，物流企业稳定的客户群是其长期提供物流优质服务创造形成的。在延续物流企业生命上，物流客户群对于企业在营运、财力、管理、服务品质上有很大的影响，因此，物流企业必须像经营产品那样去经营客户，以获得客户的信赖为经营目的。首先要准确判断客户对物流服务的欲望；其次要准确判断客户购买能力；在此基础上寻找收集客户信息，加强服务的系统性，运用关系营销策略满足客户需求。

小　结

物流企业营销观念的发展同市场营销观念的发展息息相关，在市场竞争日益激烈的今天，树立现代物流营销观念就成为提高市场竞争力的基础。

相关作业

1. 试分析物流企业营销观念的演变的实质。
2. 现代物流企业应从哪些方面着手优化自身营销活动？

小组模拟仿真

根据以下案例完成任务。

对于连锁餐饮业来说，由于原料价格相差不大，物流成本始终是企业成本竞争的焦点。有关资料显示，在连锁餐饮企业的总体配送成本中，运输成本占到60%左右，而运输成本中的55%～60%又是可以控制的。因此，降低物流成本应当紧紧围绕运输这个核心环节。作为肯德基、必胜客等业内巨头的指定物流提供商，百胜物流公司抓住运输环节大做文章，有效地实现了物流成本的"缩小"，给业内管理者指出了一条细致而周密的降低物流成本之路。其采用的主要方式有：

1）合理安排运输排程。
2）减少不必要的配送。
3）提高车辆的利用率。

4）调整送货时间。

降低物流成本的优化方案

请结合本章所学知识，根据案例中给出的降低物流成本的要点，从物流营销的角度制订一个优化方案，以降低物流成本、提高利润率。

1. 岗位角色

全班同学自由结组，每组6～8人。

2. 活动要求

小组人员分工明确，团结协作。

3. 实训步骤

1）分组。
2）各组分别进行集体讨论，明确组内分工。
3）按照分工进行资料收集、整理、制订方案等工作。
4）提交方案。
5）各组分别选一名代表对所有方案进行点评、评优。

4. 作业展示及点评

考核测评见下表。

考核测评表

	A组	B组	C组	D组	E组	F组	G组	H组	得分
A组	■								
B组		■							
C组			■						
D组				■					
E组					■				
F组						■			
G组							■		
H组								■	
失分									

说明：测评采用两两对比方式，横排为某组得分，相应的竖列为其失分；如认为横排对应小组作业好于竖列对应小组，则填写"1"，反之则填"0"；填写时应注意对应关系，如在A组与E组交叉处填写了"1"，则必须在E组与A组交叉处填写"0"；最后的总得分与总失分应相等。

本 章 小 结

本章重点讲述了市场营销的核心涵义，市场营销观念及物流市场营销观念的演变，阐述了物流与营销的关系，并就现代物流企业市场营销活动的优化提出了相关建议，共同构成了本教材主要内容的基础部分。

相关素质要求

1. 良好的语言表达能力、协调能力和沟通能力
2. 掌握相应的营销和物流基础知识
3. 较强的责任心和团队意识
4. 对工作充满热情，具有较强的自我控制能力

作品展示及点评

根据本章所学内容，要求学生利用课堂时间分小组进行"作品展示"活动。作品可以是实际操作，也可以是工作方案，还可以是围绕本章作业制作的 PPT 课件。作品展示过程要求配解说。

思考与练习

一、思考题

1. 物流与营销的关系体现在哪些方面？与其他的市场营销要素相比，物流有何突出特点？
2. 如何在物流营销中体现"以客户为中心"的经营理念？

二、案例分析

2003 年初以来，广东邮政物流配送服务有限公司珠海分公司通过整合内部资源，积极开拓区域物流业务，使区域物流月收入从开发初期的 5 万元跃至现在的 25 万元。目前，该公司区域物流业务拥有 YCC 快货、航空货代、汽运货代、海运货代、批量直递和仓储、配送一体化物流等多个品牌，在当地物流市场地位举足轻重。那么，珠海的邮政物流公司是如何做到这一步的呢？

（1）快货业务拓市场，坚持"快货不打折"

为了抢占珠海物流业务市场，2002年12月，珠海邮政物流分公司利用广东省局推出珠三角九城市"当日交寄，当日投递"的快货业务的契机，打出"YCC快货，说到就到"的广告，通过邮车车体、报刊、电台等多渠道展开广告宣传攻势，大力宣传此业务价格低、时限短、服务好的优势，积极拓展区域物流业务，尤其是珠三角物流业务。

YCC快货在珠海推出之后，对珠海物流市场产生了较大冲击。社会上各物流公司纷纷采取对策，从价格和服务等方面入手，通过各种手段，同YCC快货进行竞争。珠海邮政物流公司积极应对变化，及时调整策略，成立了区域物流办公室，锁定电子、医药、服装等目标客户，坚持"快货不打折"，以服务第一、品牌第一、盈利第二的原则，分区分片拓展市场，对重点大客户大力进行关系营销和方案营销，使YCC快货收入从月均几千元发展到现在的月均6万元。

（2）营销结构扁平化，减低运营业成本

YCC快货是邮政全程全网的典型体现，线路完善、服务好，但成本相对较高。该公司认识到，在现阶段邮政运输能力有限的情况下，要想使物流业务快速、健康地发展，惟有整合社会资源，降低运营成本，才能提高竞争力，做大业务规模。为此，该公司利用社会运输资源，发挥邮政品牌等优势，积极开发运行成本相对较低、成交额较大的航空、汽运、海运等货代业务。

由于货代业务是利用社会资源运作，对外部的依赖性较强，合作线路的选择就显得尤为重要，原来的营销结构很难适应业务发展的需要。为确保业务的顺利发展和邮政物流品牌的塑造，该公司将营销结构扁平化，成立航空和海运、汽运项目组，采用专职营销为主，兼职营销为辅，利用社会资源参与营销，做到市场专、竞争对手专、线路组织专。半年来，该公司先后开发了丽珠、飞利浦、卡索等大客户的货代业务，每月创造业务收入10万元，推动了珠海邮政区域物流的发展。

（3）服务内容一体化，注重品牌塑造

直递业务是该局近年来发展较好的一项物流业务，此业务发展较为稳定，松下马达与东信和平就是该公司合作多年的老客户，每月有几万元的业务收入。在此基础上，珠海YCC利用邮政品牌和网络优势等自身条件，积极给客户提供时限短、安全性高、贴身的个性化服务，拓展一体化物流市场。

一体化物流是该公司新开发的物流项目，主要为客户提供仓储、配送一条龙服务。由于附加值和利润较高，这是各物流公司的必争之地。为此，该公司出台了一系列政策，与各综合分局联手，采取多种营销措施，使一体化物流业务从无到有，业务呈现跳跃式发展，不仅受到企业的欢迎，还得到政府部门的充分肯定。该公司最初为吉之岛百货提供仓储、配送服务，在积累经验的同时，树起了邮政一体化物流品牌，引起了珠海各大企业的注意，飞利浦、丽珠、华光等客户，纷纷把一些区域物流业务交给该公司来做。

　　问题：

　　该案例有哪些市场营销的成功经验可以借鉴？其成功的依据是什么？

第2章 物流市场调研

物流市场调研是物流企业市场营销的基础，是目标市场确定以及物流市场营销组合的基础。科学充分的市场调研是物流企业获得利润的根本保证。通过本章的学习，应了解物流市场的基本知识，理解物流市场调研的步骤、方法和类型，掌握调研报告的撰写等内容。

2.1 物流市场概述

学习目标

1. 了解市场和物流市场的定义及分类
2. 熟悉物流市场存在的问题并找出解决方案

案例导入

搞物流很赚钱，但是假设有一大笔资金，你知道经营什么物流项目最赚钱吗？怎样经营才能获得最大的社会效益和企业效益？每一个项目究竟应该如何运作？该如何整合企业的各种资源？

这一切都必须从物流市场调研开始。

必备的理论知识

2.1.1 市场的类型

1. 市场的分类

市场从个同的角度，可以划分为各种类型。一般地说，划分的方法主要有以下几种：

（1）按竞争程度划分

按竞争程度，可以把市场划分为完全竞争市场、完全垄断市场、不完全竞争市场和寡头垄断市场。

1）所谓完全竞争市场，是指市场价格由众多卖者和买者的共同行为决定、任何单个的卖方和买方都只能是价格的承受者的市场。因此，在完全竞争的市场里，每一买者和卖者对于价格都有完全的信息；市场上，价格自发地调节着商品的供求关系，价值规律得到了充分地利用；企业可以自由进出市场。不过，这样的市场在现实生活中是很少出现的，它只是一种理论抽象，只有少数农产品市场比较近似于它。

2）所谓完全垄断市场，是指只有一个买主或卖主、因而这唯一的买主或卖主能完全控制价格的市场，所以这个垄断者又被称为"价格制定者"。完全垄断的市场是与完全竞争的市场相对的另一极端，除少数国家垄断经营的产品和行业以外，这种市场也很少存在。

3）不完全竞争市场，又称垄断竞争市场，在这样的市场里，卖者较多，彼此间存在着竞争，但每个卖者的产品均具有一定的特色和优势，对价格起着影响作用，在市场上，价值规律起着较大作用。"不完全竞争市场"或"垄断竞争市场"是较为现实的一种市场。一般的日用工业品市场就属这种类型。

4）寡头垄断市场是指为数不多但却占有相当大份额的大企业所构成的市场。这些大企业对市场价格具有相当大的影响力，但各企业在制定价格时，都要考虑别的企业的反应。这种市场类型多存在于汽车、钢铁、石油和有色金属等行业。

（2）按商品流通的区域划分

按商品流通的区域，可以把市场划分为地方市场、全国市场、国际市场。

1）地方市场是指由于某些经济地理因素或行政分隔的原因而形成的以特定的地方活动空间进行商品交易的市场。地方市场有两种类型：一是经济性地方市场，这是由于商品交易受自身条件或某些经济地理因素的影响而形成的有利于商品实现的地方市场；一种是行政性地方市场，这是由于地方行政区划和地方政府的行为所形成的。一般来说，经济性地方市场对经济的发展有积极的促进作用，行政性地方市场有时则阻碍经济的发展。

2）全国市场是指商品流动以全国为活动空间的市场。地方市场的存在是全国市场形成的基础，全国市场的形成首先必须有稳定的政治局面，社会的动乱和地方割据不可能形成全国统一市场；其次要形成有比较利益的交易竞争，使商品的流通具有内在的驱动力；再次，要形成发达的流通设施和广泛的信息、交通网络，以突破地理的自然障碍。全国市场的形成是诸多地方市场有机联系的表现。

3）国际市场是指商品交换以全世界为活动空间的市场，它是随着社会分工和社会化大生产的国际化而产生和发展的。与国内市场相比，国际市场的容量更大、竞争更激烈、进行交易的制约因素更多，要进入国际市场不仅要有较强的开放意识，而且要努力提高经济效益和产品的竞争实力。

（3）按商品流通的交易形式划分

按商品流通的交易形式可分为现货市场和期货市场。

1）现货市场是指买卖双方以现款和现货进行交易、实现实物商品及其所有权同时转让的交易市场。现货交易又分为即期交易和远期交易：即期现货交易是指买卖双方立即进行的一手交钱、一手交货的交易；远期现货交易则指买卖双方事先签订商品买卖合同，约定在一定时期内按合同条款进行实物交割的交易。

2）期货市场是指在商品交易所内进行买卖期货合同的市场。期货交易的对象并非商品实体，而是商品的标准化合约，因而期货交易者进行期货交易的目的一般不是为了得到商品实物，而是成为"套期保值"，即利用期货市场减少他们所承受的价格变动的风险，或为了"投机"，即利用期货市场与有利的价格变动进行"赌博"。期货交易所一般采取会员制组织形式，只有期货交易所的会员才能在期货交易所内进行交易。

（4）按商品的属性划分

按商品的属性，市场可分为一般商品市场和特殊商品市场。

1）特殊商品市场是指为满足人们对资金及各种服务的需要而提供的市场，包括金融市场（或称资本市场）、劳动力市场和技术信息市场、房地产市场等。

第一，金融市场是经济主体间相互融通资金的场所和相互关系的总和，它包括货币市场和资本市场两种形式。货币市场是指专门融通短期资金的市场，一般期限在一年以内，其特点是融资期限短和被融通的资金主要是作为再生产过程中所需要的流动资金；资本市场是指提供长期营运资本的市场，它通过发行债券、股票以及长期抵押贷款等方式融通资金，并将其主要作为扩大再生产所需投入的资本使用。

第二，劳动力市场是指通过市场机制的作用，促使劳动力的合理配置，以满足消费者或生产者对劳务需求的场所。

第三，技术、信息市场主要由两部分市场活动组成：一种是技术成果实行有偿转让、满足消费者需求的技术市场；一种是专门进行信息交换，以满足生产、消费需求的信息市场。技术市场具有实现价值、转移服务、横向联系、加快转化的功能。

第四，房地产市场实际上是指房产市场和地产市场两个方面。房产市场交换的物质对象是房屋，而地产市场在我国进行的是土地使用权的交易和转让。建立地产市场，不仅有利于合理使用土地，而且能较好地开发和利用土地这一重要资源；而房产市场的形成，则有利于调整居民的消费结构，促进房产建设基金的良性循环，提高国民的住宅水平。

2）一般商品市场指的是狭义的商品市场，又称货物市场，即消费资料市场和生产资料市场，而这两大市场是市场营销所要着力研究的市场，对它们的分析我们将在后面进行详细介绍。

2. 市场的作用

无论对宏观经济活动还是对微观（企业）经济活动，市场均起着重要的作用。

从宏观角度看，在市场经济社会中，市场成为社会经济的"晴雨表"及"调节器"，即社会经济的兴衰往往通过市场反映出来。如果社会经济繁荣，市场便繁荣；反之，市场便衰落。市场是生产与消费的连接点，从而是保证国民经济正常运行及广大居民生活需求的重要手段。

从微观角度看，市场对企业营销可以发生巨大的作用：

1）市场是企业不断满足顾客需求的场所。市场是企业生产经营活动的出发点。一方面是企业只有通过市场才能了解顾客的需求，并根据市场需求特点制订正确营销方略，实现企业营销目标；另一方面，在商品经济条件下，产品必须通过市场进行交换才能传递到消费者手中。市场经济要求树立市场观念，市场观念体现在"以销定产"，强调要以顾客（用户）为中心。市场营销观念必然要求企业经营活动的中心与出发点是顾客和消费者，一切为了满足顾客、消费者的需要。这就要通过市场调查了解顾客、消费者的需求与欲望及其发展趋势，了解到哪些产品适销对路，哪些产品供过于求或供不应求，企业根据市场需求的变化不断地修改企业营销计划，调整企业内部的生产组织及产品结构，以不断满足市场需要，通过市场调节供求关系，保证供给。

2）市场是保证企业实现利润的场所。市场是实现企业利润的必要条件。企业要获取利润，首先要在市场上投入较少的货币量去购买优质的生产资料，通过生产过程将生产资料与劳动力结合起来，生产出新的产品，创造出更多的价值，经过市场交换，使商品转化为货币资金，企业利润得以实现，生产过程的劳动消耗得以补偿，再生产得以进行。

3）市场是企业展开竞争的场所。市场是商品经济的产物，有商品经济的存在，价值规律就起作用。市场存在生产者之间为实现产品价值的竞争，也存在消费者之间购买产品的竞争以及消费者与生产者之间的竞争。各企业之间在生产技术条件、经营管理水平、人员素质上都有不同，因而投入到个别产品的劳动量与社会必要劳动量就有差异，这必然造成产品的价格、产品的质量、促销的方式、分销渠道都不相同。企业的市场营销组合因素要直接接受市场（消费者）的检验与评判。随着市场经济的发展，生产者之间的竞争更复杂，不仅包含产品、价格间的竞争，还包括市场营销策略等全方位的竞争。

4）市场是企业取得信息的主要来源地。任何企业的营销活动都离不开市场信息，尤其在高度发达的商品经济中，市场范围不断扩大，消费者需求多样化及复杂化，加入市场的竞争者日益增多。企业能否了解及掌握这方面的信息并正确制订营销策略，关系到其生存和发展，而市场恰恰集中了市场营销有关的各种信息。这就是说，企业的信息主要来源于市场，市场引导营销。

2.1.2 物流市场

1. 物流市场的定义及来源

1）物流市场是指物流服务供给和物流服务需求关系的总和。

2）物流市场是在生产力发展的基础上产生的，是社会发展的产物，是由市场经济自身规律发展而来的。物流市场主要经营无形商品，无形商品的产生和发展晚于实物商品的产生和发展，因此，物流市场的产生和发展晚于一般市场的产生和发展。也就是说，只有在物流服务作为独立的商品形态，从有形产品和商品中分离出来以后才能形成，只有当简单的商品流通发展到复杂的商品流通时，物流市场才能应运而生。商品流通比较发达，市场经济比较充分时，物流服务才能独立出来。

2. 物流市场的分类

物流市场按照不同的标志可以分为不同的类别。
1）按照供求关系可以分为物流需求市场和物流供给市场。
2）按照流通的品种可以分为某一品种市场和综合品种市场。
3）按照物流的具体业务可以分为专业物流市场和综合物流市场。

3. 物流市场现存的问题

从一定角度上来谈，我国物流市场主要存在以下问题：
1）物流市场主体不成熟并且错位。物流市场主体应该主要是第三方物流业者。然而在现实的物流市场中，物流市场的主体主要是工商企业。工商企业的物流服务由企业内部物流相关部门或公司来完成。如联想的物流业务基本由自己的物流部门运作。当然，很少有哪个工商企业的物流业务全部由自己完成，或多或少总有外包部分。

2）物流客体的包装、自动识别与自动计量落后，物流过程中物品的破损率高、浪费极大。

3）现有管理体制把铁路、公路、集装箱、船舶、飞机、港口、机场、管道、仓库、配送中心、物流中心等资源分割。未能形成统一的大市场格局，造成社会劳动的巨大浪费。

4）物流市场组织及信息化程度严重落后。
5）物流市场中介组织的自律性作用没有充分发挥出来。

小　结

市场是一个企业生命的一个决策因素，物流市场的命运也是如此。分析市场、把握物流市场的发展、解决物流市场的问题，是企业运营中首要且必须进行的第一个步骤。

相关作业

1. 简述目前物流市场的新问题。
2. 案例分析。

UPS：学会看清市场给你的机会

在美国联合邮包服务公司（UPS）亚特兰大总部，每当大卫·艾博尼（David Abney）从他的办公桌前抬起头时，就会看到墙上悬挂着的一张巨幅的中国地图。"我把它放在自己的视线内，"他说，"它提醒着我的来访者——中国有多大以及它带给我们的机会。"

作为 UPS 国际业务的总裁，艾博尼先生很快强调，欧洲、南美和亚洲其他地方也是重要市场。但事实上，他办公室里悬挂的唯一国家地图就是中国地图，孰重孰轻已显而易见。

"中国是我加入 UPS 后 30 年来最大也是最令人激动的机会，"他说，"这并不是'我们应不应该'或是'我们能不能'的问题。如果你想成为一家未来的全球公司，你绝对必须进入中国市场。"随着美国市场发展减缓，中国对 UPS 来说正日益成为一个重要的增长来源。去年，UPS 对中国的出口量增长了一倍多，与整个国际业务和美国的增长率形成鲜明对比，两者分别为 23% 和 6.6%。

UPS 正在中国的两大领域进行拓展。第一是它的传统邮包业务，在中国和其他地方之间运送小邮包；第二是供应链服务，负责将来自中国制造商的大批量货物出口到海外市场。

2004 年 12 月，当中国决定于今年年底放宽对外国股权的限制时，UPS 同意以 1 亿美元的代价，从其伙伴之一"中国外运"（Sinotrans）手中买下快递合资企业的完全控制权。该协议将使 UPS 成为业内第一家完全拥有中国业务经营权的外国公司。"拥有完全控制权将使我们在进行投资和做出长期战略决策时更加灵活，并增强我们品牌的影力，"艾博尼先生说。

然而，UPS 市场营销高级副总裁库尔特·坚（Kurt Kuehn）说，在中国建立一个网络仅是完成了一半任务，如何将它与其他地方连接起来也同样重要。"任何人都可以在中国建造仓库，"他说，"但除非你能把货物运送到北美、欧洲市场，否则这毫无意义。"

问题：

你如何看待市场在物流企业生存中的作用？

小组模拟仿真

（要求小组讨论，并将活动成果以小组为单位提交电子作业）

分析市场信息和企业成功的关系

1. 岗位角色

选出 9 人，分为三组：

A 组，3 人，其中 1 人解说。

B 组，3 人，其中 1 人解说。

C 组，3 人，其中 1 人解说。

2. 活动要求

1）ABC 三组人员先进行集体讨论，熟悉自己的职责范围。

2）各小组各尽其责，互相考核。

3. 模拟步骤

1）各小组明确各自职责范围，并为各自的职责制定说明书。

2）各组人员按活动要求准备各自资料或进行工作准备。

3）活动中，各小组成员密切配合，按相关程序进行。

4. 注意事项

1）各小组可上网查询相关资料。

2）充分发挥团队精神。

3）对各自小组答案能够解说。

4）各小组分别为另外两个小组打分。

5. 作业展示及点评

考核评分见下表。

考核评分表

考评小组			被考评小组	
考评地点			考评时间	
考评内容	分析市场信息和企业成功的关系			
考评标准	内　　容		分　值	实际得分
	角色扮演		20	
	工作准备		40	
	工作成效		40	
合　　计			100	

注：考评满分为 100 分，60～74 分为及格；75～84 分为良好；85 分以上（含 85 分）为优秀。

2.2　物流市场调研

学习目标

1. 掌握物流市场调研的含义
2. 了解物流市场调研的内容
3. 掌握物流市场调研的步骤和方法

案例导入

一家在中国台湾名不见经传的家族企业，创造了中国方便面市场的领军品牌，这就是生产康师傅系列食品的顶新集团。康师傅在开发合适大陆口味的方便时，经过调研部门上万次的口味测试和调查发现：大量人的口味偏重，而且比较偏爱牛肉口味，于是就决定以"红烧牛肉面"作为进入市场的主打产品。结果"好吃看得见"的康师傅方便面一亮相就征服了消费者。

请问：你知道其中的奥妙吗？

必备的理论知识

2.2.1　物流市场调研的定义和地位

物流市场调研是指物流企业为了实现自己的战略目标，采用一定方法，通过一定方式收集、整理、分析信息的整个过程。它包括物流供需调查、调查结果的分析、物流供需预测以及综合分析研究等内容。

物流市场调研是确定物流目标市场、物流市场定位以及物流市场营销、物流市场决策和管理的前提和基础。

2.2.2 知识储备

1. 市场调研的现状

现代营销观念认为，实现企业目标的关键是正确认识市场的需要和欲望，并且比竞争对手更加有效、有力地传送目标市场所期望满足的东西。而市场调研是企业了解目标市场需求和竞争对手行动的真正有效手段。因此，随着营销观念的逐步深入人心，市场调研在全球范围得到了广泛的重视。

1993 年，美国电话电报公司（AT&T）用于市场调研的费用高达 3.47 亿美元，比贝尔公司实验室用于基础研究的全年经费还要高出一大截。据欧洲市场调研学会估计，在 1990～1997 年，欧洲各公司在全世界范围内用于委托他人进行市场调研的费用足足增加了一倍，达到年均 70 亿英镑。而同时，各公司内部自己用于客户、消费者研究的费用增长速度甚至更快。

2. 市场营销调研的核心问题及其作用

市场营销的关键是发现和满足消费者的要求。为了判断消费者的要求，实施满足消费者需求的营销策略计划，营销经理需要对消费者、竞争者和市场上的其他力量有相当的理解。特别近年来许多因素的出现，促使对信息的质和量的需求有了更大的提高。随着经济全球化的发展，国际化营销促使企业对信息有更高更广的需求；随着消费意识的提高，企业的营销决策人员需要对消费者的消费习惯和趋向有更准确和更深入的了解；同时，应对市场营销调研的核心问题（见图 2.1）给予更高的重视。由于市场的竞争加剧，市场的变化速度加快，则也必须对营销策略和工具有更深层次的更快速的了解和反应，促进营销调研的因素如图 2.2 所示。

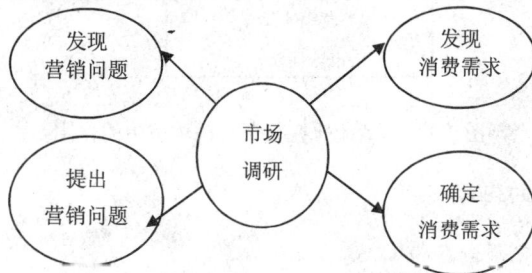

图 2.1　市场营销调研的核心问题

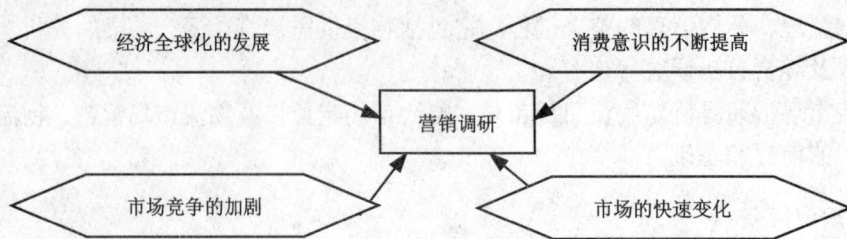

图 2.2　促进营销调研的因素

3. 市场调研的重要性

在激烈的市场竞争中，企业全面、准确地了解顾客及自身所处的环境，做出适时有效的市场营销决策是制胜的关键。市场调研就是为了了解顾客、分析环境提供基本的方法和技术，是企业了解市场和把握顾客的重要手段，是辅助企业决策的重要工具。营销调研在整个营销体系中起着非常重要的作用，如图 2.3 所示。

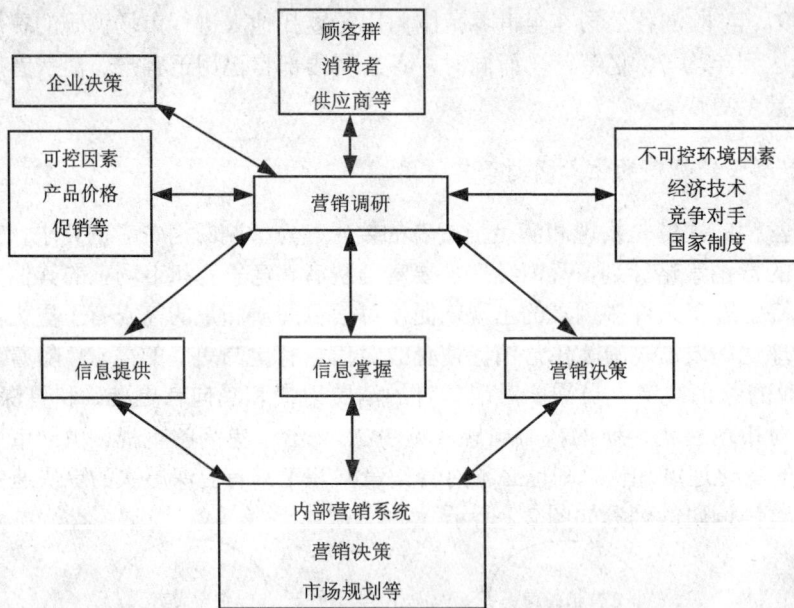

图 2.3　营销调研在整个营销体系中的作用

4. 物流市场调研的内容

（1）物流市场需求调查

物流市场需求调查主要包括物流市场需求量、需求结构和需求时间的调查，即了解物流服务的消费者在何时、何地需要什么、需要多少。

（2）物流市场供给调查

物流市场供给调研主要包括物流市场供给总量、供给结构和供给时间的调查。

（3）物流市场环境调查

企业的经营活动是在复杂的社会环境中进行的，企业的经营活动要受企业本身条件和外部环境的制约。环境的变化，既可以给企业带来市场机会，也可以形成某种威胁，所以对企业市场环境的调查研究，是企业有效开展经营活动的基本前提。

1）政治和法律环境，主要包括：

第一，政治环境。政治环境指企业外部的政治形势和状况，分为国内政治形势和国际政治形势两部分。对国内政治形势的调查，主要是分析研究党和政府的路线和各项方针、政策的制定和调整及其对市场、对企业产生的影响。对国际政治形势的调查，主要是分析研究相关国家的社会性质和政治体制，了解其政局稳定情况。

第二，法律环境。企业总是在一定的法律环境中运行的，企业法律环境的调查，就是要分析家的各项法规、法令、条例等，尤其是其中的经济立法，如《中华人民共和国经济合同法》、《中华人民共和国进出口关税条例》、《中华人民共和国专利法》、《中华人民共和国商标法》、《中华人民共和国环境保护法》以及相关的交通运输法规等。

2）经济与技术环境，主要包括以下内容：

第一，经济环境。经济环境是指企业所面临的社会经济条件及其运行状况和发展趋势。经济环境的调查，主要是对社会购买力水平、消费者收入状况、消费者支出模式、消费者储蓄和信贷以及通货膨胀、税收、关税等情况变化的调查。

第二，技术环境。新技术革命的兴起影响着社会经济的各个方面。新技术的迅速发展使商品从适销到成熟的时间距离不断缩短，生产的增长也越来越多地依赖进步。以电子技术、通信技术、光技术、新材料技术、生物技术为主要特征的新技术革命，不断改造着传统产业，使产品的数量、质量、品种和规格都有了新的飞跃，同时也带来了与电子、信息、新材料、生物有关的新兴产业的建立和发展。新技术的兴起与发展，可能给某些企业带来新的营销机会，也可能给某些企业造成环境威胁，这就要求企业必须密切注意科技革命的新动向，不断研制等和产品，利用新技术改善营销管理，提高企业服务质量和工作效率，重视新技术给人民生活方式带来的变化以及对企业营销活动影响，更多地依赖科学技术的进步，推动社会生产和社会需求的不断发展。

3）社会文化环境。文化是一个复杂的融化，其中包括知识、信仰、艺术、道德、风俗习惯以及人作为社会成员一分子所获得的任何观念与习惯。文化最主要的特点在于它是人类后天习得的，并为人类所共同享有。文化使一个社会的规范、观念更为系统化，文化解释着一个社会的全部价值观和规范体系。在不同的国家、民族或地区之间，文化区别要比肤色或任何其他生理特征更为深刻，它决定了人们独特的生活方式和行为规范。总之，文化环境不仅建立了人们日常行为的准则，也形成了市场国家或市场地区消费者态度和购买动机的取向模式。所以，要求企业在营销活动中应该"入境问俗"，注意不同国家、地区的文化环境对企业经商方式的重要影响。如果主观假定一个国家或一个地区的商业文化背景，盲目地进入市场，风险必然很大。

（4）物流市场营销状况调查

物流市场营销状况调查是围绕物流营销活动而展开的市场调查，主要包括物流产品调查、销售渠道调查、促销调查、竞争对手调查几个方面。

1）物流产品调查。即对各种物流产品的提供者可能提供的产品品种、规模、质量、价格等进行调查。

2）销售渠道调查。就是对各物流企业的物流产品的供求结合途径进行调查。

3）促销及销售服务调查。①促销调查。促销是物流企业把所提供的服务向消费者进行宣传，促进和影响消费者购买行为的活动。促销的主要任务，是向消费者传递服务信息，扩大销售。促销活动的方式很多，既有人员推销，又有非人员推销，在非人员推销中又有广告、营业推广、公共关系等具体促销形式。对促销活动，应着重调查消费者对促销活动的反映，了解消费者最喜爱的促销形式。其具体内容包括：调查各种促销形式的特点，促销活动是否独具一格，具有创新性；是否突出了产品和服务特点，消费者接受程度如何；能否给消费者留下深刻印象；效果与投入比有无不良反应；是否最终起到了吸引顾客、争取潜在消费者的作用。②销售服务调查。销售服务，从促销角度讲，也是一种重要的促销方式。这是企业为吸引消费者、保证消费者所购商品发挥作用、了解消费要求和商品质量等信息，建立企业信誉的一种促销方式。销售服务分为售前、售中和售后服务。对销售服务调查，应了解消费者服务需要的具体内容和形式，了解企业目前所提供服务在网点数量和服务质量上能否满足消费者的要求、消费者对目前服务的意见反映，调查了解竞争者所提供服务的内容、形式和质量情况。

4）竞争对手调查。有市场就有竞争，企业要想在市场上站稳脚跟，必须重视对竞争对手的了解，真正做到知己知彼。对竞争对手的调查，应主要了解以下几方面内容：竞争对手的数量，是否具有潜在的竞争者，主要的竞争对手是谁；竞争对手的经营规模、人员组成以及营销组织机构情况；竞争对手经营商品的品种、数量、价格、费用水平和盈利能力；竞争对手的供货渠道情况，是否建立了稳定的供货关系网；竞争对手对销售渠道的控制程度，是否拥有特定的消费群体，所占有的市场份额情况；竞争对手所采取的促销方式有哪些，提供了哪些服务项目，消费者反映如何。

2.2.3 市场调研流程

市场调研的流程如图 2.4 所示。

| 明确调研目的 | → | 制订实施计划 | → | 整理资料 | → | 提出调查报告 |

图 2.4 市场调研流程

1. 明确调研目的

明确调研目的是进行市场调研必须首先解决的问题，主要是明确为什么要进行此项调研、通过调研要了解哪些问题、调研结果的具体用途。

在初步调查过程中，首先要对市场的初步情况进行分析，即市场调查人员对所掌握的有关资料，如企业业务活动记录、统计报表、会计报表、产品质量、消费者的消费习惯、流通渠道情况、经销单位合同数量以及同类新产品情况等资料，进行认真的研究分析，把握了解其间的因果关系。其次要进行某些非正式调查，即试验性的访问调查，如访问有经验的专业人员，听取他们对市场分析，找出症结所在。最后在此基础上，还需要确定市场调查的范围。市场调查范围直接影响着市场调查的工作量和工作效率。在确定市场调查范围的过程中，排除与调查目的关系不大的设想，可以使市场调查范围目标更加集中。

2. 制订实施计划

制定实施计划是整个市场调查过程中最复杂的阶段，它主要包括选择调查项目、调查方法、调查人员、调查费用等内容。

1）调查项目，是指取得资料的基础上，选择调查项目。调查项目正是为了取得所需的资料而设置的。

2）调查方法，是指取得资料的方式。它包括在什么地点、找什么人、用什么方法进行调查。

3）调查人员。确定调查人员，主要是确定参加市场调查人员的条件和人数，包括对调查人员的必要培训。由于调查对象是社会各阶层的生产者和消费者，思想认识、文化水平差异较大，因此，要求市场调查人员必须具备一定的思想水平、工作业务技术水平。

4）调查费用。每次市场调查活动都需要支出一定的费用。因此，在制定计划时，应编制调查费用预算，合理估计调查的各项开支。编制费用预算的基本原则是：在坚持调查费用有限的条件下，力求取得最好的调查效果。或者是在保证实现调查目标的前提下，力求使调查费用支出最少。调查费用以总额表示，至于费用支出的细目，如人员劳务费、问卷印刷费、资料费、交通费、问卷处理费、杂费等，应根据每次调查的具体情况而定。

5）工作进度日程和工作进度的监督检查。工作进度日程，是对各类调查项目、调查方法的工作程序、时间、工作方法等要求作出的具体规定。如何时做好准备工作，由谁负责；何时开始培训工作，由谁主持；通过什么方式进行等。切合实际的工作进度日程，可以使整个调查活动有节奏地进行。使每相对独立地从事调查工作的人员行动有方向，也可以为调查活动的监督检查提供依据。对工作进度的监督检查是及时发现问题、克服薄弱环节、保证整个调查活动顺利进行的重要条件。在对工作进度的监督检查过程中，最后采取现场检查，以利于及时指导、改进工作。

6）调查人员的绩效考核。对调查人员工作表现的考核，也是保证整个调查活动顺利进行的重要条件。对调查人员工作表现的考核，应注意结合工作成果大小提出具体的标准。例如，考核百分比，拒绝访问的少，工作表现好；反之，工作中存在问题。还可以结合调查过程，考核在询问、记录、资料整理、分析等活动中发生错误的次数。考核调查人员的工作表现，要结合工作进度在工作过程中进行，以利于及时推动工作，而不要等到工作结束之后才开始。

3. 整理资料

市场调查获得的资料，大多数是分散的、零乱的，难免出现虚假、冗余等现象，甚至加上调查人员的偏见，难以反映调查特征和本质。必须对资料进行整理加工，使之真实、准确、完整、统一。

1）整理资料就是运用科学方法，对调查资料进行编校、分类和分析，使之系统化、条理化，并以简明的方式准确反映调查问题的真实情况。

2）编校就是对收集到的资料进行检验、检查，验证各种资料是否真实可靠，合乎要求，去除调查中取得的不符合实际的资料。

3）资料分类就是把经过编校检验的资料，分析归入适当的类别，并制作成有关的统计表或统计图，以便于观察分析运用。资料的分类有两种方法，一是在设计调查提纲、调查问卷时，就按照调查项目的不同设计调查指标，调查时即按分类指标搜集资料、整理资料；二是在调查资料收集起来之后，再根据资料的性质、内容或特征将相异的资料区别开来，将相同或相近的资料合为一类。

4）对资料的分析，应注意计算各类资料的百分率，以便人们对调查结果产生清楚的概念。

4. 提出调查报告

资料的整理和分析是提出调查报告的基础，而提出调查报告则是市场调查的必然过程和结果。调查报告应包括以下几方面的内容：

1）序言，主要说明调查的目的，调查过程及采用的方法。

2）主体部分，根据调查的目的，分析情况，作出结论与工作建议。

3）附件，主要是报告主体部分引用过的重要数据和资料，必要时可以把详细的统计图表和调查资料作为附件。

2.2.4 注意事项

1）市场调研的目的要明确。

2）调查所需的材料一定要真实。

3）市场调查人员应具备一定的市场学、管理学、经济学方面的知识，对调查过程中涉及到的专业性概念、术语、指标应有正确的理解。

4）要求调查人员必须具有严肃、认真、踏实的工作态度。

5）对资料的分类，要注意不同类别资料之间的差异性和同一类别共同性。

小　　结

市场调研是企业选择目标的首要工作，市场调研的准确性程度越高，企业的获利就越大，企业发展就越快，市场调研的步骤一定要正确同时内容要真实，只有这样，企业才会赢得市场。

相关作业

1．如果你是本小节案例导入中市场调研部门的决策领导人，你将如何解决企业面临的新产品开发问题？你是如何掌握市场消费者需求状况的？

2．市场调研的内容是什么？

小组模拟仿真

（要求小组讨论，并将活动成果以小组为单位提交电子作业）

模拟某公司某项产品的市场调研过程

1．岗位角色

选出30人，分为三组：

A组，10人。

B组，10人。

C组，10人。

2．活动要求

1）ABC三组人员先进行集体讨论，熟悉自己的职责范围。

2）各小组各尽其责，互相考核。

3. 模拟步骤

1）各小组明确各自职责范围，并为各自的职责制定说明书。

2）各组人员按活动要求准备各自资料或进行工作准备。

3）活动中，各小组成员密切配合，按相关程序进行。

4. 注意事项

1）各小组可上网查询相关资料。

2）充分发挥团队精神，对本职工作应熟练掌握。

3）单据制作要求尽量完善，达到标准化。

4）对各自小组工作流程能够解说。

5）各小组分别为另外两个小组打分。

5. 作业展示及点评

考核评分见下表。

考核评分表

考评小组		被考评小组	
考评地点		考评时间	
考评内容	模拟某某公司某项产品的市场调研过程		
考评标准	内　容	分　值	实际得分
	角色扮演	20	
	工作任务	40	
	工作成效	40	
合　计		100	

注：考评满分为 100 分，60～74 分为及格；75～84 分为良好；85 分以上（含 85 分）为优秀。

2.3　物流市场调研的种类和方法

学习目标

1. 掌握物流市场调研的种类
2. 了解物流市场调研的方法
3. 掌握问卷调查法

案例导入

　　联想集团于 2001 年 6 月初进行了一个在线调查，即用户在 163 电子邮局登录之后，有一个关于电脑液晶显示屏的有奖在线调查的弹出窗口，要求被调查者填写姓名、身份证号、E-mail 地址、电话、邮政地址等资料，虽然联想没有公布有关保护个人信息的声明，但由于其奖品有一定的吸引力，参与者仍然很多。这则调查可能预示着联想公司有可能在某个时期向市场投放个人电脑用的液晶显示器，对于有这种需求的用户，脑子中已经形成了联想将要生产液晶显示屏的概念，当需要购买该产品时，自然会想到联想的品牌。但是如果联想集团将调查所收集到的用户信息将来作为开展营销的对象，则违反了市场调查业者从业规范，是对受访者和社会公众不负责任的表现。

　　请问：联想运用了何种调研手段吸引消费者？

必备的理论知识

2.3.1　市场调研概述

　　作为市场营销决策的依据，市场营销调研涉及企业市场营销活动的全过程，具有十分丰富的内容。常见的市场营销调研活动包括很多方面：确定市场的特点、衡量市场的潜力、对市场的销售分析、市场占有率分析、经济趋势研究、竞争性产品进行研究、对市场行情的分析以及现有产品市场检验等。曾经有人对美国公司市场营销调研活动进行了考察，发现大多数公司从事 30 多种不同的市场营销调研活动。

2.3.2　知识储备

1. 市场调研的种类

　　1）广告调研：包括对广告动机的调研、广告版面调研、广告媒介调研、广告效果调研和广告竞争调研。

　　2）工商经济调研：包括一年内的短期预测、一年以上的长期预测、经济趋势研究、行情研究，工厂和仓库选址研究，企业兼并调研，出口和国际贸易调研，管理信息系统调研，经营业务调研企业内部职工调研。

　　3）顾客调研：包括对购买行为的调研，即研究社会、经济、文化、心理因素对购买决策的影响，并研究这些因素在消费环节、分配环节还是在生产领域发生作用。

　　4）企业社会责任调研：包括消费者权益调研，生态环境影响调研，对广告与促销活动的法律限制调研以及社会价值观念和政策调研。

5）产品调研：包括对新产品的设计、开发和试验，市场对新产品的认可和潜力，对现有产品进行改进以及对消费者对于产品款式、性能、材料改进以及对消费者对于产品的款式、性能、材料的质量等方面的偏好趋势进行预测，竞争产品调研，现有产品检验和包装设计调研。

6）销售与市场调研：包括市场潜力调研，市场份额调研，市场特征的确定，销售分析，销售份额和地区的确定，配送渠道调研，市场测定与存货设计，销售赔偿调研，以及有奖销售与赠送、赠送样品等促销活动的调研。

2. 市场营销调研的要求

市场营销调研是一项重要又复杂的工作。市场调研的质量关系到营销决策与营销活动的成功与否，这就对市场调研提出了一定的要求。

（1）方法科学

市场调研工作的复杂性决定了它需要一整套科学的调查方法作为成功的保证。调研者必须贯彻实事求是的科学精神，保证调研结果客观性，不能主观臆断。调研者还必须能够透过纷繁复杂的市场现象探求事物的原因和本质。

（2）复合调查

调查者切忌过分地信赖某一种为自己所偏爱的调查方法。对同一问题采用不同的方法进行调查研究，可以将通过不同方法获得的调研结果互相验证和补充，提高调研结果的可靠性。

（3）注意价值和成本

市场调研所获信息可以给企业带来价值，但是进行市场营销调研也必须费时费力，投入相当可观的成本。因此企业在从事市场调研时要注意所获信息的价值——成本分析。

（4）创造性

市场调研一种创造性的工作，它需要调研者具有强烈的创新精神。在进行市场营销调研时，调查者应当善于不断地发现新问题、研究新问题，还应该从人们司空见惯的市场现象中发掘出对决策有积极意义的新因素。

3. 物流市场调研的方法

（1）按调查对象划分

1）全面调查。全面调查是指对调查对象总体所包含的全部个体都进行调查。可以说对市场进行全面普查，可能获得非常全面的数据，能正确反映客观实际，效果明显。由于全面调查工作量很大，要耗费大量人力、物力、财力，调查周期较长，一般只在较小范围内采用。当然，有些资料可以借用国家权威机关普查结果，如可以借用全国人口普查所得到的有关数据资料等。

2）重点调查。 重点调查是以总体中有代表性的单位或消费者作为调查对象，进而推断出一般结论。由于被调查的对象数目不多，采用这种调查方式，企业可以较少的人力、物力、财力，在很短时期内完成。例如，调查高档住宅需求情况，可选择一些购买大户作为调查对象，往往这些大户对住宅需求量，对住宅功能要求占整个高档商品住宅需求量的绝大多数，从而推断出整个市场对高档住宅的需求量。当然由于所选对象并非全部，调查结果难免有一定误差，市场调查人员应引起高度重视，特别是当外部环境产生较大变化时，所选择重点对象可能就不具有代表性了。

3）随机抽样。随机抽样调查是在总体中随机任意抽取个体作为样本进行调查，根据样本推断出一定概率下总体的情况。随机抽样在市场调查中占有重要地位，在实际工作中应用很广泛。随机抽样最主要特征是从母体中任意抽取样本，每一样本有相等的机会，即事件发生的概率是相等的，这样可以根据调查的样本的机会，即事件发生的概率是相等的，这样可以根据调查的样本空间的结果来推断母体的情况。它又可以分为三种：一是简单随机抽样，即整体中所有个体都有相等的机会被选作样本；二是分层随机抽样，即对总体按某种特征（如年龄、性别、职业等）分组织（分层），然后从各组中随机抽取一定数量的样本；三是分群随机抽样，即将总体按一定特征分成若干群体，随机抽样是将部分作为样本。分群抽样与分层抽样是有区别的：分群抽样是将样本总体划分为若干不同群体，这些群体间的性质相同，然后将每个群体进行随机抽样，这样每个群体内部存在性质不同的样本；而分层抽样是将样本总体划分为几大类，这几大类间是有差别的，而每一类则是由性质相同的样本构成的。

4）非随机抽样法。非随机抽样法是指市场调查人员在选取样本时并不是随机选取，而是先确定某个标准，然后再选取样本数。这样每个样本被选择的机会并不是相等的。非随机抽样也分为三种具体方法：

第一，就便抽样，也称为随意抽样调查法，即市场调查人员根据最方便的时间、地点任意选择样本，如在街头任意找一些行人询问其对某产品的看法和印象。这在商圈调查中是常用的方法。

第二，判断抽样，即市场调查人员，根据自己的以往经验来判断由哪些个体来作为样本的一种方法。当样本数目不多、样本间的差异又较为明显时，采用此方法能起到一定效果。

第三，配额抽样，即市场调查人员通过一些控制特征，将样本空间进行分类，然后由调查人员从各组中任意抽取一定数量的样本。

（2）按照调查对象所采用方法划分

1）访问法。这是最常用的市场调查方法。科学设计调查表、有效地运用个人访问技巧是此方法成功的关键。

2）问卷调查法。即调查人员将被调查人员集中在一起，要求每人答一份问卷，并且在规定时间答完，这样被调查人员不能彼此交换意见，使个人意见充分表达出来。

3）谈话法。谈话法包括以下两种：

第一，面对面谈话。例如，召开座谈会，大家畅所欲言。然后还可针对某种重点调查对象进行个别谈话，深入调查。这种方法的最大特点是十分灵活，可以调查许多问题，包括一些看上去与事先准备好的问题不太相关的问题，可以弥补调查表所漏掉的一些重要问题，谈话气氛好，不受拘束。

第二，电话调查。这种方法是市场调查人员借助电话来了解消费者的意见的一种方法。

4）观察法。这种方法是指调查人员不与被调查者正面接触，而是在旁边观察。这样被调查者无压力，表现得自然，因此调查效果也较理想。观察法有三种形式：

第一，直接观察法。派人到现场对调查对象进行观察。

第二，实际痕迹测量法。调查人员不是亲自观察购买者的行为，而是观察行为发生后的痕迹。

第三，行为记录法。在取得被调查同意之后，用一定装置记录调查对象的某一行为。例如，在某些家庭电视机里装上一个监听器，可以记录电视机什么时候开，什么时候关，收哪一个电台，收了多长时间等。这样可以帮助营销管理人员今后选择在哪一家电视台、在什么时间播广告效果最好。调查人员采用观察法，主要是为了获得那些被观察者不愿或不能提供的信息。有些购买者不愿透露他们某些方面的行为，通过观察法便可以较容易地了解到，但观察事物的表面现象，不能得到另外一些信息，如人们的感情、态度、行为动机等，因此调查人员通常将观察法与其他方法组合起来使用。

5）实验法。实验法是指将调查范围缩小到一个比较小的规模上，进行试验后取得一定结果，然后再推断出总体可能的结果。实验法是研究因果关系的一种重要方法。例如，研究广告对销售的影响，在其他因素不变的情况下，销售量增加就可以看成完全是广告影响造成的。当然市场情况受多种因素影响，在市场实验期间，消费者的偏好、竞争者的策略，都可能有所改变，从而影响实验的结果。虽然如此，实验法对于研究因果关系，能提供访问法、观察法所不能提供的材料，运用范围较为广泛。

6）网络调查法。网上市场调研的方法与传统市场调研方法相比，互联网进行市场调研有很多优点，主要表现在缩短调研周期、节约费用、不受地理区域限制等方面。另外，由于不需要和用户进行面对面的交流，也因此避免了当面访谈可能造成的主持人倾向误导，因此，网上调研成为一种不可忽视的市场调研方法。网上市场调研的常用方法有：网上搜索法，网站跟踪法，加入邮件列表，在线调查表，电子邮件调查，对网站访问者的抽样调查，固定样本调查。

其中，在线调查是重要的方法之一，在线调查常用于产品调查、消费者行为调查、顾客意见、品牌形象调查等方面，是获得第一手调研资料的有效工具。但是，在线调查也存在种种局限，尤其在企业网站访问量比较小、客户资料还不够丰富的情况下，获得的有效问卷数量较少，调查结果有时会出现较大的误差。尽可能提高在线调查结果的质量，是开展网上市场调研过程中每个环节都要考虑的问题，下列八个方面需要给予足够重视：

第一，认真设计在线调查表。在线调查表应该主题明确、简洁明了、问题便于被调查者正确理解和回答，同时，调查表也应该方便调查人员的工作，且便于调查结果的处理。

第二，吸引尽可能多的人参与调查。参与者的数量对调查结果的可信度至关重要，问卷设计水平对此也有一定影响，问卷内容中体现出"您的意见对我们很重要"，让被调查者感到，填写调查表就好像帮助自己或所关心的人，这样往往有助于提高问卷的回收率。当然，成功的问卷调查也离不开有力的宣传推广，网上调查与适当的激励措施相结合会有明显的作用，必要时还应该和访问量大的网站合作以增加参与者数量。

第三，尽量减少无效问卷。

第四，公布保护个人信息的声明。

第五，避免滥用市场调查功能。市场调研信息也向用户透露出企业的某些动向，使得市场调查具有一定的营销功能，但应该将市场调查与营销严格区别开来，如果以市场调查为名义收集用户个人信息开展所谓的数据库营销或者个性化营销，不仅将严重损害企业在消费者（至少是被调查者）之间的声誉，同时也将损害合法的市场调查。

第六，样本分布不均衡的影响。网上调查结果不仅受样本数量少的影响，样本分布不均衡同样可能造成调查结果误差大。

第七，奖项设置合理。作为补偿或者刺激参与者的积极性，问卷调查机构一般都会提供一定的奖励措施，有些用户参与调查的目的可能只是为了获取奖品，甚至可能用作弊的手段来增加中奖的机会。虽然在传统的问卷调查中也会出现类似的问题，但由于网上调查无纸化的特点，为了获得参与调查的奖品，同一个用户多次填写调查表的现象常有发生，即使在技术上给予一定的限制条件也很难杜绝。合理设置奖项有助于减少不真实的问卷。

第八，采用多种网上调研手段相结合。尽管网上市场调研具有一定的优越性，但其并不是万能的，甚至调查结果有时会出现较大的误差。网上调查也不可能满足所有市场调研的要求，企业应根据调研的目的和要求，采取网上调研与网下调研相结合、自行调研与专业市场调查咨询公司相结合的方针，以尽可能小的代价获得尽可能可靠的市场调研结果。

4. 问卷调查法

物流市场调查的形式和方法有很多种，而且根据不同的市场环境和企业本身特点，在操作过程中往往会有所变化，但是作为一个最重要、也是最有效的办法——问卷调查法，始终被业内人士看作制胜的法宝。根据调查行业和调查方向的不同，问卷的设计在形式和内容上也有所不同。

（1）物流市场调研问卷设计注意事项

1）明确调查目的和内容。在问卷设计中，最重要的一点就是必须明确调查目的和内容，这不仅是问卷设计的前提，也是它的基础。为什么要做调查，而调查需要了解什么，这些都在进行问卷设计的时候应该有一个清楚的认知，并且在调查计划书中进行具体的细化和文本化，作为问卷设计的指导。

2）明确针对人群。问卷设计的语言措辞选择得当 问卷题目设计必须有针对性，对于不同层次的人群，应该在题目的选择上有的放矢，必须充分考虑受调人群的文化水平、年龄层次和协调合作可能性，除了在题目的难度和题目性质的选择上应该考虑上述因素，在语言措辞上同样需要注意这一点。

3）在问卷设计的时候，应该考虑数据统计和分析是否易于操作。由于这两个环节的工作基本上是人员分离的，所以在整合和衔接上就容易出现偏差。为了更好地进行调查工作，除了在正确清楚的目的指导下进行严格规范的操作，还必须在问卷设计的时候就充分考虑后续的数据统计和分析工作。

4）卷首最好要有说明（称呼、目的、填写者受益情况、主办单位）。具体来说，就是需要有一个尊敬的称呼、填写者的受益情况、主办单位和感谢语，同时，如果问卷中有涉及个人资料，应该要有隐私保护说明。只有尊重受调人群，才有可能调动他们的配合积极性。

5）问题数量合理化、逻辑化、规范化

最后，即使是一份很成功的问卷，也不是一制定好就是成功的，必须要经历实践的考验。所以在问卷初步设计完成时，应该设置相似环境，先进行小范围试填写，并对结果反馈，及时进行修改。只有这样，才能够达到市场调查的最终目的，就是以数据和分析来为策略作一个有价值的参考。

（2）撰写一份优秀问卷的要点

1）避免应答者可能不明白的缩写、俗语或生僻的用语，如"你对 PPO 的意见是什么"，由于并不是每个人都知道 PPO 代表优先提供者组织（preferred provider organization），如果这一问题以一般公众为目标应答者，研究人员可能会遇到麻烦。另一方面，如果问题针对物理学家或医院管理者，那么缩写 PPO 很可能是可接受的。

2）问题要具体。含糊的提问将会得到含糊的答案。例如，"您的家庭收入是多少？"当应答者给出此问题的数字答案时，其答案会是各式各样的，如 1999 年的税前收入，1999 年的税后收入，2007 年税前收入，2007 年税后收入。

3）问题要求不宜过多。当问题的要求过多时，人们是不会回答的，他们或者拒绝或者乱猜。例如，1996 年您读了多少本书？这样的问题需给出一个范围：①无；②1～10 本；③11～25 本；④26～50 本；⑤多于 50 本。

4）确保问题易于回答。要求过高的问题也会导致拒答或猜想。例如："请您以购买新车时考虑因素的重要性将以下 20 项排序。"你正在让应答者做一次相当大的计算工作。不要让人们为 20 项排序，应该让他们挑选出前五项。

5）不要过多假设。这是一个相当普遍的误区。即问题撰写者默认了人们的一些知识、态度和行为。例如，"您对总统关于枪支控制的立场倾向于同意还是反对？"这一问题假设了应答者知道总统对枪支控制有一个立场，并知道该立场是什么。

6）注意双重问题和相反观点的问题。将多个问题结合起来或运用相反观点的问题会导致模棱两可的问题和答案。例如，"您赞同在私人住宅而不在公共场所吸食大麻合法化吗？"如果此问题精确描述应答者的立场，那么就很容易解释"是"这种回答。但是回答为"不"可能意味着应答者赞同在公共场所吸大麻而不赞同在私人场所吸，或两者都反对，或两者都赞同。"警察总长不应该对市长直接负责吗？"这个问题模棱两可，几乎任何回答都可以。

7）检查误差。带有误差的问题会引导人们以某一方式回答，但这种方式不能准确反映其立场。有几种使问题存在偏向性的方式：一种方式是暗示应答者本应参与某一行为；另一种使问题具有误差性的方式是使选择答案不均衡，例如，"近期我国每年在援助外国方面花费××万美元，您认为这个数字应：①增加；②保持不变；③稍减一点；④减少一点；⑤大量减少"。这套答案鼓励应答者选择"减少"选项，因为其中有三项"减少"，而只有一项是增加。

8）预先测试。正式调查之前的试调查，所有的修改和编辑都不能保证成功。事先测试是保证你的问卷研究项目成功而费用最低的方式。事先测试的基本目的是保证问卷提供给应答者以清晰、容易理解的问题，这样的问题将得到清晰、容易理解的回答。

2.3.3 设计调查表的流程图

设计调查表的流程如图 2.5 所示。

2.3.4 注意事项

设计调查表时应注意下列事项：

1）信息必须根据整个调研计划的目的收集。

2）调查表中的问题要短。

3）调查表上每一个问题只能包含一项内容。

4）调查表问题中不能使用专门术语。

5）调查表中问题答案不宜过多，问题的含义不要模棱两可，一个问题只代表一件事。

6）要注意问问题的方式。

7）调查表要反映企业决策的思想。

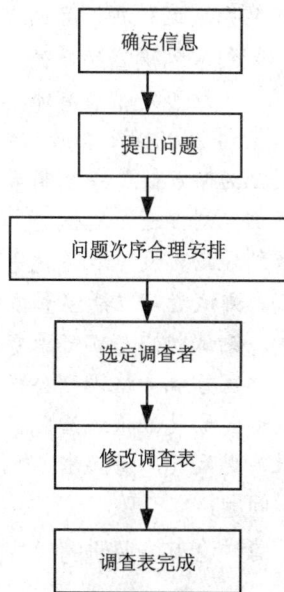

图 2.5　设计调查表的流程

（流程图：确定信息 → 提出问题 → 问题次序合理安排 → 选定调查者 → 修改调查表 → 调查表完成）

小　结

市场供需情况必须通过市场调研才能得知，市场调研的知识掌握的准确才能为具体实施市场调研作好准备。市场调研的种类特别多，企业在进行市场调研时，要根据本企业的状况选择合适的调研方法，为得到正确的信息作好铺垫。这是企业生死攸关的一环。

相关作业

1. 思考题

如果你是本小节案例导入中的联想决策领导人，你将如何解决企业面临产品销售问题？你会采取何种手段吸引消费者？

2. 案例分析。

中国人不喝冰红茶？

一间宽大的单边镜访谈室里，桌子上摆满了没有标签的杯子，有几个被访问者逐一品尝着不知名的饮料，并且把口感描述出来写在面前的卡片上……这个场景发生在1999年。当时任北华饮业调研总监的刘强组织了5场这样的双盲口味测试，他想知道，公司试图推出的新口味饮料能不能被消费者认同。

此前调查显示：超过60%的被访问者认为不能接受"凉茶"，他们认为中国人忌讳喝隔夜茶，冰茶更是不能被接受。刘强领导的调查小组认为，只有进行了实际的口味测试才能判别这种新产品的可行性。

等到拿到调查的结论，刘强的信心被彻底动摇了，被测试的消费者表现出对冰茶的抵抗，一致否定了装有冰茶的测试标本。新产品在调研中被否定。

直到2000年、2001年，以旭日升为代表的冰茶在中国全面旺销，北华饮业再想迎头赶上为时已晚，一个明星产品就这样穿过详尽的市场调查与刘强擦肩而过。说起当年的教训，刘强还是很惋惜："我们举行口味测试的时候是在冬天，被访问者从寒冷的室外来到现场，没等取暖就进入测试，寒冷的状态、匆忙的进程都影响了访问者对味觉的反应。测试者对口感温和浓烈的口味表现出了更多的认同，而对清凉淡爽的冰茶则表示排斥。测试状态与实际消费状态的偏差让结果走向了反面。"

北京普瑞辛格调研公司副总经理邵志刚先生的话似乎道出了很多企业的心声"调研失败如同天气预报给渔民带来的灾难，无论多么惨痛，你总还是要在每次出海之前，听预报、观天气、看海水。"

问题：

请讨论市场调研的优缺点。

小组模拟仿真

（要求小组讨论，并将活动成果以小组为单位提交电子作业）

设计一份某集团推出橙味果汁的调研报告

1. 岗位角色

选出30人，分为三组：

A 组，10 人；

B 组，10 人；

C 组，10 人。

2. 活动要求

1）ABC 三组人员先进行集体讨论，熟悉自己的职责范围。

2）各小组各尽其责。

3）互相考核。

3. 模拟步骤

1）各小组明确各自职责范围，并为各自的职责制定说明书。

2）各组人员按活动要求准备各自资料或进行工作准备。

3）活动中，各小组成员密切配合，按相关程序进行。

4. 注意事项

1）各小组可上网查询相关资料。

2）充分发挥团队精神，对本职工作应熟练掌握。

3）单据制作要求尽量完善，达到标准化。

4）对各自小组答案能够解说。

5）各小组分别为另外两个小组打分。

5. 作业展示及点评

考核评分见下表。

考核评分表

考评小组		被考评小组	
考评地点		考评时间	
考评内容	设计一份某集团推出橙味果汁的调研报告		
考评标准	内　　容	分　　值	实际得分
	角色扮演	20	
	工作准备	40	
	工作成效	40	
合　　计		100	

注：考评满分为 100 分，60～74 分为及格；75～84 分为良好；85 分以上（含 85 分）为优秀。

2.4 物流市场调研报告

案例导入

联合利华公司的冲浪超浓缩洗衣粉（Surf）在进入日本市场前，做了大量的市场调研。Surf的包装经过预测试，设计成日本人装茶叶的香袋模样，很受欢迎；产品又进行了改进。同时，Surf的气味也很吸引人。联合利华就把"气味清新"作为Surf的主要诉求点。可是，当产品在日本全国导入后，发现市场份额仅能占到2.8%，远远低于原来期望值，一时使得联合利华陷入窘境。问题出在哪里呢？

必备的理论知识

2.4.1 物流调研报告的定义和地位

物流调查报告是整个物流调查工作，包括物流调研计划及实施、物流信息的收集及整理等一系列工作过程的总结，是物流目标市场的确定及市场定位的重要参考依据，也是物流市场营销战略决策的基础。因此，认真撰写调查报告、明确给出调查结论，是报告撰写者的责任。

2.4.2 知识储备

1. 物流市场调研报告的内容

物流市场调查报告的主要内容有：
1）说明调查目的及所要解决的问题。
2）介绍市场背景资料。
3）分析的方法，如样本的抽取，资料的收集、整理、分析技术等。
4）调研数据及其分析。
5）提出论点，即摆出自己的观点和看法。
6）论证所提观点的基本理由。
7）提出解决问题可供选择的建议、方案和步骤。

8）预测可能遇到的风险、对策。

2. 物流调研报告的撰写流程图

物流调研报告的撰写流程如图 2.6 所示。

图 2.6　物流调研报告的撰写流程

2.4.3　物流调研报告的撰写步骤说明

一般情况下，调研报告的标题和报告日期、委托方、调查方，应打印在扉页上。关于标题，一般应与标题在同一页，把被调查单位、调查内容明确而具体地表示出来。

1. 目录

如果调查报告的内容、页数较多，为了方便读者阅读，应当使用目录或索引形式列出报告所分的主要章节和附录，并注明标题、有关章节号码及页码，一般来说，目录的篇幅不宜超过一页。

2. 概述

概述主要阐述课题的基本情况，它是按照市场调查课题的顺序将问题展开，并阐述对调查的原始资料进行选择、评价、作出结论、提出建议的原则等。主要包括三方面内容：

1）简要说明调查目的，即简要地说明调查的由来和委托调查的原因。

2）简要介绍调查对象和调查内容，包括调查时间、地点、对象、范围、调查要点及所要解答的问题。

3）简要介绍调查研究的方法。介绍调查研究的方法有助于使人确信调查结果的可靠性，因此对所用方法要进行简短叙述，并说明选用该方法的原因。例如，是用抽样调查法还是用典型调查法，是用实地调查法还是文案调查法，这些一般是在调查过程中使用的方法。另外，在分析中使用的方法，如指数平滑分析、回归分析、聚类分析等方法都应作简要说明。如果部分内容很多，应有详细的工作技术报告加以说明补充，附在市场调查报告的最后部分的附件中。

3. 正文

正文是市场调查分析报告的主体部分。这部分必须准确阐明全部有关论据，包括问题的提出到引出的结论，论证的全部过程，分析研究问题的方法，还应当有可供市场活动的决策者进行独立思考的全部调查结果和必要的市场信息以及对这些情况和内容的分析评论。

4. 结论与建议

结论与建议是撰写综合分析报告的主要目的。这部分包括对引言和正文部分所提出的主要内容的总结，提出如何利用已证明为有效的措施和解决某一具体问题可供选择的方案与建议。结论和建议与正文部分的论述要紧密对应，不可以提出无证据的结论，也不要没有结论性意见的论证。

5. 附件

附件是指调查报告正文包含不了或没有提及，但与正文有关必须附加说明的部分。

相关作业

1. 思考题。

如果你是案例导入中的联合利华公司市场调研部的负责人，你认为市场调研出现了何种问题？

2. 案例分析。

普瑞辛格调研公司给《中国财富》出示了两组数据来说明调研的严谨性。同样的调研问卷，完全相同结构的抽样，两组数据结论却差异巨大。邵志刚介绍说，国内一家知名的电视机生产企业，2004 年初设立了 20 多人的市场研究部门，就是因为对这个问题的调查，部门被注销、人员被全部裁减：列举您会选择的电视机品牌。

其中一组的结论是：有 15% 的消费者选择本企业的电视机；另一组的得出的结论却是 36% 的消费者表示本企业的产品将成为其购买的首选。巨大的差异让公司高层非常恼火，为什么完全相同的调研抽样，会有如此矛盾的结果呢？公司决定聘请专业的调研公司来进行调研诊断，找出问题的真相。

普瑞辛格的执行小组受聘和参与调查执行的访问员进行交流，并很快提交了简短的诊断结论：第二组在进行调查执行过程中存在误导行为。调研期间，第二组的成员佩带了公司统一发放的领带，而在领带上有本公司的标志，其尺寸足以让被访问者猜测出调研的主办方；其次，第二组在调查过程中，把选项的记录板（无提示问题）向被访问者出示，而本企业的名字处在候选题板的第一位。以上两个细节，向被访问者泄露了调研的主办方信息，影响了消费者的客观选择。

这家企业的老总训斥调研部门的主管："如果按照你的数据，我要增加一倍的生产计划，最后的损失恐怕不止千万。"

市场调查是直接指导营销实践的大事，对错是非可以得到市场验证，只是人们往往忽视了市场调查本身带来的风险。一句"错误的数据不如没有数据"，包含了众多中国企业家对数据的恐慌和无奈。

问题：请比较市场调查这种方法的优缺点。

小组模拟仿真

（要求小组讨论，并将活动成果以小组为单位提交电子作业）

模拟设计物流调研报告

1. 岗位角色

选出30人，每组10人，分工协作。

2. 活动要求

1）小组成员先集体讨论。
2）各小组上网查询相关资料。
3）充分的团队精神。

3. 模拟步骤

1）各小组讨论设计的合理性及实用性。
2）上网搜索相关信息，为确定方案的准确性做好充分的准备。

4. 作业展示及点评

考核评分见下表。

考核评分表

考评小组			被考评小组	
考评地点			考评时间	
考评内容		模拟设计物流调研报告		
考评标准	内　　容		分　　值	实际得分
	角色扮演		20	
	工作准备		40	
	工作成效		40	
合　　计			100	

注：考评满分为100分，60～74分为及格；75～84分为良好；85分以上（含85分）为优秀。

本 章 小 结

　　市场调研是市场营销的基础，是决定企业生存发展的重要因素之一。市场调研的结果直接关系到市场的细分、市场的定位的准确性与科学性。为此，本章从市场的基本概念入手，详细剖析了市场的结构，市场调研的基本过程、种类和方法，并就市场调研报告的写法做了专门的说明。

相关素质要求

1. 良好的语言表达能力、协调能力和沟通能力
2. 拥有一定的经济学和物流学科知识基础
3. 较强的动手能力和抗挫折意识
4. 具有较强的综合能力

作品展示及点评

　　（根据本章所学内容，要求学生利用课堂时间分小组进行"作品展示"活动。作品可以是实际操作，也可以是工作方案，还可以是围绕本章作业制作的PPT课件。作品展示过程要求配解说。）

思考与练习

一、单选题

1. 关于市场分类不正确的是（　　）。
   A. 按竞争程度，可以把市场划分为完全竞争市场、完全垄断市场、不完全竞争市场和寡头垄断市场
   B. 按商品流通的区域，可以把市场划分为地方市场、全国市场、国际市场
   C. 按商品的属性市场可分为一般商品市场和特殊商品市场
   D. 按商品流通的交易形式可分为"批发市场"和"零售市场"
2. 关于市场调查的步骤描述正确的是（　　）。
   A. 提出问题→明确调查目的
   B. 明确调查目的→提出问题→制定实施计划→提出报告

C. 制定实施计划→提出问题→明确调查目的→提出报告

D. 提出问题→制定实施计划→明确调查目的→提出报告

二、多选题

关于市场调研的重要性，下面说法正确的是（　　　）。

A. 企业决策的重要标准　　　　　　B. 为企业发展提供信息

C. 了解市场的可控和不可控因素　　D. 了解消费者的需求状况

三、案例分析题

"近两年，宠物食品市场空间增加了两三倍，竞争把很多国内企业逼到了死角。"《中国财富》在 2005 年北京民间统计调查论坛上见到了柴先生，"渠道相近，谁开发出好的产品，谁就有前途。以前做生意靠经验，我觉得产品设计要建立在科学的调研基础上。去年底，决定为产品设计做消费调查。"

为了能够了解更多的消费信息，柴先生设计了精细的问卷，在上海选择了 1000 个样本，并且保证所有的抽样在超级市场的宠物组购物人群中产生，内容涉及价格、包装、食量、周期、口味、配料等六大方面，覆盖了所能想到的全部因素。沉甸甸的问卷让柴氏企业的高层着实振奋了一段时间，谁也没有想到市场调查正把他们拖向溃败。

2005 年初，上海柴氏的新配方、新包装狗粮产品上市了，短暂的旺销持续了一星期，随后就是全面萧条，后来产品在一些渠道甚至遭到了抵制。过低的销量让企业高层不知所措，当时远在美国的柴先生更是惊讶："科学的调研为什么还不如以前我们凭感觉定位来的准确？"到 2005 年 2 月初，新产品被迫从终端撤回，产品革新宣布失败。

柴先生告诉《中国财富》："我回国以后，请了十多个新产品的购买者回来座谈，他们拒绝再次购买的原因是宠物不喜欢吃。"产品的最终消费者并不是"人"，人只是一个购买者，错误的市场调查方向决定了调查结论的局限性。

经历了这次失败，柴先生认识到了调研的两面性，科学的调研可以增加商战的胜算，而失败的调研对企业来说是一场噩梦。

不完备甚至不科学的数据采集给企业带来损失的不只是柴先生自己，在这次论坛上，记者还见到了来自东北的北华饮业策划总监刘强，他们在进行新产品开发过程中进行了系统的口味测试，却同样遭受了意想不到的损失。

问题：

请结合上海柴氏调查失败的案例，说明市场调查过程要注意的问题。

四、思考题

1. 市场调查报告的主要内容是什么？

2. 网络调查法的优缺点分别是什么？

第3章 物流市场细分与目标市场

物流市场细分是物流市场调研工作的继续，目标市场的选择是市场细分工作的目的，而市场定位是进入和打开目标市场大门的基础。通过本章的学习，可以让读者了解物流市场细分的一般变量选择，具体掌握市场细分的标准和过程，了解目标市场的条件和选择过程，掌握物流市场定位的策略和方法。

3.1 市 场 细 分

学习目标

1. 掌握物流市场细分的原理
2. 掌握物流市场细分的方法
3. 知道如何对实际市场进行细分

案例导入

美国 R-J 雷诺公司将芝加哥分成三个不同的细分市场：在北岸地区，人们大都受过较好的教育，关心自己的身体健康，促销焦油含量低的品牌；在东南部的蓝领居住区，因为该地区较保守，推销"云丝顿"牌香烟；在黑人居住的南部地区，利用黑人报刊和宣传栏促销薄荷含量高的"沙龙"牌香烟。

请问：该公司在不同区域为什么采用不同促销策略呢？

必备的理论知识

3.1.1 市场细分的定义和地位

所谓市场细分就是以消费需求的某些特征或变量为依据，区分具有不同需求的顾客群体。目的是使同类产品市场上，同一细分市场的顾客具有更多的共同性，不同细分市场之间需求具有更多的差异性，以使企业明确有多少数目的细分市场及各细分市场需求的主要特征。

3.1.2 知识储备

1. 市场细分战略的产生与发展

市场细分20世纪是50年代中期美国市场营销学家温德尔·R. 斯密首次提出的。其产生与发展经历了以下几个主要阶段：

1）大量营销（mass marketing）阶段。

2）差异化营销（product different marketing）阶段。

3）目标营销（target marketing）阶段。

"市场同合化"的理论，是从成本和收益的比较出发，主张适度细分。

2. 市场细分的作用

1）有利于发现市场机会。

2）有助于掌握目标市场的特点

3）有利于制定市场营销组合策略。

4）有利于提高企业的竞争能力。

3. 市场细分的方法和依据

（1）市场细分的原理

市场细分就是依据顾客需求差异"同中求异，异中求同"的过程。

（2）市场细分的理论依据

1）细分市场的需求特征必须是可衡量的，也就是企业应该首先掌握能明显表现消费者不同特征的资料，使得细分后的同一个市场的消费者确有类似的行为特征，而各个不同的细分市场之间又有明显的区别。

2）细分后的市场必须是需求足量的，对于企业来说，细分市场的范围应大致可以实行一整套营销方案，使企业可以实现自己的利润目标。

3）细分市场必须是企业可以进入的，企业的市场营销活动会受到一定的能力与条件的制约，所以，细分后的市场必须是企业的营销活动可以达到的。

4）细分市场必须是相对稳定的，细分后的市场应有相对的时间稳定性，否则细分市场也是没有意义的。

5）细分市场应具有高反应度。在比较理想的情况下，各个细分市场应该对营销组合中的因素有不同的反应。如果所有细分的市场反应均一样，那么就无法采取特殊设计的营销组合，市场细分也就不必要了。

4. 市场细分的标准

（1）地理环境因素

地理环境因素包括：区域、地形、气候、城镇规模、交通运输条件、人口密度、所处社区、街道、城市居住圈等具体变量因素。如邮政编码不同说明居住区域不同，消费特征和需求有可能就不一样。例如，我国南方人喜欢吃辛辣的食品，而北方人则偏爱吃面食。美国通用食品公司根据东西部地区消费者对咖啡口味的不同需求，分别推出了不同的产品，因为东部偏爱清淡的咖啡，而西部则偏好口味醇厚的咖啡。

（2）人口因素

人口因素包括年龄、性别、家庭人口及组成、家庭收入、家庭背景、种族背景、职业、受教育程度、文化水平、信仰、宗族、国籍、家庭生命周期等。

❧ 资　料

资生堂公司的年龄细分

日本资生堂公司根据女性消费者的年龄，将化妆品市场分为四个子市场：

15～17岁，妙龄，讲究打扮，追求时髦，以单一化妆品为主要消费；

18～24岁，积极消费，只要满意，不惜价格；

25～34岁，化妆是日常习惯；

25～34岁，单一品种。

（3）心理因素

心理因素包括消费者的生活方式、社交、兴趣、观点、个性、价值取向、态度、自主能力、服从能力、领导能力、成就感等。

（4）行为因素

行为因素包括消费者的购买动机、期望价值和利益、产品或服务的属性缺陷、购买量、购买状况、使用习惯、使用频率和对市场营销因素的感受程度等。

❧ 资　料

福特公司的"个性"细分市场

在20世纪50年代末，福特与通用汽车公司就分别强调其个性的差异来促销。例如，购买福特汽车的顾客有独立性、易冲动，有男子汉气慨，敏于变革产有自信心；购买雪佛莱车的顾客保守、节俭、重名望，缺乏阳刚之气，恪守中庸之道。

德国大众汽车公司的生活方式细分

德国大众汽车公司适应各种消费者的生活方式，设计出不同类型的汽车。供"循规蹈矩者"使用的汽车突出表现经济、安全、和符合生态学的特点；供"玩车者"驾驶的汽车则突出易驾驶、灵敏和运动娱乐性等特点。

美国比切姆公司的牙膏市场细分与促销

美国比切姆公司促销宣传某种品牌的牙膏可提供三种利益：防蛀、爽口、清齿。许多顾客对这三种利益都需要，企业要做的就是设法让顾客相信该牙膏确实可提供这三种利益。该公司发明了一种可同时挤出三种颜色的牙膏，顾客通过视觉确信该产品可提供这三种利益。

3.1.3 市场细分工作流程图

市场细分的工作流程如图3.1所示。

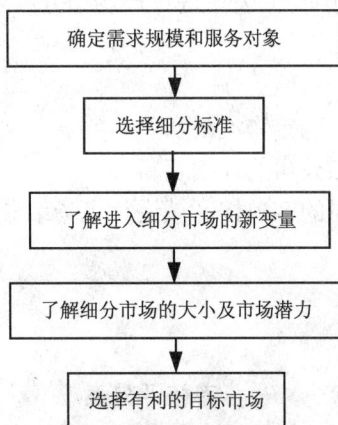

图 3.1　市场细分工作流程

3.1.4 工作步骤和说明

1）物流企业先确定该区域适合物流的哪一项服务、需求规模有多大、服务对象是谁。

2）选择作为细分市场的特殊需求变量作为细分标准。

3）突出该区域对物流的特殊需求作为细分标准。

4）了解进入细分市场的新变量，使企业不断适应市场的发展变化。

5）了解细分市场的大小及市场群的潜力，从中选择使企业获得有利机会的目标市场。

相关作业

如何进行市场细分？市场细分的标准有哪些？

小组模拟仿真

（要求小组讨论，并将活动成果以小组为单位提交电子作业）

市场细分模拟

对某家物流公司按客户的区域进行市场细分，做出一份详细的市场报告。

1. 岗位角色

选出 30 人，每组 10 人，分工协作。

2. 活动要求

每组同学分别对自己选定的物流公司进行市场细分，然后分组展示。

3. 模拟步骤

1）小组成员先集体讨论，确定物流公司。
2）各小组上网查询有关该公司的详细资料。
3）每组讨论对该物流公司的客户按区域进行市场细分。

4. 作业展示及点评

考核评分见下表。

考核评分表

考评小组		被考评小组	
考评地点		考评时间	
考评内容	市场细分模拟		
考评标准	内　容	分　值	实际得分
合　计		100	

注：考评满分为 100 分，60～74 分为及格；75～84 分为良好；85 分以上（含 85 分）为优秀。

3.2 目 标 市 场

学习目标

1. 理解目标市场对物流企业营销活动的意义
2. 明确有哪些目标市场战略可供采用，如何从实际情况出发选择相应的目标市场战略

案例导入

在相当长的一段时间内，可口可乐公司因拥有世界性的专利，仅生产一种口味、一种规格和形状的瓶装可口可乐，连广告词也只有一种。它所实施的就是无差异性市场战略，期望凭借一种可乐来满足所有消费者对饮料的需求。

请问：这种做法能坚持多久呢？

必备的理论知识

3.2.1 目标市场的定义和地位

目标市场是指企业在细分市场的基础上，经过评价和筛选后所确定的作为企业经营目标的特定市场，即企业可以凭借自身条件满足有利可图的特定的消费者群体。

3.2.2 知识储备

1. 目标市场应具备的条件

（1）有足够的市场需求量

即所选定的市场中尚未满足的现实需求和潜在需求总量足以实现企业的目标利润。

（2）市场上有足够的购买力

购买力是指消费者的货币支付能力。市场仅存在未满足的需求，不等于有购买力。如果没有购买力或购买力很低，即便需求量再大也不可能构成现实市场。因此，选择目标市场必须对目标市场的人口、购买力、购买欲望进行分析和评价。

（3）企业必须有能力满足目标市场的需求

在市场细分的子市场中，可以发现有利可图的子市场有许多，但是不一定都能成为

企业自己的目标市场，只有那些企业有能力去占领且能给自己带来收益的市场才能作为自己的目标市场。

（4）在被选择的目标市场上本企业具有竞争优势

竞争优势主要表现为：该市场上没有或者很少有竞争，如有竞争也不激烈并有足够的能力击败对手，该企业可望取得较大的市场占有率。

2. 目标市场战略

（1）无差异性营销战略

无差异性营销战略是指企业把整体市场看作一个大的目标市场，不进行细分，用一种产品、统一的市场营销组合对待整体市场，如图 3.2 所示。

图 3.2　无差异市场战略

无差异性营销战略的特点如下：

1）最大的优点是成本的经济性。

2）最大的缺点是顾客的满意度低。

3）适用范围有限。

（2）差异性营销战略

企业把整体市场划分为若干个需求与愿望大致相同的细分市场，然后根据企业的资源及营销实力选择不同数目的细分市场作为目标市场，并为所选择的各目标市场制定不同的市场营销组合策略，这就是差异性营销战略（见图 3.3）。

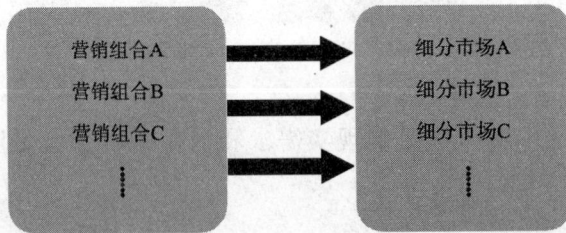

图 3.3　差异性营销战略

差异性营销战略的特点如下：

1）最大优点是可以有针对性地满足具有不同特征的顾客群的需求，提高产品的竞争能力。

2）能够树立起良好的市场形象，吸引更多的购买者；最大缺点是市场营销费用大幅度增加。

资　料

美国爱迪生兄弟公司的经营策略

美国爱迪生兄弟公司经营了 900 家鞋店，分为四种不同的连锁店形式，每一种形式都是针对一个不同的细分市场，有的专售高价鞋，有的专售中价鞋，有的专售廉价鞋，有的出售时髦鞋。在芝加哥斯泰特大街短短距离的三个街区内就有该公司的三家鞋店。尽管这些商店彼此很近，但并不影响相互的生意。因为它们针对的是女鞋市场上不同的细分市场。

（3）集中性营销战略

集中性营销战略（见图 3.4）是指把企业资源集中在一个或几个小型市场，不求在较多的细分市场上得到较小的市场份额，而要求在较少的市场上得到较大的市场占有率。这种战略的特点是：

1）适合资源薄弱的企业。

2）经营者承担的风险较大。

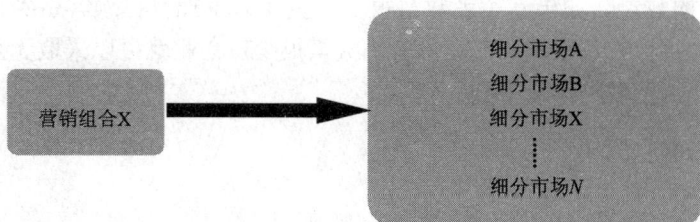

营销组合X → 细分市场A 细分市场B 细分市场X …… 细分市场N

图 3.4　集中性营销战略

资　料

皮鞋公司的目标市场战略

有一家小规模的制鞋公司，在皮鞋市场上的竞争力较弱。通过市场调查和细分后，了解到皮鞋市场上有各种不同的皮革制成的皮鞋，款式约有 150 多种。但有很多消费者喜欢在家穿轻便舒适的皮便鞋，该公司决定以此消费者群体作为目标市场，集中企业的一切资源，专门生产这种皮便鞋，使公司在竞争激烈的皮革制品市场上站住了脚，获得了很大的经济效益。

（4）影响目标市场选择的因素

1）企业实力。企业实力包括企业的设备、技术、资金等资源状况和营销能力的强弱。如果企业实力雄厚，即企业规模较大，技术力量、营销力量较强，资金雄厚，有可能占领较大的市场，就可以考虑实行差异目标市场营销战略；否则，如果企业实力较弱，则最好实行无差异市场战略或集中目标市场战略。

2）产品差异性。产品的差异性指产品在性能、特点等方面的差别大小。对于同质产品或需求上共性较大的产品，如食盐、食糖、面粉等产品，其需求的差异很小，一般实行无差异市场营销；对于差异性较大的产品，如服装、化妆品等，应实行差异性目标市场战略或集中性市场战略。

3）产品所处的寿命周期阶段。对处于不同生命周期阶段的产品，应采取不同的目标市场。处于投入期和成长期的新产品，市场竞争尚少，最好采用无差异目标市场战略或针对某一特定子市场实行集中性市场战略；当产品进入成熟期时，市场竞争剧烈，消费者需求日益多样化，可改用差异性目标市场战略以开拓新市场，满足新需求，延长产品生命周期；在产品进入衰退期，则应采取集中性目标市场战略，集中力量于最有利的细分市场，尽可能延长产品生命周期，获取更多利润。

4）市场差异性。如果市场上所有顾客在同一时期偏好相同，购买的数量相同，并且对市场刺激和反应相同，宜实行无差异目标市场战略；反之，如果市场需求的差异较大，宜采取差异性目标市场战略或集中性市场战略。

5）竞争者的数量。如果竞争者数量很多，企业为了把目标顾客引到自己周围，就应该采取差异性目标市场战略；若竞争者的数量很少，企业就可以采取无差异性目标市场战略，以满足消费者的市场需要。

📝 相关作业

1. 企业选择目标市场的条件有哪些？
2. 物流企业的目标市场策略有哪些？

小组模拟仿真

（要求小组讨论，并将活动成果以小组为单位提交电子作业）

确定目标市场战略模拟

要求每组同学为某家物流公司选择适合该公司的目标市场战略，每组做出一份详细的市场报告。

1. 岗位角色

选出 30 人，每组 10 人，分工协作。

2. 活动要求

每组同学分别对自己选定的物流公司制定符合该公司发展的目标市场战略，然后分组展示。

3. 模拟步骤

1）小组成员先集体讨论，确定物流公司。
2）各小组上网查询有关该公司的详细资料。
3）每组讨论制定出符合该物流公司发展的目标市场战略。

4. 作业展示及点评

考核评分见下表。

考核评分表

考评小组			被考评小组	
考评地点			考评时间	
考评内容		确定目标市场战略模拟		
考评标准	内　　容	分　　值	实际得分	
	角色扮演	20		
	工作准备	40		
	工作成效	40		
合　　计		100		

注：考评满分为 100 分，60～74 分为及格；75～84 分为良好；85 分以上（含 85 分）为优秀。

3.3　市　场　定　位

学习目标

1. 明确市场定位的概念
2. 了解市场定位的基本流程
3. 掌握物流目标市场定位的策略

案例导入

"定位"一词是由两位广告经理艾尔·列斯和杰克·特劳特提出后流行的。他们把定位看成是对现有产品的创造性实践。他们把"定位"定义为：定位是以产品为出发点，如一种商品、一项服务、一家公司、一所机构，甚至一个人……但定位的对象不是产品，而是针对潜在顾客的思想。就是说，要为产品在潜在顾客的大脑中确定一个合适的位置。

必备的理论知识

3.3.1 市场定位的定义和地位

市场定位（marketing positioning）是根据竞争者现有产品在市场上所处的地位和顾客对产品某些属性的重视程度，塑造出本企业产品与众不同的鲜明的个性或形象，并传递给目标顾客，使该产品在细分市场上占有强有力的竞争位置。

3.3.2 知识储备

1. 物流目标市场定位策略

目标市场定位实质上是一种竞争策略，它显示了一种商品或一家企业同类似的商品或企业之间的竞争关系。定位方式不同，竞争态势也不同。下面主要分析四种主要定位策略：

（1）市场领先者定位策略

市场领先者定位策略是指企业选择的目标市场尚未被竞争者所发现，企业率先进入市场，抢先占领市场的策略。企业采用这种定位策略，必须符合以下几个条件：该市场符合消费发展趋势，具有强大的市场潜力；本企业具备领先的条件和能力；进入的市场必须有利于创造企业的营销特色；提高市场占有率，使本企业的销售额在未来市场的份额中占有40%左右。

（2）市场挑战者定位策略

市场挑战者定位策略是指企业把市场位置定在竞争者的附近，与在市场上占据支配地位的，即最强的竞争对手"对着干"。并最终战胜对方，让本企业取而代之的市场定位策略。企业采取这种定位策略，必须具备以下条件：要有足够的市场容量，本企业具有比竞争对手更丰富的资源和更强的营销能力，本企业能够向目标市场提供更好的商品和服务。

（3）跟随竞争者市场定位策略

跟随竞争者市场定位策略是指企业发现目标市场竞争者充斥，已座无虚席，而该市场需求潜力又很大，企业跟随竞争者挤入市场，与竞争者处在一个位置上的策略。企业采用这种策略，必须具备下列条件：目标市场还有很大的需求潜力；目标市场未被竞争者完全垄断；企业具备挤入市场的条件和与竞争对手"平分秋色"的营销能力。

（4）市场补缺者定位策略

市场补缺者是指在同行业中处于弱小地位的小企业。这类企业由于规模小、实力弱，只经营一种产品或服务，选择那些被大企业所忽视或大企业不值得占领的细分市场。这类企业的经营特点是小而专。企业的这种市场定位，决定了它们的竞争战略主要是回避战略，即通过开发那些未被注意的市场求得生存。因此，企业的竞争方式战略就集中在表现在体现自己的特色上，即在项目选择上要做到"短、平、快"，以尽量发挥企业优势。采用的基本方式是拾遗补缺、方便客户、独具特色。

当然，企业的市场定位并不是一劳永逸的，而是随着目标市场竞争者状况和企业内部条件的变化而变化的。例如：当目标市场发生下列变化时，就需要考虑重新调整定位的方向；当竞争者的销售额上升，使企业的市场占有率下降，企业出现困境时；企业经营的商品意外地扩大了销售额范围，在新的市场上可以获得更大的市场占有率和较高的商品销售额时；新的消费趋势出现和消费者群的形成，使本企业销售的商品失去吸引力时；本企业的经营战略和策略做重大调整时等。

2. 物流目标市场定位的基本流程

物流目标市场定位的工作流程如图 3.5 所示。

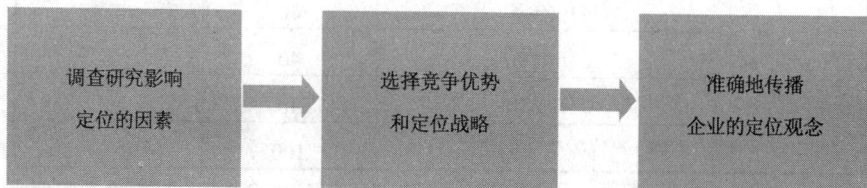

```
┌─────────────┐     ┌─────────────┐     ┌─────────────┐
│  调查研究影响  │ ──> │  选择竞争优势  │ ──> │  准确地传播   │
│   定位的因素   │     │  和定位战略   │     │ 企业的定位观念 │
└─────────────┘     └─────────────┘     └─────────────┘
```

图 3.5　工作流程

相关作业

物流市场定位的策略有哪些？简述其步骤。

小组模拟仿真

（要求小组讨论，并将活动成果以小组为单位提交电子作业）

制定目标市场战略

1. 岗位角色

选出 30 人，每组 10 人，分工协作。

2. 活动要求

每组同学分别对自己选定的物流公司制定符合该公司发展的目标市场战略，然后分组展示。

3. 模拟步骤

1）小组成员先集体讨论，确定物流公司。
2）各小组上网查询有关该公司的详细资料。
3）每组讨论制定出符合该物流公司发展的目标市场战略。

4. 作业展示及点评

考核评分见下表。

考核评分表

考评小组		被考评小组	
考评地点		考评时间	
考评内容	制定目标市场战略		
考评标准	内　容	分　值	实际得分
	角色扮演	20	
	工作准备	40	
	工作成效	40	
合　计		100	

注：考评满分为100分，60～74分为及格；75～84分为良好；85分以上（含85分）为优秀。

3.4 营销组合

学习目标

1. 掌握营销组合的概念
2. 学会灵活运用营销组合策略为物流企业的营销服务

案例导入

摩托罗拉公司的物流需求

1）提供 24 小时的全天候准时服务。主要包括保证通信 24 小时畅通、保证运输车辆 24 小时运转、保证天津与北京机场办事处 24 小时提货和交货。

2）服务速度要快。摩托罗拉公司对提货、各环节操作、航班、派送等都有明确的时间规定，一般精确到小时。

3）服务的安全系数高。要求客户对运输的全过程负全责，要保证航空公司和派送代理处理货物的各个环节都不能出问题，一旦出了问题由服务商负责赔偿损失，当过失达到一定程度时取消其业务资格。

4）信息反馈快。要求服务商的电脑和摩托罗拉公司联网，做到对货物的随时跟踪、查询。

5）要求追加的服务项目多。

假如你是某物流企业的营销专员，请根据摩托罗拉公司的需求，为其设计和规划物流营销组合方案和策略？

必备的理论知识

3.4.1 物流市场营销组合的定义和地位

物流市场营销组合就是企业通过市场细分，在选定目标市场以后，将可控的产品、定价、渠道和促销策略进行最佳组合，使它们之间互相协调、综合地发挥作用，以期实现企业的市场营销目标。物流市场营销组合在整个物流市场营销中起支撑决策和执行决策的作用。

3.4.2 知识储备

1. 物流市场营销组合内容

物流企业是一种服务企业，它向客户提供的主要是物流服务，因此，在设计营销组合时应要遵循以下方面：

（1）产品策略

产品策略是指与物流企业提供的服务有关的决策。它包括了若干子因素：服务的设计、品牌、服务的种类等。而物流企业应该站在客户的角度去考虑提供什么样的服务，物流服务主要是借助运输工具和信息技术帮助客户实现货物在空间上的位移，不同种类、不同品种和包装的产品以及产品生命周期的不同阶段，都需要给予不同的物流服务。

（2）价格策略

价格策略是指物流企业根据不同客户的需求与服务成本提供的一套价格方案。它包括了基本价格、价格的折扣与折让、付款方式等。价格优势对企业分享市场和增加利润至关重要。为此，必须合理控制物流费用支出，物流企业应该根据客户的需求，合理地对运输工具、路线、运距、费率等进行系统优化，并根据企业针对的目标市场和客户群体，结合客户期望值和竞争者提供的服务水平，制定适当的服务标准和价格水平。

（3）分销渠道策略

分销渠道是指物流企业将自己的服务转移到客户的最佳途径。物流服务一般采用直销的方式最多，许多时候也会采用中介机构，常见的有代理、代销、经纪等形式。

（4）促销策略

促销策略是指物流企业利用各种媒体向客户传递对自己有利的信息，以引起客户的兴趣，提高企业知名度的各种措施，包括广告、人员推销、营业推广、公共关系等各种营销沟通方式。

2. 确定营销组合应注意的问题

（1）瞄准物流客户需求

物流企业首先要了解、研究、分析消费者的显在需要，而不是先考虑企业能提供什么样的物流服务。现在有许多企业开始大规模兴建自己的物流中心、分中心等，然而，一些较成功的物流企业却不愿意过多地把资金和精力放在物流设施的建设上，它们主要致力于对物流市场的分析和开发，争取做到有的放矢。

（2）消费者愿意支付的成本

这就要求物流企业首先要了解物流需求主体满足自己的需要愿意付出多少钱，而不是先给自己的物流服务定价，即向消费者要多少钱。该策略指出物流服务的价格与客户的支付意愿密切相关，当客户对物流企业物流服务不认可或愿意支付的价格低于物流企业的物流成本，物流服务交易很难实现。因此，物流企业必须认真分析目标客户的需求，进行有效沟通，最大限度地提高消费者愿意支付的成本，才能达到双赢目标。

（3）消费者的便利性

此策略要求物流企业要始终从客户的角度出发，考虑能为客户提供什么样的物流服务、能给客户带来什么效益，如时间节约、资金占用减少、核心工作能力加强、市场竞争能力增强等。只有为物流需求者对物流的消费带来效益和便利，他们才会接受物流企业提供的服务。

（4）与消费者沟通

以客户为中心，实施营销策略，通过互动、沟通等方式，将物流企业的服务与客户的物流需求进行整合，从而把客户和物流企业双方的利益整合在一起，为用户提供一体化、系统化的物流解决方案，建立有机联系，形成互相需求、利益共享的关系，共同发展。在良好的客户服务基础上，物流企业就可以争取到更多的物流市场份额，从而形成一定的物流服务规模，取得规模效益。

3. 物流营销与资源整合

物流服务的多样化代表了物流企业的营销能力。有的企业可以提供很多服务，如物流解决方案、装卸、仓储、配送、运输及信息处理等服务功能。但是任何一个物流企业，无论其规模和能力有多大，服务如何多样化，都无法满足所有客户的全部需求，而只能满足一部分客户的需求。因此，物流企业必须注意整合资源，这不仅是指不同企业物流硬件设施的整合，还包括不同企业间各自优势营销策略、手段和技术的整合，通过核心竞争力和规模经济优势扩大市场份额。

相关作业

根据以下资料回答问题：

有三只猎狗在追一只土拨鼠，结果土拨鼠进了一个洞里，跑出一只兔子，兔子爬上树，震下一颗椰子，砸死了三只猎狗。

问题：

个人应如何制定和实施符合自己的目标？

小组模拟仿真

（要求小组讨论，并将活动成果以小组为单位提交电子作业）

市场营销组合分析

1. 岗位角色

选出 30 人，每组 10 人，分工协作。

2. 活动要求

每组同学讨论分析石家庄中储物流公司的市场营销组合内容，然后分组展示。

3. 模拟步骤

1）小组成员先集体讨论。
2）各小组上网查询有关该公司的详细资料。
3）每组讨论讨论分析该公司的市场营销组合内容。

4. 作业展示及点评

考核评分见下表。

考核评分表

考评小组			被考评小组	
考评地点			考评时间	
考评内容	市场营销组合分析			
考评标准	内　　容	分　　值		实际得分
	角色扮演	20		
	工作扮演	40		
	工作成效	40		
合　　计		100		

注：考评满分为100分，60~74分为及格；75~84分为良好；85分以上（含85分）为优秀。

本 章 小 结

通过本章的学习，应掌握市场细分的原理、方法，知道如何对实际市场进行细分。领会理解市场细分、目标市场对企业营销活动的意义明确有哪些目标市场战略可供采用、如何从实际情况出发、选择相应的目标市场战略。明确市场定位的概念，了解市场定位的步骤与方式，掌握市场定位战略的具体思路。

相关素质要求

1. 良好的语言表达能力、协调能力和沟通能力
2. 一定的物流市场分析能力
3. 良好的市场预见和观察能力
4. 较强的责任心、动手能力和团队意识
5. 对工作充满热情，具备自我控制能力

作品展示及点评

（根据本章所学内容，要求学生利用课堂时间分小组进行"作品展示"活动。作品可以是实际操作，也可以是工作方案，还可以是围绕本章作业制作的PPT课件。作品展示过程要求配解说。）

思考与练习

1. 什么是市场细分？市场细分的标准是什么？
2. 市场细分的作用是什么？
3. 市场细分的依据是什么？
4. 什么是目标市场？目标市场需具备哪些条件？
5. 目标市场的策略有哪些？
6. 什么是市场定位？物流目标市场定位的策略有哪些？
7. 什么是市场营销组合？物流市场营销组合的内容及策略有哪些？

第**4**章
物流市场营销产品策略

　　物流产品是物流市场营销目标的载体，是企业文化的一种表现形式，它可以展现企业形象。本章重点讲述了物流产品的基本概念、特征，物流产品与企业文化、企业形象的关系。通过本章学习，读者可以对物流产品有更加深刻的了解和把握。

4.1　物流产品基础知识

学习目标

1. 掌握物流产品的定义
2. 了解物流产品和一般产品的区别
3. 掌握名牌策略的基本内容

案例导入

　　东风标致始终把服务看成是一个重要的无形产品。从整个汽车行业可以看到，在有形产品的投入上受到外界的关注很多，但是对无形产品——服务内容的关注并不多。

　　东风标致是 2004 年新进入汽车行业的汽车品牌，在整个品牌导入初期就非常注重服务品牌的建立，这个无形产品实际上比有形产品来得更早。东风标致建立初期，首先建立起了一套 120 条的标准，涵盖了形象、组织、流程等各个环节的管理。在组织实施过程中，东风标致集其品牌的百年服务经验，并融合了中国消费者需求的一些特点制订了这套标准。

　　其次，东风标致还建立了一个开放、畅通、共享的信息交流平台。在服务领域里最重要的是信息，如果信息不畅通，投诉不能及时予以沟通和解决、备件信息不及时，都会影响到服务效果和结果。在这个平台上，每一个销售人员和服务人员都要培训，在信息和网络平台上，所有的标准都会转化成经销商的承诺，因为标准是企业附加给这个品牌的，真正实现要靠经销商，所以说我们把这个标准变成最后经销商对用户的承诺，这个承诺实际上也是对用户的保证。

请问：什么是无形产品？

必备的理论知识

4.1.1　物流产品的定义和地位

物流产品是物流企业为客户提供的各种服务的总称。通过这种服务，帮助客户实现了产品实体的转移，实现了客户实体产品的社会价值。这种产品是一种无形产品，看不见，摸不着，不能储存，其生产和消费大多具有同一性。物流产品的质量是物流企业能否生存的关键。

4.1.2　知识储备

1．物流产品与一般产品的联系和区别

物流产品具有一般产品的性质，如均可以满足人们的某种需要、都是商品、都随着生产力的发展变化而发展变化等，同时又区别于一般产品，具体表现在以下几个方面：

1）生产和消费具有同一性。在物流产品中，所有的服务如运输、仓储、配送等，物流企业的生产过程同时也就是客户的消费过程。

2）不能储存。

3）是无形产品。物流企业的产品和实体产品不同，实体产品生产出来以后可以看得见、摸得着，而物流产品不能。

2．物流产品的整体理解

1）核心部分。帮助顾客实现实体商品（货物）有计划地流动。

2）形式部分。形式是多种多样的，具体表现为仓储、运输、装卸、搬运、分拣、加工、配送等环节和方式的组合。

3）物流产品的附加形式。表现为物流信息的交换、商品交易结算的代理、物流与生产、消费之间的衔接等。

3．物流产品的类型

从物流活动的主要内容和物流服务的侧重点上看，物流产品可以分成运输型物流服务、仓储性型物流服务、配送型物流服务和整合型物流服务。

4. 物流产品的特点

物流产品具有产品的共性，如功能整齐化、质量严格化、成本最小化等。同时，物流产品具有自己的个性。

1）物流产品是无形产品。

2）物流产品不可事前展示。物流产品是与物流活动过程相统一和紧密联系在一起的，也就是说，物流营销的对象——服务不可能在服务活动开始前，就像其他的有形产品一样提前在商场的货架上向消费者展示，而只有随着物流服务活动的开始、进行和结束一步一步地向顾客展示。所以，物流市场营销更具有不可预见性和不可捉摸性，其难度更大，对营销者的要求更高

3）可变性。物流产品容易随着人和环境的变化而发生变化。

4）易消失性。当物流产品的生产过程终止的时候，物流产品就消失了。

5）物流市场营销的产品更应强调"一一对应制"和"量身定制"，应根据不同的客户分别设计不同的物流服务项目组合和产品，来满足他们差别化的需求。

5. 物流产品的生命周期

物流产品生命周期是指某一具体形式的物流产品从投放开始到退出市场为止所用的时间。物流产品生命周期同样也经历四个阶段，即投入期、成长期、成熟期和和衰退期。表4.1 说明了物流产品市场生命周期的各个阶段所应采取的营销组合策略。

表4.1 产品生命周期各阶段的营销组合策略

营销策略 ＼ 周期	投入期	成长期	成熟期	衰退期
促销策略	告知和解释性的新产品宣传	突出宣传和对手在核心产品和利益上的不同	品牌传播	和谐为主题
营销渠道策略	自建网络、办事处和职校	寻求代理提供支持	维护与代理的关系	让最终客户更方便得获得
价格策略	高价	参照对手	中等并让利代理商	留住客户
产品策略	基本核心产品，突出核心功能	改进完善产品	多种产品、适当开发新产品与潜在产品	注重附加产品的开发
营销总体策略	市场扩张	市场渗透	维持占有率	新产品取代老产品占领老市场
竞争程度	没有	很少	很高	较少
成本	很高	中等	中等/高	低
利润	少/中等	高	中等/高	低
管理风格	远景	策略	经营	重视成本

4.1.3 品牌策略

1. 产品品牌

（1）品牌的由来

品牌的英文单词 Brand，源出古挪威文 Brandr，意思是"烧灼"。人们用这种方式来标记家畜等需要与其他人相区别的私有财产。到了中世纪的欧洲，手工艺匠人用这种打烙印的方法在自己的手工艺品上烙下标记，以便顾客识别产品的产地和生产者。这就产生了最初的商标，并以此为消费者提供担保，同时向生产者提供法律保护。16 世纪早期，蒸馏威士忌酒的生产商将威士忌装入烙有生产者名字的木桶中，以防不法商人偷梁换柱。到了 1835 年，苏格兰的酿酒者使用了"Old Smuggler"这一品牌，以维护采用特殊蒸馏程序酿制的酒的质量声誉。在《牛津大辞典》里，品牌被解释为"用来证明所有权，作为质量或其他用途的标志"，主要是用以区别和证明品质。随着时间的推移，商业竞争格局以及零售业形态不断变迁，品牌承载的含义也越来越丰富，甚至形成了专门的研究领域——品牌学。

（2）品牌的定义

目前，理论界对于品牌的定义有多种，现列举如下：

第一，品牌是指组织及其提供的产品或服务的有形和无形的综合表现，其目的是借以辨认组织产品或服务，并使之同竞争对手的产品或服务区别开来。

第二，品牌是一种名称、术语、标记、符号或图案，或是他们的相互组合，用以识别企业提供给某个或某群消费者的产品或服务，并使之与竞争对手的产品或服务相区别（市场营销专家菲利普·科特勒博士）。

第三，"品牌"是企业或品牌主体（包括城市、个人等）一切无形资产总和。可以以特定的"符号"来识别，它是主体与客体，主体与社会，企业与消费者相互作用的产物。

美国市场营销协会定义委员会曾给品牌下了一个定义：品牌是指打算用来识别一个（或一群）卖主的货物或劳务的名称、术语、记号、象征、设计或其组合，并打算用来区别一个（或一群）卖主或其竞争者。事实上，现在的品牌含义已大大地被拓展了，它已与企业的整体形象联系起来，是企业的"脸面"，即企业形象。一个好的品牌商品往往使人对生产该产品的企业产生好感，最终将使消费者对该企业的其他产品产生认同，从而能够提高企业的整体形象。因此，品牌战略实际上已演变成为企业为适应市场竞争而精心培养核心品牌产品，再利用核心产品创立企业品牌形象，最终提高企业整体形象的一种战略，是企业用来参与市场竞争的一种手段。

本书认为，在不同的社会和经济环境中，品牌的含义有所不同。目前，笔者认为第一种说法更符合我国当前的实际情况。

（3）品牌形象

品牌形象（brand image）是指消费者基于能接触到的品牌信息，经过自己的选择与加工，在大脑中形成的有关品牌的印象总和。品牌形象与品牌识别既有区别，又有联系。

二者的区别在于，品牌识别是品牌战略者希望人们如何看待品牌，而品牌形象是现实中人们如何看待品牌的；二者的联系在于，品牌识别是品牌形象形成的来源和依据，而品牌形象在某种程度上是执行品牌识别的结果。

2. 物流企业的品牌策略

（1）以人物的名字命名
物流企业应该特别重视把在工作中涌现出来的先进人物连带其突出的工作方法和效率作为品牌的一部分加以注册保护。例如，海尔公司命名的"晓玲扳手"、"启名焊枪"。

（2）以企业理念命名
物流企业的服务理念折射在企业品牌中，如青岛交运集团的"交的是朋友，运的是真情"。

（3）以业务性质命名
例如，"中储"、"中海"、"中包" 等物流公司从企业的品牌中可以反映出企业的经营范围。

（4）以寓意命名
例如，"五联"的含义是"五湖四海，联为一体"。

（5）以数字命名
用数字命名的品牌，如"56物流公司"。

知识链接

缺乏理念的品牌形象是模糊而又不稳定的，因此，要方之一就是树立正确的品牌理念。UPS的"最好的服务，最低的价格"、中铁物流的"向社会提供高效率的专业物流服务"、海尔的"真诚到永远"等理念给其品牌注入了强有力的前进动力。

正确的品牌理念是创建品牌、占领市场的向导，不致使企业盲目地前进。同时正确的理念还应该符合时代和顾客心理的要求。因为每个时代的人对品牌的认识和品位也不一样，所以我们还应该注意跟着时代的脚步走，做好意识的转移。美国经历了个人主义的品牌模式和功利主义的品牌模式两阶段，也就是这两种意识的驱使，使得他们国家的品牌都很有个性，如万宝路的牛仔精神、麦当劳家的温暖、可口可乐美国独特的饮料文化等。但现在美国企业的品牌模式和意识就完全不一样了，它彻彻底底地被转移成了现代意识，即个人主义和功利主义的完美结合。通用电器、宝洁公司、微软等知名企业都是以个人主义和功利主义为基础，强化知识化和国际化的现代意识管理的培养。物流企业在品牌路上也应该意识到这一点。

3. 名牌战略

企业名牌战略就是以创名牌、保名牌为核心，带动整个企业向持续、稳定、健康方向发展的战略。随着市场经济的深入，企业间的竞争已由过去的质量价格竞争转变为质量、品种、信誉、企业形象和服务水平等综合素质的竞争，进而发展为品牌的竞争。从某种程度上来讲，谁能创出名牌，谁就拥有了称雄市场的资本，也就能够独占鳌头。之所以如此，是因为名牌具有不可估量的名牌效应。所谓名牌效应，就是产品质量、信誉的影响力，是产品满足社会需要而获得的经济效果。在市场经济运行过程中，企业名牌效应主要体现在以下几个方面：

（1）感召效应

企业名牌产品具有强烈的感召力，它甚至可以使消费者为之狂热。企业商品牌子越响、名气越大，就越容易受消费者的青睐，市场占有率就越高。反过来，购买者越多，商品影响力就越大，从而进一步提高了商品的知名度，这种良性循环会给企业带来无穷的财富。

（2）持续效应

企业名牌产品的市场地位一旦确立，其社会影响及经济效果就会长期持续下去，这使企业不但能在创名牌时期有较好的收益，更主要的是可以将企业名牌作为一种巨大的无形资产加以发展。

（3）连带效应

企业名牌产品可以由一种放大为一组产品，爱屋及乌的心理暗示使消费者很容易接受企业的其他产品，进而全盘接受整个企业。这种连带效应，会使企业在拓宽市场、开展竞争方面较其他企业获得更多的优势。

（4）约束效应

企业名牌产品对企业本身也是一种压力，它迫使企业必须不断地检查自己的行为，防止自毁名誉的事情发生。为此，企业要不断地加强市场调研、科技开发以及生产工艺、质量检测和售前、售中、售后服务等方面的管理，使企业的素质愈发提高。

（5）经济效应

企业名牌产品具有相当高的价值。例如，"汾煌"商标无形资产价值9亿多元，"长虹"品牌价值122亿元，"科龙"品牌价值上百亿元。

小　结

产品是企业生产的产物，企业的性质不同生产的产品也不同，物流产品是物流企业生产的产物，是一种特殊性质的产品，属于无形产品的范畴。物流产品既具有一般产品的共性，又具有自己的个性。

✎ 相关作业

1. 根据本节的知识，说明什么是无形产品。
2. 请根据本节的内容谈一谈名牌产品的效应。

🏃 小组模拟仿真

（要求小组讨论，并将活动成果以小组为单位提交电子作业）

名牌产品的品牌设计

1. 岗位角色

每组 10 人，分为三组。

2. 活动要求

1）ABC 三组人员先进行集体讨论，熟悉自己的职责范围。
2）各小组各尽其责。
3）互相考核。

3. 模拟步骤

1）各小组明确各自职责范围，并为各自的职责制定说明书。
2）各组人员按活动要求准备各自资料或进行工作准备。
3）活动中，各小组成员密切配合，按相关程序进行。
4）整个模拟活动，应该具有公平性。
5）进行一个完整的模拟。

4. 注意事项

1）各小组可上网查询相关资料。
2）充分发挥团队精神，对本职工作应熟练掌握。
3）单据制作要求尽量完善，达到标准化。
4）对各自小组内容能够解说。
5）各小组分别为另外两个小组打分。

5. 作业展示及点评

考核评分见下表。

考核评分表

考评小组			被考评小组	
考评地点			考评时间	
考评内容		名牌产品的品牌设计		
考评标准	内　　容		分　　值	实际得分
	角色扮演		20	
	工作准备		40	
	工作成效		40	
合　　计			100	

注：考评满分为100分，60～74分为及格；75～84分为良好；85分以上（含85分）为优秀。

4.2　企业与企业文化

学习目标

1. 了解企业的有关知识
2. 掌握物流企业的基础知识
3. 了解企业文化的有关知识
4. 掌握企业与企业文化的关系

案例导入

海尔企业文化：人人是人才，赛马不相马

现在缺的不是人才，而是出人才的机制。管理者的责任就是要通过搭建"赛马场"为每个员工营造创新的空间，使每个员工成为自主经营的 SBU。

赛马机制具体而言，包含三条原则：一是公平竞争，任人唯贤；二是职适其能，人尽其才；三是合理流动，动态管理。在用工制度上，实行一套优秀员工、合格员工、试用员工"三工并存，动态转换"的机制。在干部制度上，海尔对中层干部分类考核，每一位干部的职位都不是固定的，届满轮换。海尔人力资源开发和管理的要义是，充分发挥每个人的潜在能力，让每个人每天都能感到来自企业内部和市场的竞争压力，又能够将压力转换成竞争的动力，这就是企业持续发展的秘诀。

4.2.1 企业与企业文化的定义和地位

企业是指以赢利为目的的依法自主经营、自负盈亏的经济组织。企业文化是一个企业的主流理念和主流行为方式的总和。理念是关于如何创造利益和分配利益的价值主张，是企业希望员工接受的（有时是强制其接受的）最基本的观念，它们反映了企业高层对企业有效经营的基本看法。而行为方式是落实价值观所应有的态度和所需要的做事方式，是企业希望员工接受的（有时是强制员工接受的）行为规范，这些行为规范基本上来自于企业的基本理念，是理念落实在具体行为上的表现。它包括员工做事的态度倾向和具体的行为方式。

企业是社会的支柱，企业文化直接影响到企业的生存和发展，企业文化是社会文化的缩影，企业文化是社会进步的一个标志。

4.2.2 知识储备

1. 常见企业的几种形式

（1）个人独资企业

个人独资企业是指依照《中华人民共和国个人独资企业法》在中国境内设立，由一个自然人投资财产为投资人个人所有，投资人以其个人财产对企业债务承担无限责任的经营实体。

独资企业主要具有以下法律特征：

1）从投资主体上看，独资企业是由一个自然人出资设立，当然这里的自然人是完全行为能力的人，这一点明显区别于合伙企业或公司企业。

同时也表明它区别于其他独资企业的形式，如国有独资公司、国有企业等，因为他们的投资主体为国家而非自然人。

2）从财产上看，个人独资企业的出资人享有对企业的全部权力，并直接控制和支配企业的经营从而区别于公司的股东，合伙企业的财产共有。

3）从责任形态上看，独资企业的全部债务和经营风险由其出资人承担无限责任。投资人以其家庭共有财产作为个人出资的，以共有财产对企业债务承担无限责任，这是个人独资企业区别于有限责任公司和股份有限公司等企业形式的基本特征。

（2）国有独资企业

国有独资企业是指国家授权的机构或者国家授权的部门单独投资设立的有限责任公司，国有独资公司是特殊形式的有限责任公司，其投资人只能是国家授权投资的机构或部门。国务院规定，生产特殊产品和属于特定行业的公司，应当采取独资公司的形式。

国有独资公司不设股东会，公司权利由国家授权投资机构或部门行使。国有独资公司设立董事会,其成员为 3～9 人,由国家授权投资机构或者部门委派或更换,董事长为公司的法定代表人。国有独资公司设经理,经理由董事会聘任或解聘,对国有独资公司实行监督管理的机构是国家授权投资机构或者国家授权的部门监督管理依照法律、法规进行。

（3）合伙企业

合伙企业是指依法在中国境内设立的由各合伙人订立协议,共同出资、合伙经营、共享收益,共担风险,并对合伙企业的债务承担无限连带责任的营利性组织。

合伙企业的特征与其他企业形态相比,合伙企业具有以下特征:

1）从组织形式上看,合伙企业是契约式组织。《中华人民共和国合伙企业法》第三条规定:"合伙协议应当依法由全体合伙人协商一致,以书面形式订立。因此,合伙企业是契约式企业,不具有法人资格。

2）从财产上看,合伙企业由合伙人共同出资,对合伙企业的财产享有共有权。合伙企业财产具有相对的独立性,这种相对独立性是指合伙企业产不完全独立性,这种相对独立性是指合伙企业财产不完全独立于合伙人,但已与合伙人发生一定程度的分离,合伙人不得随意收回出资和转让在合伙企业的财产。合伙企业的财产由全体合伙人依法共同管理和使用,收益归全体合伙人,亏损由全体合伙人承担。

3）从责任形态上看,合伙人对合伙企业债务承担无限连带责任。当合伙企业的财产不足以清偿企业的债务时,各合伙人以自己全部财产连带承担清偿债务的责任,这是合伙企业区别有限责任公司和股份有限公司的最主要特征。如果部分合伙人代为清偿了债务,清偿债务的合伙人取得代位求偿权,可以向其他合伙人追偿其多余分担的部分。

4）从人员结构上看,合伙企业人员结构稳定,合伙人入伙、退伙不自由,有严格的限制。由于合伙企业的债务是负连带责任的,这就决定了合伙人的所有权和经营权紧密相连,企业有着较强的凝聚力和人合性。

（4）有限责任公司与股份有限公司

有限责任公司和股份有限公司的区别如表 4.2 所示。

表 4.2 有限责任公司和股份有限公司比较

	有限责任公司	股份有限公司
出资人和发起人的人数条件	1）出资人是 2 人以上 50 人以下 2）国家可独资设立国有独资公司	1）发起人为 5 人以上,并且发起人有过半数在中国境内有住所 2）国有企业改建的,发起人可少于 5 人
公司成立的其他条件	1）股东共同制定公司章程 2）有公司名称,组织机构,固定的生产经营场所和必要的生产经营条件	1）股份发行等办事项符合法律规定 2）发起人制定公司章程,并经创立大会通过 3）有公司名称组织机构,有固定的生产经营场所和必要的生产经营的条件
注册资本最低限额	因行业不同分别规定为 10 万～50 万元	人民币 1000 万元

续表

	有限责任公司	股份有限公司
出资方式	1）股东可用货币、实物、工业产权、非专利技术、土地使用权作价投资 2）以工业产权，非专利技术作价出资的金额不得超过注册资本的20%	1）发起人用货币、实物、工业产权、非专利技术、土地使用权作价投资，并折合为股份 2）发起人工业产权，非专利技术作价出自的金额不得超过注册资本的20%
出资凭证	出资证明书	股票
可否抽回出资	股东公司登记后不得抽回出资	发起人以股人缴股款或者交付抵作股款的出资后，除未按期募足股份，发起人未按期召开创立大会决定不设公司情形外，不得抽回股东

（5）上市公司

上市公司是指所发行的股票经国务院或者国务院授权的证券管理部门批准在证券交易所上市交易的股份有限公司。股票上市的条件包括以下几点：

1）股票经国务院证券交易部门批准已向社会公开发行。

2）公司股本总额不少于人民币5000万元。

3）开业时间在3年以上，最近3年连续盈利，原国有企业依法改建而设立或者《中华人民共和国公司法》实施后新建成立，其主要发起人为国有大中型企业的，可连续计算。

4）持有股票面值达人民币1000元以上的股东人数不少于1000人，向社会公开发行的股份总额的25%以上。

5）公司在最近3年内无重大违法行为，财务会计报告无虚假记载。

6）国务院规定的其他的条件。

2. 物流企业的基础知识

（1）物流

按照国家标准术语，物流（logistics）是指物品从供应地向接收地的实体流动过程。根据实际需要，将运输、储存、装卸、搬运、包装、流通加工、配送、信息处理等基本功能实施有机结合的过程，如图4.1所示。

由此可见，物流活动包括运输、储存、装卸、搬运、包装、流通加工、配送、信息处理等基本活动，又是将它们根据实际需要进行有机结合的活动。将基本活动根据实际需要进行有机结合的活动包括物流系统设计，物流管理以及更高形式的供应链管理。

（2）物流企业的定义

物流企业是指从事物流活动的企业。具体来讲，物流企业以物流为主体功能，同时伴随有商流、资金流和信息流，它包括仓储业、运输业、批发业、连锁商业和外贸等行业的活动。物流企业有广义和狭义之分。广义的物流企业是指涉及物流业务的企业。狭义物流企业是指以物流业务为核心业务的企业。

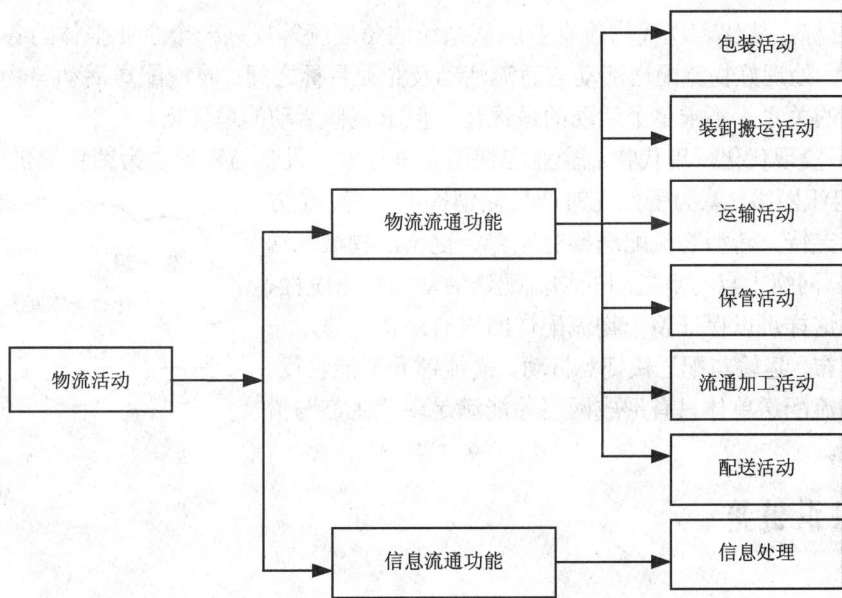

图4.1 物流活动的结构功能模型

核心业务可以用某项或某些业务在企业营业额或利润额中所占比例是否达到某一量化程度（如50%）来衡量，或者说在各项业务中占有营业额或利润额比例最高的业务或业务群。

（3）现代物流企业应具备的特征

现代物流企业（logistics enterprise）应采用网络化的计算技术和现代化的硬件设备、软件系统及先进的管理手段，使商品流通能从较传统的物流配送方式向更容易实现信息化、自动化、现代化、社会化、智能化、合理化、简单化的现代物流方式转变，使货畅其流，物尽其用，既减少生产企业库存、加速资金周转、提高物流效率、降低物流成本，又刺激了社会需求，还有利于整个社会的宏观调控。因此，它必将提高整个社会的经济效益，促进市场经济的健康发展。

作为现代物流企业应具备以下特征：

1）反应快速化。生产者和消费者选择物流企业配送，理由之一是比其自己采购节约时间。只有当物流企业做到"快速化"，才能保证生产者的零库存，实现消费者的及时需求。

2）服务系列化。现代物流企业除了传统的储存、运输、包装、流通加工等服务外，还在外延上扩展至市场调查与预测、采购及定单处理，向下延伸至物流配送咨询、物流配送方案的选择与规划、库存控制策略建议、货款回收与结算、教育培训等增值服务。

3）作业规范化。现代物流企业应使物流动作标准化和程序化，把复杂的作业简单化。

4）目标系统化。现代物流企业应从系统的角度统筹规划一个企业整体的各种物流配送活动，处理好物流配送活动与商流活动及企业目标之间、物流配送活动与物流配送活动之间的关系，不求单个活动的最优化，但求整体活动的最优化。

5）手段现代化。现代物流企业应使用先进技术、设备与管理，为销售提供服务。

6）组织网络化。为了保证对产品促销提供快速、全方位的物流支持，新型物流配送要有完善、健全的物流配送网络体系，网络上点与点之间的物流配送活动保持系统性、一致性，这样可以保证整个物流配送网络有最优的总水平及库存分布，运输与配送快捷、机动，既能铺开又能收拢。分散的物流配送单体只有形成网络才能满足现代生产与流通的需要。

想一想：
什么是零距？

知识链接

物流营销的有效工具——距离

1）物流企业应该在靠近货主企业的地方置办（购买、租赁或建设）自己的物流设施，实现与客户的零距离。

2）物流企业应该在各类工业园内置办（购买、租赁或建设）自己的物流设施，争取与各类货主企业保持零距离。

3）物流企业应该尽量在物流园区内置办（购买、租赁或建设）自己的物流设施，争取与各类物流企业保持零距离。

4）物流企业应该在有可能及有必要的前提下争取将自己的办事机构设置在客户企业的企业内，真正实现与客户企业的零距离接触和零距离服务。

5）物流企业应该尽量争取把外资企业作为自己的客户目标，争取为它们提供物流服务，实现与它们的零距离接触；尽管付出多、要求高，但是得到的也多。

（4）物流企业的分类

1）根据其提供的主要服务功能，可以将物流企业分为运输型物流企业、仓储型物流企业、配送型物流企业和综合服务型物流企业。

2）按照物流运营的管理权，可以将物流企业分为第一方物流企业、第二方物流企业、第三方物流企业。第一方物流企业主要是指生产企业自行运营自己的销售物流。第二方物流企业是指消费企业自行运营自己的采购物流。第三方物流企业是专门为他人从事物流活动的企业。

表 4.3 为世界第三方物流企业前五强产品经营模式的比较。

表 4.3 世界第三方物流企业前五强产品经营模式

物流企业	所属国	经营模式
UPS	美国	陆运为主，涉及 200 多个国家，600 万收件人/天
Fdedx	美国	空运为主，全球 3.8 万邮局收件箱，大量兼并同行
德国邮政	欧洲	邮政占总收入 49%，83 家分拣中心，与 DHL 合作
Maersk	丹麦	拥有 250 艘船，全球最大航运公司，占丹麦 GDP 的 37%，第二大连锁超市
日通	日本	汽车运输为主，现代化规模化仓储服务

（5）目前我国现行物流企业的总体状况

1）传统的仓储运输企业转化成物流企业。传统的运输、仓储、货代企业，如中远国际货运公司、中国物资储运公司（简称中储）、中外运集团等，改变原有单一的货运和仓储服务，依托原有的业务基础和客户、设施、经营网络等方面的优势，通过不断拓展和延伸其物流服务积极扩展经营范围，逐步向专业物流企业转化。它们在长期形成的规模、实力和全国性服务网络的基础上，及时调整市场定位，更新技术装备，与国外知名物流公司合作等，逐渐涉足配送、物流组织和流通加工等领域，致力于向货主提供更加系统、便捷的物流服务。例如，中储作为中国最大的仓储企业，在计划经济时代曾在组织生产资料物流中起着决定性的作用。随着市场的逐渐开放，物资调拨改为自行采购后，中储发生了根本性变化。在经历了向市场经济转轨的剧痛后，中储重新定位自己，努力转变经营机制，在传统与现代的融合中提出了"优质、高效、便利、周到"的中储品牌，针对不同客户提供不同的系列化物流服务：为建设工程和生产企业的供应商提供多品种材料采购及配送服务；为金属材料生产企业的分销商及物流服务商提供代理分销、加工、配送的一条龙服务，如为宝钢、首钢、一汽、二汽提供物流服务等；为家电企业及生活资料生产企业的物流服务商，提供仓储、配送及相关服务，如海尔、长虹、康佳、青岛啤酒等。通过向全过程物流服务领域的拓展，中储获得了巨大的经济效益。

2）专业物流企业。国内一些专业企业，如宝供物流企业集团有限公司、华运通物流有限公司等，依靠灵活的竞争策略和对专业化物流的认识，在市场竞争中发展较快，成为我国物流发展中一个不容忽视的力量。例如，宝供物流，自 1994 年成立以来，一直致力于为大多数制造企业提供门到门的一站式联运服务，1997 年率先使用 Internet/Intranet 等信息化网络技术对物流运作全过程进行实时跟踪和库存管理，目前为40 多家国内外著名的生产企业提供物流服务，其涉及的领域包括消费品、食品饮料、电器和 IT 电子产品等。这些企业为用户提供多样化的物流服务形式，提供从物流方案设计到全程物流服务的组织与实施。

3）工商企业自身成立的物流部门或物流公司。近年来，一些工商企业认识到物流是企业的"第三利润源"，将自己的仓储运输部门独立出来，建立自己的物流体系，以整合分布在不同部门的物流资源、降低企业的物流成本、提高企业的效益、促进企业物流合理化。同时，它们利用现有的市场网络和闲置资源对外开展第三方物流业务，如制造业的海尔、长虹、联想，商贸行业的华联超市、国美电器、辽宁成大等都已经建立或正在筹建自己的物流体系。以青岛海尔集团为例，在对企业进行全方位流程再造的基础之上，建立了具有国际水平的智能化物流体系，使企业的运营效益发生了奇迹般的变化，资金周转达到一年 15 次，呆滞物资降低了 73.8%，仓库面积减少了 50%，库存占用资金减少了 67%，被中国物流与采购联合会授予中国物流示范基地。

4）外资（合资）物流企业。目前国际上一些大型物流企业纷纷进入中国，如 Maersk、UPS、DHL、TNT、FedEx、铁行渣华、海陆、美国总统轮船、日通、近铁、宅急送等，这些企业看好中国的物流市场，采取合资或独资形式，开始在国内开展物流业务，建立物流网络及物流联盟，运用其成功的物流服务经验，为客户提供完整的综合物流服务。日本的通运、伊腾忠、住友，澳大利亚的 TNT 和英国的英之杰等公司，已在上海、北京、广州、武汉等大中城市建立物流机构和货运网络。1997 年以来，我国先后批准了丹麦马士基、美国总统班轮等四家外国航运企业在我国设立独资集运服务公司，进行物流服务试点。这些企业通晓规范的物流运作，且大多与大型跨国公司有传统的业务联系，它们凭借丰富的经验、优质的服务、一流的管理和优秀的人才，占据了三资企业物流服务相当大的份额。这些国际物流企业一方面为其原有的客户—跨国公司进入中国市场提供延伸物流服务，如丹麦有利为马士基船运公司及其货主企业提供物流服务；另一方面，针对中国市场正在生成和发展的专业化物流服务需求提供服务，如 UPS、TNT 等国际大型物流企业纷纷进入中国的快递市场。

5）物流软件供应商。2000 年 10 月 19 日，杰合伟业软件技术有限公司发布了中国第一个城市物流配送管理应用软件——杰合配送管理系统以及该公司针对城市物流配送领域的 ASP（应用服务提供商）解决方案，拉开了物流配送电子化的序幕。之后，又有招商迪辰系统公司、快步易捷（广州）信息服务有限公司、上海凡丰科技有限公司、上海尼奥计算机系统有限公司、新图行天下软件（北京）有限公司、上海大潮科技有限公司、华为科技、中储在线、方正数码等软件公司加入了物流软件开发的竞争行列。

据有关数据分析，全球供应链市场将从 1999 年的 250 亿美元增至 2004 年的 1400 亿美元。而 1999 年亚洲在实施供应链管理与优化方面的投资高达 2.92 亿美元，据预测，此部分的市场份额将在 2004 年增长到 10 亿美元。供应链管理与优化最主要的投资就是软件设计和购买，1999 年和 2000 年中国在供应链管理与优化方面的投资分别为 2100万美元和 3000 万美元，预期在 2004 年将达到 1.45 亿美元。在未来几年内，亚洲的供应链管理与优化，特别是在中国，将会有广阔的市场前景。

国内企业虽然起步较晚，但金蝶、用友等软件公司也开始在各自的企业管理套件中加入了供应链管理软件，国内的 SCM 软件产品正处于一个探索与发展阶段；学习国外先进 SCM 软件产品模式、发展真正适合中国自己的 SCM 产品，是各大管理软件厂商扩充自己在 SCM 产品线的目标，也是唯一出路。

6）物流装备企业。我国物流装备设施发展很快。20 世纪 70 年代初，我国较大的自动化物流设施供应商只有昆船。到 90 年代初，已经增加到八个企业。近几年来，随着物流信息化、自动化、智能化的推广普及，我国的自动化仓库设施供应商成长很快。目前，国内大多数物流设施设备提供商主要提供叉车、货架、升降机等装卸搬运、输送设备，一些国外知名品牌如林德叉车、海斯特叉车。丰田叉车等占据了中国的部分市场。对于自动控制程度较高的立体化仓库等智能控制系统。提供商较少，较大的主要有昆明船舶设备集团、北京起重运输机械研究所等供应商。

另外，随着中国加入 WTO，国外企业纷纷进入。到 2001 年，我国自动化物流设施市场上规模较大的企业达到 25 家。自动化仓库设备提供商有日本的 Daifuku 和 Murata，欧洲的 Siemens Dematic 和 Swisslog 等。由于技术先进，国外厂商在我国的市场份额迅速增加，日本的 Daifuku 市场占有率 14.3%，位居第一，依次为北京起重，欧洲 Swisslog，Siemens Dematic 等。

3. 企业文化

（1）企业文化的主要内容

企业文化的主要内容包括：企业目标，企业哲学，企业价值观，企业精神，企业道德，企业制度，企业文化活动，企业环境，企业形象，企业创新。

（2）企业文化的本质和特征

1）企业文化是一种独特的文化，他虽然带有一切文化都具有的精神性、社会性、集合性、独特性和一致性的特征，但不能简单地把企业文化看作是社会文化的一部分，从纯文化的角度去认识企业文化，而是应该从更广阔的范围内去总结企业文化的发展成果，从更深的层次研究企业文化与社会文化的相互关系，从企业文化的实践过程中去探讨和把握企业文化的发展趋势和规律，从而对企业文化的丰富内容和本质，得到更全面、深入的了解。这也是认识企业文化，正确把握其特征的必然要求。

2）企业文化的特征。企业文化特征包括：社会性、民族性、融合性、人本性、过程性、渗透性、自觉性、实践性、传统性、创造性。

（3）企业文化的结构

从外延上讲，企业文化通常分为四层，即物质层、行为层、制度层和精神层。第一层是表层的物质文化，第二层是幔层的行为文化，第三层是中层的制度文化，第四层是核心层的精神文化。

1）企业文化的物质层。企业文化的物质层也叫企业的物质文化，它是由企业员工创造的产品和各种物质设施等构成的器物文化，是一种以物质形态为主要研究对象的表层企业文化。

企业生产的产品和提供的服务是企业生产经营的成果，它是企业物质文化的首要内容。其次是企业创造的生产环境、企业建筑、企业广告、产品包装与设计等，它们都是企业物质文化的主要内容。

2）企业文化的行为层。企业文化的行为层又称为企业行为文化。如果说企业物质文化是企业文化的最外层，那么企业行为文化可称为企业文化的幔层，或称第二层，即浅层的行为文化。

企业行为文化是指企业员工在生产经营、学习娱乐中产生的活动文化。它包括企业经营、教育宣传、人际关系活动、文娱体育活动中产生的文化现象。它是企业经营作风、精神面貌、人际关系的动态体现，也是企业精神、企业价值观的折射。

从人员结构上分，企业行为中又包括企业家的行为，企业模范人物的行为，企业员工的行为等。

3）企业文化的制度层。企业文化的制度层又叫企业的制度文化，主要包括企业领导体制、企业组织机构和企业管理制度三个方面。

企业领导体制的产生、发展、变化，是企业生产发展的必然结果，领导体制特别是领导人的管理理念和管理风格对企业文化的影响极大，在埃德加·沙因看来，领导和文化原本就是同一硬币的两个面。企业组织结构，包括正式组织结构和非正式组织，是企业文化的载体。在阿尔弗雷德·钱德勒看来，战略是第一位的，它决定了企业的组织结构，而文化在很大程度上是组织构建的结果。企业管理制度是企业在进行生产经营管理时所制定的、起规范保证作用的各项规定或条例，需要特别指出的是，具有强制约束力的制度在企业文化特别是行为文化的形成过程中发挥着十分关键的作用。

企业制度文化作为企业文化中人与物、人与企业运营、理念与行为的中介和结合，是一种约束企业和员工行为的规范性文化，它使企业在复杂多变、竞争激烈的经济环境中处于良好的状态，从而保证企业目标的实现。

4）企业文化的精神层。企业文化的精神层又叫企业精神文化，相对于企业物质文化和行为文化来说，企业精神文化是一种更深层次的文化现象，在整个企业文化系统中，它处于核心的地位。

企业精神文化是指企业在生产经营过程中，受一定的社会文化背景、意识形态影响而长期形成的一种精神成果和文化观念。它包括企业精神、企业经营哲学、企业道德、企业价值观念、企业风貌等内容，是企业意识形态的总和。它是企业物质文化、行为文化的升华，是企业的上层建筑。

（4）企业文化的功能

企业文化一般具有以下六个方面的基本功能：

1）导向功能。企业文化能对企业整体和企业成员的价值及行为取向起引导作用。具体表现在两个方面：一是对企业成员个体的思想和行为起导向作用；二是对企业整体的价值取向和经营管理起导向作用。这是因为一个企业的企业文化一旦形成，它就建立起了自身系统的价值和规范标准，如果企业成员在价值和行为的取向与企业文化的系统标准产生悖逆现象，企业文化会进行纠正并将其引导到企业的价值观和规范标准上来。

2）约束功能。企业文化对企业员工的思想、心理和行为具有约束和规范作用。企业文化的约束不是制度式的硬约束，而是一种软约束，这种约束产生于企业的企业文化氛围、群体行为准则和道德规范。群体意识、社会舆论、共同的习俗和风尚等精神文化内容，会造成强大的使个体行为从众化的群体心理压力和动力，使企业成员产生心理共鸣，继而达到行为的自我控制。

3）凝聚功能。企业文化的凝聚功能是指当一种价值观被企业员工共同认可后，它就会成为一种黏合力，从各个方面把其成员聚合起来，从而产生一种巨大的向心力和凝聚力。企业中的人际关系受到多方面的调控，其中既有强制性的"硬调控"，如制度、命令等；也有说服教育式的"软调控"，如舆论、道德等。企业文化属于软调控，它能使全体员工在企业的使命、战略目标、战略举措、运营流程、合作沟通等基本方面达成共识，这就从根本上保证了企业人际关系的和谐性、稳定性和健康性，从而增强了企业的凝聚力。正是由于有着坚定的"集体主义"价值观，使得日本大财团三井公司在经历二十多年的分崩离析后又重新聚合在了一起。

资　料

企业文化让三井公司重新集结

1945 年，美国占领日本后，美国总统杜鲁门下令解散日本的大财团。作为日本首屈一指的大财团——三井公司被分割成 170 家企业，并被禁止使用原来的商号。这些企业都有独立经营的条件，但是两年后，这些企业就开始了为集聚在一起的努力，试图重新集结在原来三井的旗帜之下。经过长达 20 多年的时间，原来被分割的企业又重新变成一个公司开始对外运作，并恢复使用"三井"的商号。为什么过了二十多年，三井仍能重聚阿里·德赫斯（"学习型组织"概念的提出者）在他的《长寿公司》一书中，对此做出了解释。他说，其原因是三井公司的共同价值观在起作用，而这种价值观的核心正是集体主义。

4）激励功能。企业文化具有使企业成员从内心产生一种高昂情绪和奋发进取精神的效应。企业文化把尊重人作为中心内容，以人的管理为中心。企业文化给员工多重需要的满足，并能用它的"软约束"来调节各种不合理的需要。所以，积极向上的理念及行为准则将会形成强烈的使命感、持久的驱动力，成为员工自我激励的一把标尺。一旦员工真正接受了企业的核心理念，他们就会被这种理念所驱使，自觉自愿地发挥潜能，为公司更加努力、高效地工作。

5）辐射功能。企业文化一旦形成较为固定的模式，就不仅会在企业内部发挥作用，对本企业员工产生影响，而且也会通过各种渠道（宣传、交往等）对社会产生影响。企业文化的传播将帮助树立企业的良好公众形象，提升企业的社会知名度和美誉度。优秀的企业文化也将对社会文化的发展产生重要的影响。

6）品牌功能。企业在公众心目中的品牌形象，是一个由以产品服务为主的"硬件"和以企业文化为主的"软件"所组成的复合体。优秀的企业文化，对于提升企业的品牌形象将发挥巨大的作用。独具特色的优秀企业文化能产生巨大的品牌效应。无论是世界著名的跨国公司（如微软、福特、通用电气、可口可乐），还是国内知名的企业集团（如海尔、联想等），他们独特的企业文化在其品牌形象建设过程中发挥了巨大作用。品牌价值是时间的积累，也是企业文化的积累。

（5）企业文化塑造的基本程序

企业文化模式涉及到企业的方方面面，是一个复杂的系统工程。一般说来在进行塑造时，还需要经过以下的程序，才可能逐步完成。

提出问题→统一思想→组织力量→调查研究→设计规划→论证试验→严密组织→传播执行→注重实效→评估调整→确立模式→巩固发展。

塑造企业文化的主要途径有：

1）选择价值标准（要体现企业的宗旨、管理战略和发展方向，有一定的员工认可和接纳，符合本企业特点并反映员工心态）。

2）强化员工认同（利用一切宣传手段和方式使企业文化的内容与要求人人皆知，树立榜样人物，培训教育）。

3）提炼定格（实践后吸纳员工和专家的合理化反馈意见）。

4）巩固落实（建立必要的制度，领导率先示范）。

5）丰富发展（及时更新，完善其形式内容）。

（6）企业文化模式塑造的基本方法

领导牵引法，更新观念法，突出中心法，优化载体法，稳定结构法，训练培养法，民主驱动法，目标管理法，职责挂钩法，轻重缓急法，机构作用法，优势发挥法。

资　料

TCL 公司是集家电、通讯、信息、电工于一体的全国增长最快的工业制造企业之一。品牌价值于全国第五位。

TCL 的企业精神是"敬业、团队、创新"。

TCL 的企业宗旨是"为顾客创造价值，为员工创造机会，为社会创造效益"。

"为顾客创造价值"是其文化的价值根本。明确企业工作目标是高质量产品和全方位服务。TCL 人在生产营销每个环节把顾客需求放首位。

"为员工创造机会"是其动力源。建立科学公平的员工考核和评价体系，建立合理薪酬福利制度，与员工教育培训制度。

"为社会创造效益"是其生态链。

4. 企业文化与产品文化的关系

（1）产品文化

产品文化是指以企业生产的产品为载体，是反映企业物质及精神追求的各种文化要素的总和，是产品价值、使用价值和文化附加值的统一，又是一类消费者群体在某段时期内对某种产品所蕴涵特有个性的定位。企业文化是一个企业的主流理念和主流行为方式的总和。

随着新世纪的到来，产品同质化的程度愈演愈烈，那么要想使自己的企业在这个竞争激烈的市场浪潮中获得强强的竞争能力，就必须从两个方面着手：第一，使自己的团队具有一种凝聚力，一种以共同事业的辉煌为导向的学习精神和创新精神，更重要的是有一种能够完全体现企业魅力并有效引导企业奋斗步伐的企业特有文化；第二，还要使自己的产品比其他的同类产品更能够捕捉到消费者的需求，千方百计地为人们提供实用的、情感的、心理的等多方面的多重享受，努力把使用价值、文化价值和审美价值融为一体，形成独特的、富有人情味的产品文化。

（2）企业文化与产品文化的关系

一个优秀的"企业文化"的理念的提出、建设与最终形成，是靠人来实现的，也就是在企业中起着主导作用的人；一个优秀的"产品文化"理念的提出、也是靠人来实现的。而这个"人"，是指一个群体。

产品文化具有客观性，企业文化具有主观性。产品文化不是哪一个企业的领导人，也不是哪一个学者，而是依赖于对众多消费者的调查，取出其中一部分对这类产品的有着类似价值观的需求点进行总结推敲，应用于产品之上而实现的。从而就体现了企业文化的主观性与产品文化的客观性。

一定的产品文化与它所处的社会文化背景是紧密联系的，也与生产或提供它的企业文化密不可分。产品文化是社会文化与企业文化共同作用的产物，在社会文化背景相对稳定的情况下，产品文化更多地体现的是企业文化的内容。产品文化是直接作用于社会广大的消费者，消费者更多地是从产品或服务的消费中来体现企业文化的。尤其是服务类企业，如电信、保险、证券、IT 界等这样有广泛消费者的大型企业，对其企业的认同和对企业文化的认同，是通过接受其产品与蕴涵在其服务中的产品文化来实现的。

想一想：
请指出这段文字的哲理.

知识链接

把企业文化请下"神坛"，走入企业中去，不再让人神

不可测;

把企业文化的研究成果"还文化于企业",贴近企业实际,为企业服务,不再故弄玄虚;

把企业文化化繁为简,深入浅出,通俗易懂,不再长篇大论,让人百思不得其解;

把企业文化打造成一种企业员工容易理解把握、便于操作的有力武器,不再是好看不好用的"花瓶";

把企业文化的理论探讨、成功案例、专业组织、图书杂志、体会心得、思考创新等设计成一个完整的系统,便于大家从整体上借鉴、把握,操作方便,不再单打一,用起来缺东少西。

小　　结

企业的定义有很多,本书认为企业是一种以盈利为目的经济组织,企业的形式也很多,每一种形式都有自己的优缺点;企业文化是企业生存的一个关键因素,企业文化具有非常重要的作用。优秀的企业文化对于一个企业具有无比的推动作用,反之,则会阻碍企业的发展。

相关作业

1. 我国常见的企业形式之间的区别是什么?
2. 企业文化的功能是什么?

小组模拟仿真

(要求小组讨论,并将活动成果以小组为单位提交电子作业)

为企业制定企业文化模式

1. 岗位角色

每组 10 人,分为三组:A 组,B 组,C 组。

2. 活动要求

1)ABC 三组人员先进行集体讨论,熟悉自己的职责范围。
2)各小组各尽其责。
3)互相考核。

3. 模拟步骤

1）各小组明确各自职责范围，并为各自的职责制定说明书。

2）各组人员按活动要求准备各自资料或进行工作准备。

3）活动中，各小组成员密切配合，按相关程序进行。

4）整个模拟活动，应该分工明确。

5）进行一个完整的模拟。

4. 注意事项

1）各小组可上网查询相关资料。

2）充分发挥团队精神，对本职工作应熟练掌握。

3）单据制作要求尽量完善，达到标准化。

4）对各自小组的模拟够解说。

5）各小组分别为另外两个小组打分。

5. 作业展示及点评

考核评分见下表。

考核评分表

考评小组		被考评小组	
考评地点		考评时间	
考评内容	为企业制定企业文化模式		
考评标准	内　　容	分　　值	实际得分
	角色扮演	20	
	工作准备	40	
	工作成效	40	
合　　计		100	

注：考评满分为100分，60~74分为及格；75~84分为良好；85分以上（含85分）为优秀。

4.3　物流产品与企业形象设计

学习目标

1. 了解企业形象的基本概念
2. 掌握企业形象的基本特征
3. 掌握企业形象的地位

案例导入

　　海尔吉祥物是海尔兄弟。这两个小孩，一个是中国的小孩，一个是外国的小孩。它的使用始于建厂初期，当时海尔与德国利勃海尔公司合作，此标志寓意中德双方的合作如同这两个小孩一样充满朝气和拥有无限美好的未来。后来，海尔以这两个小孩为原型历时八年（1993～2001）投资 3000 万元制作了 212 集的动画片《海尔兄弟》，受到广大少年朋友的喜爱。

　　请问：海尔集团为什么花费巨资和精力制作一部儿童动画片呢？

必备的理论知识

4.3.1　企业形象的定义和地位

　　企业形象是指企业关系者对企业所持的看法。企业形象好与坏直接关系到企业的生存和发展。一切与企业有关的人，很自然地与企业产生某种关系。而这些人便依照自我对该企业的观感来判断、评价企业，来购买商品或接受服务。例如，当消费者想购买某一商品时，面对多种牌子的同一类商品，如果无法判断那一个商品较好时，多数是以各牌子的现有对外形象的知名度，作为选购标准。而随着企业的成长发展，企业关系者的人数也随之呈现飞跃性的增加，企业被评价的机率便逐渐升高。

　　21 世纪的今天，由于市场竞争的炽热化，使得越来越多企业决策人开始了企业形象的思考：通过什么办法对公众去阐述"自己所经营的是一家什么样的公司"，或者对员工解释"你所服务的企业是一家什么样的企业"。所谓 CI 策划，不光是视觉识别传达符号的单方面问题，而且包涵有企业本身如何对社会的贡献，企业的思想，企业的文化怎样与社会公众交流与沟通。企业透过 CI 的理性诉求，去对外发出宣言："本企业是一家如何好、如何美的一家企业……"，籍此去突显企业的特点、个性、风格与不同之处。通过反复的形象宣传，让公众就象结交老朋友那样，音容笑貌如在面前。这样，一个优秀的企业形象就会由此确立并脱颖而出。

4.3.2　知识储备

1. 企业形象战略

　　企业形象（corporate identity，CI）战略是指将企业经营思想，运用整体视觉识别系统，传达给企业周围的关系者，（包括企业内部员工与社会大众），并使其对企业产生一致的认同感的形象塑造过程。CI 中的 C（corporate）是指一个团体，一个企业；I（identity）是指同一、一致、身份、标识等。CI 就是"企业识别"的涵义。CI 又称作企业识别系统（corporate identity system，CIS）。企业形象战略（CI 战略）就是：设计与展示一整套区别于其他企业，体现企业自身个性特征的标识系统，包括企业的名片、信封信纸、商品包装、招牌、制服、建筑物、车辆、路牌广告、对外宣传广告等以突出企业形象，并以此达到在市场竞争中获胜的经营战略。

CIS 由 VI（企业视觉识别系统）、MI（企业理念规范系统）、BI（企业行为规范系统）等三大部件组成（见图 4.2）。如果将 CI 概念文化化的话，一个企业的 CI 文化，可以说就是对应的以物质文化、理念文化、行为文化构成。

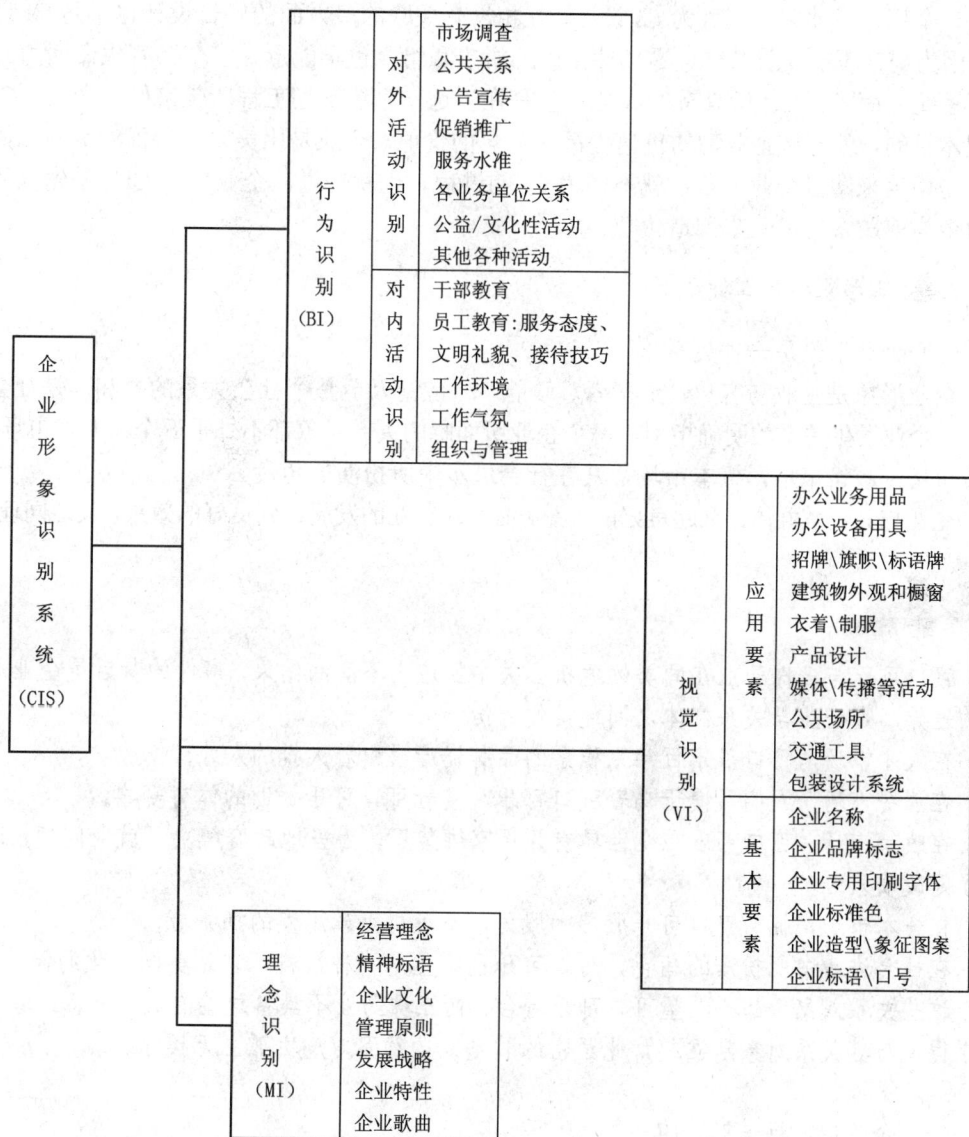

企业形象识别系统（CIS）	行为识别（BI）	对外活动识别	市场调查
			公共关系
			广告宣传
			促销推广
			服务水准
			各业务单位关系
			公益/文化性活动
			其他各种活动
		对内活动识别	干部教育
			员工教育:服务态度、文明礼貌、接待技巧
			工作环境
			工作气氛
			组织与管理
	视觉识别（VI）	应用要素	办公业务用品
			办公设备用具
			招牌\旗帜\标语牌
			建筑物外观和橱窗
			衣着\制服
			产品设计
			媒体\传播等活动
			公共场所
			交通工具
			包装设计系统
		基本要素	企业名称
			企业品牌标志
			企业专用印刷字体
			企业标准色
			企业造型\象征图案
			企业标语\口号
	理念识别（MI）		经营理念
			精神标语
			企业文化
			管理原则
			发展战略
			企业特性
			企业歌曲

图 4.2　企业形象识别系统

CI（企业形象）设计，就是结合现代设计意念与企业思想、企业文化、企业管理的整体性运作，刻画企业个性，将企业的各种要素化作一个简洁的视觉符号——企业标志和企业标准字，以统一的色彩基调、广告语言以及相关的基础和应用要素和广告策划设计，通过宣传媒体，形成辐射，引起公众关注，从而产生对企业产品或服务的信赖感和偏爱感的心理效应，最后达到企业形象口碑颂传、产品畅销、服务认可、取得良好的经济效益和社会效益的最终目的。

一个标志设计并不能称为 CI 设计，互相没有关联的多方面的广告设计也不是 CI 设计，因为局部不能代替整体，零部件生硬的拼凑和组合也不能形成一个具有生命活力的有机系统。而 CI 设计所具有的成功，正是在于这一系统策划工程所带来的生命力。CI 的根本目的，就是将企业物的价值提高为信息的价值。企业是用美来开展商业竞争。如果不是用美来塑造企业形象，就不成为 CI 的过程。也就是说，企业导入 CI，是先以创造价值为前题，再以美来创造价值。

2. 企业形象的基本特征

（1）企业形象是一种关系

企业形象是企业与客户、消费者、政府、供应商乃至整个社会关系的总和，是社会各界与企业发生关系的明确指引。每个企业所面临的关系对象都不外乎五个：人才市场，消费市场，政策市场，资本市场，其在社会进步中所扮演的角色。

企业与其关系群体建立起良好的关系，必将对企业的发展起到良好的效果，反之同理。

资　料

可口可乐与三株药业在同类的危机公关中反应出不同的结果，事件的背后是企业形象的差异，是企业与关系群体之间连接的身份不同。

在人才市场，可口可乐百年来积累的品牌资产吸引着大批的人才；

在消费市场，人们习惯于喝着可口可乐观赏着可口可乐赞助的体育赛事；

在政策市场，可口可乐在全世界有几百家罐装厂，为当地政府解决了就业问题，增加了财政收入；

在资本市场，拥有可口可乐股票的股民，是可口可乐忠实的拥护者；

在社会进步中所扮演的角色，可口可乐已不止是一种饮料，它是美国文化的代表。

这些关系对象，都不希望可口可乐垮台，而三株药业不具备这些有利因素，或者还未来得及与其关系对象建立起如此紧密的联系，自然面对危机孤立无援了。

（2）企业形象是一部法律

通过严密的形象管理，使企业形象在任何条件下的出现均表现为统一的标准件。视觉标准件的建立为企业形象传播构建了系统而立体的信息环境，它是一块指示牌，在不同的环境下都保持着统一的形象，甚至连材质、颜色都保持一致。这样的企业形象会让人有规范和实力的感性认识，并容易使人联想到其优质的产品。

（3）企业形象是一笔资产

通过这种关系的维护、加深，这部法律的规范、执行，随着岁月的累积使企业形象变成一笔巨大的无形资产，而且通过运作，可以置换出有形效益。

3. 企业形象的意义

1）有助于企业占领市场。可以为新产品提供质量保证并成为开拓市场的动力。

2）能够吸引和荟萃人才。

3）能够提高和强化广告、公关和其他宣传效果。企业形象的识别功能能全方位地把本企业与其他企业辨识区别开来，提高企业知名度和美誉度。良好的企业形象能为企业营造美的光环，积极而有效地影响社会公众对企业整体、长期的看法和评价。

4）能够创造一个较有利的外部经营环境。良好的企业形象能够团结号召关系企业，有助于寻找可靠的原材料和能源供应客户。良好的企业形象会使公众乐于购买企业股票，银行乐意为企业提供优惠贷款，政府乐意为企业提供优惠的经营条件，甚至保险公司也乐意为他的经营担保。它可能增加投资者的信心，求得稳定优惠的经济渠道，并能增进周围社区对自己的了解和支持，受到周围居民的赞赏和拥护，从而提高企业在同行中的竞争能力。

5）对企业的员工的思想和行为具有约束力。优良的企业形象使企业员工有自豪感和荣誉感，员工的责任感因此得到增强，从心底产生对企业的珍惜、爱护之情，表现在思想和行动上就会自觉的维护企业形象。

4. 企业形象的内容

（1）产品形象

产品形象包括产品质量及其先进程度，产品服务和拥护满意程度。产品形象是企业形象的基础，企业形象塑造的核心仍然是实施名牌战略、创造名牌产品。消费者在浩瀚的商海中进行选择，在很大程度上决定于品牌。

1）产品形象设计。产品形象设计是为实现企业形象统一识别目标的具体表现。它是以产品设计为核心而展开的系统形象设计，塑造和传播企业形象，显示企业个性，创造品牌，赢利于激烈的市场竞争中。产品形象的系统评价是基于产品形象内部和外部评价因素，用系统和科学的评价方法去解决形象评价中错综复杂的问题，为产品形象设计提供理论依据。

2）产品的形象设计是服务于企业的整体形象设计，是以产品设计为核心，围绕着人对产品的需求，更大限度地适合人的个体与社会的需求而获得普遍的认同感，改变人们的生活方式，提高生活质量和水平。

（2）公关形象和社会形象。

企业形象是市场竞争的关键因素，而公共关系恰恰是塑造、传播良好企业形象的基本手段。通过日常公关不断提高企业在社会心目中的美誉度，通过公关活动扩大企业对社会的影响，从而不断提高企业的知名度。

（3）经营和管理形象

经营形象包括企业经营思想、经营作风、经营战略，企业资产增值度和回报社会的美誉度。经营形象处于企业形象的核心地位。在社会主义市场经济条件下，企业要树立好的经营形象，必须借助于社会各界的力量，组织社会调查，进行企业社会形象评价，获得企业公众、政府部门对企业的信赖。管理状态以及同国际接轨的程度。企业形象如何，很大程度上取决于企业管理水平的高低。

（4）外表形象

外表形象是企业内外生产、生活条件的建设和总体表现。它反映一个企业的整体管理水平、经济实力和精神风貌。企业外表形象包括企业建筑、企业标记、专门色对企业的凸显程度，企业整体环境的绿化和美化程度，环境保护状况。企业的外表形象是企业的"脸面"，是外界对企业最直观的印象、最深刻的印象。优美的外表形象可以增强职工对企业的依恋之情，给社区公众留下好感。

（5）企业家形象

企业家的形象是指企业的领导人的思想政治水平、知识结构、工作经验、组织指挥决策能力、公众关系意识、开拓创新精神和旗帜风度给外部公众及内部职工留下的印象，它是企业形象的关键。

（6）职工形象

职工形象是企业职工在职业道德、专业技术、文化素养、精神风貌、言谈举止、服务态度和装束仪表等方面的总体素质的外在表现，是决定企业形象的能动力量。职工形象好，强化企业的凝聚力和竞争力，为企业的长期稳定发展打下牢固的基础。

（7）目标形象

企业的发展形象包括企业的改革力度和转机建制成效，企业中长期规划及应变能力，企业科技进步等。企业的发展目标和发展蓝图是企业的远大理想，它是极力职工奋发上进、努力拼搏的巨大动力，因而企业必须注重企业发展形象的树立。

5. 塑造企业形象的原则

（1）处理好企业利益与国家利益、公众利益的关系

企业形象的塑造必须以公众之上为第一准则，切记唯利是图，而置公众利益于不顾，那种以损害环境为代价、损害公众利益为代价，只顾企业自身利益，不择手段地追逐高额利润的做法，只会引起公众的不满，为公众所耻，与建立企业的优良形象背道而驰。

（2）以诚为本，信守经营道德

企业形象塑造必须以诚为本，重合同、讲信誉，遵纪守法、公平竞争，为社会提供质量优良、价格合理的产品和服务，那些以次充好、短斤少两、假冒伪劣，坑蒙拐骗、自吹自擂的行为只会社地损害企业的形象将受到法律的制裁。

（3）应当遵循社会主义市场经济规律

社会主义市场经济与资本主义的市场经济有共同的规律可循。

（4）着眼世界，从长计议

企业形象的塑造应该着眼于世界。企业走向世界，实现国际名牌战略，是振兴民族经济的必由之路。

6. 塑造企业形象的思路与方法

（1）突出个性

个性是形象的生命，没有鲜明的个性就不会在公众的心目中流下深刻的印象。企业和企业家必须彻底废除陈规陋习，具备创新意识，敢于标新立异，创造出具有鲜明个性的企业形象来。

（2）建立良好的企业文化与企业理念

企业形象是个复合体，建立优良的企业形象应该在企业中大力倡导勤奋务实、公平竞争、团结合作、钻研业务、勇于开拓、善于创新的奋发向上的企业文化和企业理念，并将其贯彻到产品的设计、生产、包装中去，体现于企业标志、商标、装潢等视觉识别系统之中，表现在企业员工的行为之上。

（3）善于利用各种传播媒介、宣传企业的良好行为

"好酒不怕巷子深"是短缺经济时代的观念，好的产品、好的行为还需要传播才能在公众心目中建立良好的形象。

（4）增进公众对企业的直接认同

企业与社区公众有着千丝万缕的联系，保持和社区公众的良好关系，通过组织参观游览的形象增进对企业的直接了解，取得他们的认同、信任和支持是建立企业形象最直接有效的手段。

小 结

企业形象不仅是向消费着展示的，它更是一个工程，一种财产，是一种法律保护的形象财产，一旦毁坏，再树立起来将会非常难，因此，企业形象十分重要。

小组模拟仿真

（要求小组讨论，并将活动成果以小组为单位提交电子作业）

设计企业标志

1. 岗位角色

每组 10 人，分工协作。

2. 活动要求

1）小组成员先集体讨论。
2）各小组上网查询相关资料。
3）充分的团队精神。

3. 模拟步骤

1）各小组讨论整个流程规划，起草方案。
2）上网搜索相关信息，为确定方案的可行性做好充分的准备。
3）制订通关流程说明，并以图解表示出来。

4. 作业展示及点评

考核评分见下表。

考核评分表

考评小组			被考评小组	
考评地点			考评时间	
考评内容		设计企业标志		
考评标准	内　容		分　值	实际得分
	角色标准		20	
	工作准备		40	
	工作成效		40	
合　计			100	

注：考评满分为 100 分，60～74 分为及格；75～84 分为良好；85 分以上（含 85 分）为优秀。

本 章 小 结

本章主要围绕着企业的相关知识讲述了企业的成功之关键，如企业性质的定位、企业形象的设计、企业文化的内容等，每一个因素都非常重要，缺一不可。同时，整个过程有都从物流企业的的角度去分析物流企业若想生存的因素：物流企业的特殊产品又是本章的重点和难点。企业是我国经济的主要支柱，物流企业又是企业的重要组成部分，物流企业是否深得消费者深爱，形象至关重要。

相关素质要求

1. 良好的语言表达能力、协调能力和沟通能力
2. 相当于高中的文化基础知识
3. 一定的数学基础和计算机基础
4. 较强的责任心和综合能力
5. 广告学、美学知识

作品展示及点评

（根据本章所学内容，要求学生利用课堂时间分小组进行"作品展示"活动。作品可以是实际操作，也可以是工作方案，还可以是围绕本章作业制作的 PPT 课件。作品展示过程要求配解说。）

思考与练习

1. 案例分析。

从张裕谈企业文化

1892 年所成立的烟台张裕酿酒公司发展起来的，至今已有 110 余年的历史。其既是中国第一家工业化酿造葡萄酒的企业，还是中国葡萄酒行业的驰名商标拥有者，更是中国乃至亚洲最大的葡萄酒生产经营企业。历经一个多世纪的发展，张裕的主业仍然是葡萄酒的生产经营，张裕仍是中国葡萄酒业的领头羊。如今，其产品的国内市场占有率已连续 5 年稳定在了 20%左右。从这，足见出百年张裕生存、发展的能力和其在营销方面的功力。但如果仅是凭"能力"和"功力"四字来概括成就张裕今时今日地位的原因的话，显然不足以说明许多具体的东西。但是，有一点可以肯定的是，假如张裕不具有强势的、优秀的企业文化的话，是很难走到今天这一步的。这就如同自由、民主、奔放的美国文化之于可口可乐、麦当劳一样。

问题：

张裕强势、优秀的企业文化具体表现在哪里？

2. 思考题。

企业、产品与企业文化之间是什么关系？

第5章 物流市场营销价格策略

在商品经济活动中,商品的价格关系到消费者与经营者双方的经济利益,商品价格的制定与调整必然对消费者的购买心理及行为产生一定的影响。本章主要分析商品价格的定价依据,在此基础上探讨物流商品的定价方法和价格策略。

5.1 定 价 依 据

学习目标

1. 了解影响物流产品定价的基本因素
2. 了解物流企业进行定价的目的和意义
3. 掌握物流产品成本的构成因素
4. 掌握市场需求对物流产品价格的影响

案例导入

李英经营着一家小餐馆。她的周围有许多小饭店、酒家,可说是竞争异常激烈,但唯独她的餐馆天天客满,火爆得很。她的诀窍就是一个:一直在做"亏本生意",即,凡在该店用餐一律赠送米酒,喝多少供多少,三人或三人以上用餐的还免费赠两瓶啤酒。当然,她家菜的价格、菜量、味道,还有服务,也不比别家的差。每当食客们的餐桌上酒菜将尽时,服务员便及时送上免费酒水,自然又激起了食客们的兴致,他们往往会再要上一两样菜。

朋友们认为李英这么做生意太亏:每桌饭菜的酒水按10元计,一天按10桌就亏100元,一月就亏了3000!而李英则有自己的打算,按她自己的算法是,每月只少赚3000元酒水钱,但人来多了、菜卖多了、生意火了,和那些生意清淡的饭店比,不但不亏,反而是赚了。

必备的理论知识

5.1.1 物流产品定价的作用

（1）物流产品价格是满足物流客户需求的主要因素

客户需求对物流产品定价的影响主要通过需求能力、需求强度、需求层次三个层面加以反映。物流产品定价要考虑该价格是否适应客户的需求能力，也即是否与客户的购买能力保持平衡。需求强度是反映客户想要获取商品的程度，如果对某种商品的需求迫切，则对价格不敏感，企业在订价时高一些、低一些影响不大。不同需求层次对商品定价也有不同认识，如需求层次高的客户，对商品价格的敏感程度往往低于需求层次低的客户。企业针对不同层次的客户实施高价和低价，以满足不同层次客户的需求。

（2）物流产品价格是物流营销组合中的重要因素

在物流营销组合 4Ps 中，价格是若干营销变量中作用最为直接、见效最快的一个变量。作为见效快、投入少的手段，其运用效果在很大程度上取决于价格策划的质量，包括价格的定位是否恰当、是否能处理协调好各种价格关系、是否能有效组织企业和社会资源。

（3）物流产品价格对物流企业经营的成败有决定性影响

商品价格的高低直接关系到企业所能获得经济利益的大小。同时企业经营活动的市场效果、市场占有率大小、市场接受产品的速度、物流产品在市场中的形象等均与价格有着密切的联系，因此科学和合理的价格往往是决定企业经营成败的重要因素。

5.1.2 知识储备

物流产品作为社会产品的一种，其定价的影响因素有外部和内部之分。外部影响因素包括政策因素、市场需求状况、竞争者价格等；内部影响因素包括定价目标、营销组合策略、商品成本等。

（1）国家政策因素

我国的价格形式有计划价格、国家指导价格、市场调节价格。

（2）市场需求状况

一般情况下，物流产品的价格随着市场供给与需求的关系的变化而发生变化，当商品供过于求时价格下跌，供不应求时价格上涨。

（3）竞争者的产品与价格

价格竞争是市场竞争的基本内容之一。为使本企业在竞争中处于有利位置，在制定本企业物流产品的价格时，不仅要考虑本企业的物流成本，还必须考虑竞争者的产品和价格，根据本企业产品的特性，确定具体的价格竞争。

（4）产品成本

成本是商品价格的最低限度。根据市场营销定价策略的不同需要，对成本可以从不同的角度作以下分类：

1）固定成本。固定成本是企业在一定规模内生产经营某一商品支出的固定费用，在短期内不会随产量的变动而发生变动的成本费用，如固定资产折旧费。

2）变动成本。变动成本是指企业在同一范围内支付变动因素的费用，这是随产量的增减变化而发生变化的成本，如运输费、装卸搬运费。

3）总成本。总成本是固定成本与变动成本之和。当产量为零时，总成本等于固定成本。研究成本因素对价格制定的影响，应注意成本是定价的最低经济界限、产品成本变动是价格变动的主要动因。

（5）企业定价目标

企业定价目标不同，定价方法和考虑的内容也就不同。

（6）营销组合策略

企业定价策略必须与商品的整体设计、分销和促销策略相匹配，形成一个合理的营销组合。为了使中间商乐于经营企业的商品，应在价格中包括一个折扣比率，使中间商有利可图。

5.1.3　定价依据图

企业定价的依据如图 5.1 所示。

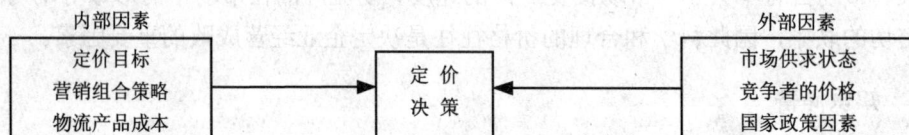

内部因素		外部因素
定价目标 营销组合策略 物流产品成本	→ 定 价 决 策 ←	市场供求状态 竞争者的价格 国家政策因素

图 5.1　定价依据

5.1.4　定价依据图的说明

1）定价决策：商品价格通过企业经多方考虑后形成的最终结果。

2）定价目标：企业制定该物流商品价格的直接原因、想通过该价格达到的目的，包括利润最大化、提高市场占有率、预期投资收益率、适应价格竞争、维持生存、保护环境等。

3）营销组合策略：价格是营销组合的因素之一。企业定价策略必须与商品的整体设计、分销和促销策略相匹配，形成一个合理的营销组合。为了使中间商乐于经营企业的商品，应在价格中包括一个折扣比率，使中间商有利可图。

4）企业定价组织：企业定价权限须有专门决策结构负责并加以实施。各企业做法不尽相同。小型企业通常由最高层管理者负责订价，大型企业则可由专门部门负责订价，在经营产业用品的企业中，产品的销售价格由销售部门负责订价或由推销人员与用户在一定幅度内协商议定。

5）市场与需求：参考价值规律相关内容。在市场经济中，供大于求时价格下跌，供小于求时价格上涨。

6）竞争者的价格、环境：企业定价时应考虑竞争者的商品、价格和环境因素。如果自己的商品不参考以上因素，容易使自己失去市场，在消费者"货比三家"的过程中失去最佳竞争机会。

提示：在激烈竞争的市场中，合理的商品价格使企业取得竞争最有效和最直接的手段。

5.1.5 工作标准及要求

1）企业通常是先制定价格策略，然后根据价格策略再制定其他营销组合策略，其他营销组合因素的决策要以定价策略为转移。

2）无论采取何种定价形式，无论在何种情况下，企业的高层管理者应负责确定订价目标，并听取基层管理人员或推销人员的意见。

3）评判商品价格是否合理的是消费者，企业在定价的时候必须考虑消费者对价格的理解和接受程度。

4）成本决定了商品价格的最低限度，而商品价格的最高限度则取决于市场的供求状态。

相关作业

如果你是本小节案例导入中的小餐馆老板，请按当时当地产品成本价格估算一下，一天卖多少饭菜不亏本？

小组模拟仿真

（要求小组讨论，并将活动成果以小组为单位提交电子作业）

分析商品定价的影响因素

1. 岗位角色

将本班同学分为若干组，每组平均 8 人，共同经营小餐馆，与其他餐馆进行竞争。该 8 名同学中，1 名为总经理，1 名为大堂经理，1 名为市场部经理，负责采购和市场调研，1 名为财务管理员，1 名为厨师代表，其余人员为服务员兼市场调研员。

2. 活动要求及步骤

1）各组人员先进行集体讨论，熟悉自己的职责范围。

2）各小组成员各尽其责，深入到本职岗位进行调查，明确各自职责范围，并为各自的职责制定说明书；按活动要求准备各自资料或进行工作准备。

3）互相协助，步调一致。

3. 注意事项

1）各小组可上网查询相关资料；

2）充分发挥团队精神，对本职工作应熟练掌握；

3）职责说明书要求尽量完善，达到标准化；

4）对各自小组工作流程能够解说；

5）各小组分别为另外两个小组打分。

4. 作业展示及点评

考核评分见下表。

考核评分表

考评小组		被考评小组	
考评地点		考评时间	
考评内容	分析商品定价的影响因素		
考评标准	内　　容	分　　值	实际得分
	角色扮演	20	
	工作准备	40	
	工作成效	40	
合　　计		100	

注：考评满分为100分，60～74分为及格；75～84分为良好；85分以上（含85分）为优秀。

5.2 定 价 方 法

学习目标

1. 了解定价方法的分类

2. 掌握成本导向定价法、竞争导向定价法、需求导向定价法的含义和基本类型

3. 对定价方法的技巧和常识有一定的了解和认识

案例导入

"非典"已经过去了几个年头，但是它给人们带来的影响仍然让人心有余悸。除了高死亡率之外，"非常的药物"价格也让人们记忆犹新。板蓝根是预防感冒的常用药，平时药店卖价6~8元人民币每袋，"非典"期间该药能预防"非典"的说法使其身价倍增，有的药店甚至卖到70余元人民币一袋。

请问：出现这种情况的原因是什么？药店定高价是否合理？

必备的理论知识

5.2.1 定价方法的作用

通过第一节的学习，我们知道商品的定价对企业的发展至关重要，不同的定价方法适用于不同的内外环境。正确的定价方法是企业生存和发展的必要条件。

5.2.2 知识储备

1. 定价方法的分类

常用的定价方法从大类上可以分为成本导向定价法、需求导向定价法、竞争导向定价法三类。

2. 常用的定价方法

（1）成本导向定价法

在成本的基础上加上一定的利润和税金来制定价格的方法称之为成本导向定价法。由于产品形态不同以及成本基础上核算利润的方法不同，成本导向定价法可分为以下几种形式：

1）成本加成定价法。成本加成定价法是一种最简单的定价方法，就是在单位产品成本的基础上，加上一定比例的预期利润作为产品的售价。其计算公式为

$$单位产品价格＝单位产品成本×（1＋加成率）$$

例5.1 某百货商店经营的某品牌照相机单位成本为600元/部，加成率为20%，请计算每部照相机的价格是多少。

解： 每部照相机的价格为

照相机的单位价格＝600×（1＋20%）＝720（元）

成本加成定价法具有计算简单、简便易行的特点，在正常情况下，按此方法定价可以使企业获取预期利润。同时，如果同行业中的所有企业都使用这种定价方法，他们的

价格就会趋于一致，这样能避免价格竞争，但它忽视了市场需求和竞争状况的影响，缺乏灵活性，难以适应市场竞争的变化形势。成本加成定价法普遍应用于零售企业。

2）目标收益率定价法。目标收益定价法又称目标投资收益率定价法。企业根据总成本和估计的总销售量，确定期望达到的目标收益率，然后推算价格。计算公式为

$$单价＝\frac{（总成本＋目标利润）}{（销售量或单价）}＝单位变动成本＋单位贡献毛益$$

例5.2 某企业生产A产品，其固定成本为700万元，变动成本为300万元，预期销售量为60万个，假如企业的目标收益率，即成本利润率为20%，问A产品的单价应为多少？

解：目标利润＝总成本×成本利润率

$$＝（固定成本＋变动成本）×成本利润率$$
$$＝1000×20\%$$
$$＝200（万元）$$

$$单价＝\frac{（700＋300＋200）}{60}$$
$$＝\frac{1200}{60}$$
$$＝20（元）$$

因此，该企业产品的定价应为20元。

这种方法的优点是：有利于加强企业管理的计划性，可较好地实现投资回收计划。

目标收益定价法一般适用于需求价格弹性较小，而且在市场中有一定影响力的企业和市场占有率较高或具有垄断性质的企业和对于大型的公用事业单位更为适用。

3）边际成本定价法。边际成本定价法是以变动成本为基础，而不计算固定成本的一种定价方法。其计算公式为

$$单位产品价格＝单位变动成本＋边际贡献$$

采用边际成本方法进行定价的优点是定价灵活性较大，不受固定成本的限制，适用于竞争激烈的环境。

（2）需求导向定价法

需求导向定价法是指企业主要根据市场需求的大小和顾客对商品价值的认识程度，分别确定商品价格的定价方法。

需求导向定价的逻辑关系是

$$价格－税金－利润＝成本$$

具体方法有：

1）理解价值定价法。所谓理解价值、也叫感受价值，认知价值，就是指消费者对某种商品的主观评判。理解价值定价法是指企业不以成本为依据，而以消费者对商品价值的理解度为定价的依据。

2）反向定价法。即根据顾客能够接受的最终价格，计算自己从事经营的成本利润后，逆向推算出产品的价格。

（3）竞争导向定价法

竞争导向定价法是根据竞争者产品的价格来制定企业产品价格的一种方法。常用的有以下几种方法：

1）随行就市定价法。随行就市定价法即企业根据同行业企业的平均价格水平定价。在竞争激烈的情况下，是一种与同行和平共处、比较稳妥的定价方法，可规避风险。

2）招标定价法。是一种竞争性很强的定价方法。一般在购买大宗物资、承包基建工程时，发表招标公告，由多家卖主或承包者在同意招标人所提出的条件的前提下，对招标项目提出报价，招标者从中择优选定。

这种定价方法一般不事先公布标的价格，而是向社会公开标的内容，广泛宣传、介绍标的的价值和特点，然后在规定的时间内采取招标竞投方式，由投标方出家竞投，最后由招标方以最有利的价格拍板成交。

知识点

企业最低的极限价格为单位变动成本。

5.2.3 定价方法图示

具体定价方法如图 5.2 所示。

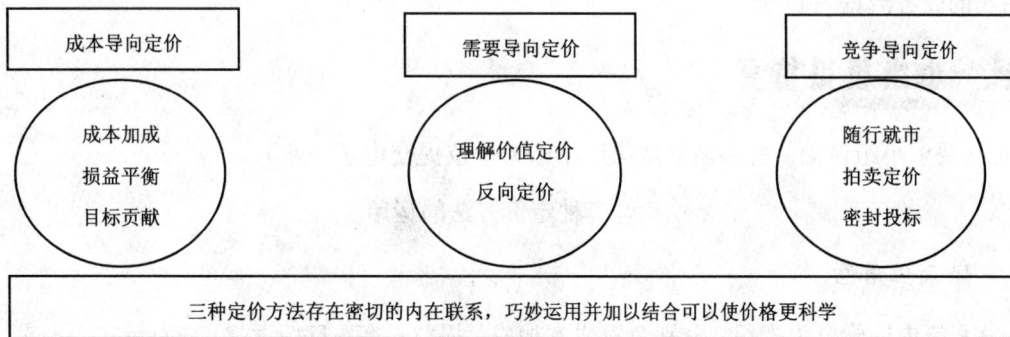

| 成本导向定价 | 需要导向定价 | 竞争导向定价 |

成本加成
损益平衡
目标贡献

理解价值定价
反向定价

随行就市
拍卖定价
密封投标

三种定价方法存在密切的内在联系，巧妙运用并加以结合可以使价格更科学

图 5.2　定价方法

5.2.4 定价方法图示说明

1）成本加成：在确定单位商品成本的基础上加上一定比例的毛利。

2）损益平衡：以收入与支出或成本相抵，此时利润为零。

3）目标贡献：以单位变动成本为基础，加上单位边际贡献。

4）随行就市：根据某类商品的行业价格标准或市场平均价格为商品定价。

5）拍卖定价：由经营者提前发布公告，展示被拍卖物品要货者提前看货，在公开时间进行拍卖，由要货者公开竞争要价，直至出现最高竞争价格无人竞价，当场成交。

6）密封投标：由卖方公开招标，卖方竞争投标，密封定价，择优选取，到期公布中标名单，中标企业与卖方确定成交。

7）理解价值定价：根据消费者对商品或服务项目价值的感觉或感受不同制定价格。

5.2.5 注意事项及要求

1）以商品成本为依据，参考多方影响因素。

2）确定价格之前应做大量调查，可采用促销价或试行价进行缓冲。

3）合理竞争，摒弃不正当竞争行为。

4）价格不宜经常变动，否则会给广大的消费者带来不可信任的感觉。

5）不可哄抬物价，在法律允许的范围内涨价或者降价。

相关作业

1．选择题

有些消费者在购买商品时，往往依据该商品的品牌历史、消费理念、商品品质等因素。企业针对这一市场现象而采取相应价格决策方法的是（　　　　）。

A．习惯定价法　　　　B．随行就市定价法　　　　C．理解价值定价法

2．在你的生活周围，经常能看到电视或报纸有关商品拍卖的新闻，你能说出商品拍卖的业务流程吗？

小组模拟仿真

（要求小组讨论，并将活动成果以小组为单位提交电子作业）

多种定价方法的运用

1．岗位角色

将班内同学分为七组，分别负责成本加成、损益平衡、目标贡献、随行就市、拍卖、密封投标、理解值定价、习惯定价等七种定价方法的实施。

2．活动要求及步骤

1）各小组集体搜集相应的案例。

2）对案例进行分解。

3）相互提问、找错误。

4）组长发言，其他小组进行评议。

3. 注意事项

（1）各组成员做详细分工。

（2）各组要形成相应的工作计划。

（3）发言后其他同学可以提问，但不能做人身攻击。

4. 作业展示及点评

考核评分阶段见下表。

考核评分表

考评小组			被考评小组	
考评地点			考评时间	
考评内容		多种定价方法的运用		
	内　　容		分　　值	实际得分
	角色扮演		20	
	工作准备		40	
	工作成效		40	
合　　计			100	

注：考评满分为100分，60~74分为及格；75~84分为良好；85分以上（含85分）为优秀。

5.3　定价策略

学习目标

1. 了解各种定价策略的内涵及运用环境
2. 掌握产品折扣与让利定价策略、心理定价策略
3. 在企业营销活动中能正确运用定价策略

案例导入

某名牌自行车在江苏、安徽流行。由于销势看好，各商店故意将零售价从198元涨到200元。这一措施不仅未降低该名牌自行车的销量，而且提升了该产品在消费者心目中的形象。

请问：各商店使用的是哪种定价策略？

必备的理论知识

5.3.1 定价策略的概念及作用

定价策略是企业为了实现预期的经营目标，根据企业的内部条件和外部环境，对某种商品或劳务，选择最优定价目标所采取的应变谋略和措施。

5.3.2 知识储备

1. 新商品定价

（1）撇脂定价策略

撇脂定价策略是指如同把烧热牛奶上的一层油脂精华取走一样，企业在新产品刚投放市场时把价格定得很高，以求尽可能在短期限内迅速获取高额利润。

实行撇脂定价策略必须有一定的条件。首先，新产品比市场上现有产品有显著的优点，能使消费者"一见倾心"；其次，在产品新上市阶段，商品的需求价格弹性较小，或者早期购买者对价格反应不敏感；另外，短时期内由于仿制等方面的困难，类似仿制产品出现的可能性小，竞争对手少。此策略的优点是尽早争取主动，达到短期最大利润目标，有利于企业的竞争地位的确定。但缺点也明显，即由于定价过高，有时渠道成员不支持或得不到消费者认可；同时，高价厚利会吸引众多的生产者和经营者转向此产品的生产和经营，加速市场竞争的白热化。

（2）渗透定价策略

渗透定价策略也称渐取定价策略，是指企业在新产品投放市场的初期，将产品价格定得相对较低，以吸引大量购买者，获得较高的销售量和市场占有率。

采用渗透策略的条件是：商品的市场规模较大，存在着强大的竞争潜力；商品的需求价格弹性较大，稍微降低价格，需求量会大大增加，通过大批量生产能降低生产成本。

渗透策略的优点是可以占有比较大的市场份额，通过提高销售量来获得企业利润，也较容易取得销售渠道成员的支持，同时，低价低利对阻止竞争对手的介入有很大的屏障作用。其不利之处在于定价过低，一旦市场占有率扩展缓慢，收回成本速度也慢。有时低价还容易使消费者怀疑商品的质量保证。

以上新产品定价策略利弊均有，并有其相应的适用环境。企业在具体运用时，采用哪种策略，应从企业的实际情况、生产能力、市场需求特征、产品差异性、预期收益、消费者的购买能力和对价格的敏感程度等因素出发，综合分析，灵活运用。

2. 心理定价策略

心理定价策略指企业针对消费者心理活动和变化定价的方法与技巧。一般在零售企业中对最终消费者应用得比较多，主要有以下常用的几种定价策略：

（1）尾数定价策略

尾数定价策略是指企业在制定产品价格时以零头数结尾。对于价格较低的商品，特别是日用品采用尾数定价策略，能使消费者对商品产生便宜的感觉，从而能迅速做出购买决策。

（2）整数定价策略

这种定价方法也叫声望定价或整数原则。即消费者在购买比较注重心理需要的满足的商品时，把商品的价格定为整数。名店、名牌商品或选择品采用整数定价策略以提高商品的身份，进而起到标识和提高消费者身份的作用。对于一些需求价格弹性不高的商品，采用整数定价可以方便结算和提高工作效率。

（3）招徕定价策略

企业将商品的价格定得低于市价，并广泛宣传，引起消费者的兴趣，此策略常在经营多品类的超级市场、百货商店使用。

（4）习惯定价策略

根据消费者的愿望与购买习惯、接受水平制定价格。日用消费品的价格通常容易在消费者心目中形成一定的习惯性标准。

3. 差别定价策略

1）按不同的价格把同一种商品或劳务卖给不同的顾客。

2）对不同型号或形式的产品分别制定不同的价格。

3）对处于不同位置的产品或服务分别制定不同的价格。

4）对不同季节、时期甚至不同钟点的产品服务分别制定不同价格。

4. 折扣与让利定价策略

折扣定价策略是利用各种折扣和让价吸引经销商和消费者，促使他们积极推销或购买本企业产品，从而达到扩大销售、提高市场占有率的目的。常见的价格折扣形式主要有以下几种：

1）数量折扣：是指按顾客购买数量的多少给予不同的价格折扣，也是企业运用最多的一种价格折扣策略。

2）现金折扣：是指企业为了鼓励购买者尽早付清货款，加速资金周转，规定凡提前付款或在约定时间付款的买主可享受一定的价格折扣。

3）季节折扣：是指企业对生产经营的季节性产品，为鼓励买主提早采购，或在淡季采购而给予的一种价格折让。

4）业务折扣：也称同业折扣或功能折扣。是生产厂家给予批发企业和零售企业的折扣，折扣的大小因商业企业在商品流通中的不同功用而各异。对批发商来厂进货给予的折扣一般要大些，零售商从厂方进货的折扣低于批发企业。

5）推广让价：主要有促销让价、以旧换新让价。

6）运费折让。即通过乙方承担部分运费让利双方。

5. 调整价格策略

营销者在定价之后，由于宏观环境变化和市场供求发生变动，企业必须主动地调整价格，以适应激烈的市场竞争。

（1）降价、提价策略

降价、提价策略主要包括以下几种：限时提价，在供货合同中载明随时调价的条款，对商品的附加服务收费或取消附加服务，减少或取消折扣和津贴，改动产品的型号或增加某种功能等。企业调整价格的同时，应配合其他营销手段，消除提价的负面影响。

（2）企业对竞争者降价的对策

企业面对竞争者降价的情况可采取的对策有：维持原价，提高顾客可感知质量或增加服务项目；相应降价，以保持市场份额；提高价格，改善质量；创立竞争性低价位的品牌。

5.3.3 工作流程图

实施定价策略的工作流程如图 5.3 所示。

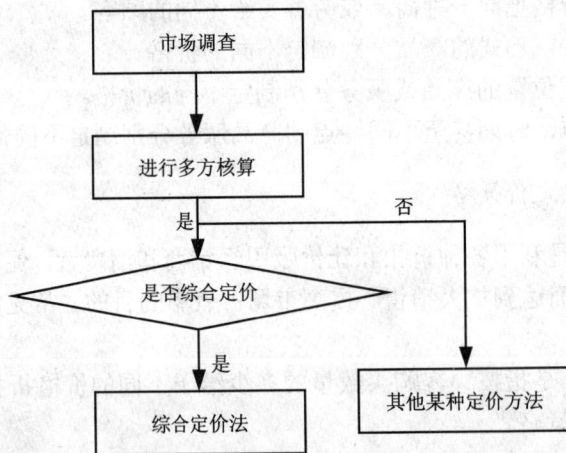

图 5.3 实施定价策略的流程

5.3.4 工作步骤和说明

1）市场调查：根据产品成本和市场供求关系，进行多方面的成本和供求调研。

2）进行多方核算：对比市场供求、商品成本等因素，根据市场调查结果进行多角度计算。

3）确定定价策略：分析市场调查和计算结果确定定价策略的运用方法，可以是单一方法，也可以是多种方法的运用。

4）综合定价法：把多种定价方法进行综合运用，不同销售时期可根据销售特色进行定价方法的改变。

5.3.5 工作标准及要求

1）市场调查之前做一个详细的计划。

2）调查实施的过程中，注重消费者的多角度反映，广泛听取建议。

3）核算要针对商品进入市场销售时的季节和畅销度进行，不可完全以目前的成本和销售情况进行定价和核算。

4）综合运用多种定价方法、策略时，应注意不同定价策略的衔接，分析是长久采用还是分时期进行。

5）定价策略是一种技巧的运用，其基本点是市场的具体反映，是企业与市场的最佳结合。

相关作业

1. 单选题

我国足球职业联赛已经连续举办十多年，在每场足球比赛中，其出售门票价格均有多种价格，这种价格策略被称为是（　　　　）。

A. 心理定价策略 　　　　　　B. 系列定价策略

C. 差别定价策略 　　　　　　D. 成本加成定价策略

2. 假设现在正是春夏交季的时候，商场里的商品琳琅满目，请列举某一商场"休闲系列"服装区内服装的种类和价格，探讨其定价策略的运用。

小组模拟仿真

（要求小组讨论，并将活动成果以小组为单位提交电子作业）

设计广告牌

1. 岗位角色

将本班同学分为三组，学校的超市设计广告牌一个。每组设超市老板一名（兼任定价负责人），广告设计师一名，采购员一名，市场调研员若干名。

2. 活动要求及步骤

1）根据当前形势，以超市的主打商品及其价格为主要内容制作广告牌，色彩图案搭配合理，各组人员先进行集体讨论，熟悉自己的职责范围。

2）各小组成员各尽其责，深入到本职岗位进行调查，明确各自职责范围，并为各自的职责制定说明书；按活动要求准备各自资料或进行工作准备。

3）互相协助，步调一致。

3．注意事项

1）各小组可上网查询相关资料。
2）充分发挥团队精神，对本职工作应熟练掌握。
3）职责说明书要求尽量完善，达到标准化。
4）对自己的定价策略的运用进行解说。
5）各小组分别为另外两个小组打分。

4．作业展示及评价

考核评分见下表。

考核评分表

考评小组			被考评小组	
考评地点			考核时间	
考评内容		设计广告牌		
考评标准	内　容	分　值	实际得分	
	角色扮演	20		
	工作准备	40		
	工作成效	40		
合　计		100		

注：考评满分为100分，60～74分为及格；75～84分为良好；85分以上（含85分）为优秀。

本 章 小 结

本章主要围绕着物流产品的定价讲述了定价过程中我们所应掌握和必备的知识。在整个物流产品定价的过程中，每个环节都非常重要，缺一不可。同时，整个过程蕴涵着大量的实际操作常识，能够给大家对实际定价程序有零距离的感受和认识。影响定价的多种因素，成本导向定价法、竞争导向定价法、需求导向定价法等定价方法的特征，大家都应系统掌握、运用；定价策略、技巧大家应熟练掌握，并在现实生活中找到原型，为自己创造实践的机会。

相关素质要求

1. 良好的语言表达能力、协调能力和沟通能力
2. 商务往来函电（市场调查）的操作能力
3. 一定的数学基础和财务基础
4. 一丝不苟的工作态度

作品展示及点评

（根据本章所学内容，要求学生利用课堂时间分小组进行"作品展示"活动。作品可以是实际操作，也可以是工作方案，还可以是围绕本章作业制作的 PPT 课件。作品展示过程要求配解说。）

思考与练习

一、单选题

1. 商品价格下降，需求量增加；价格上升，需求量减少。这种关系称为（　　）。
   A. 需求原理　　　B. 供应原理　　　C. 价格原理　　　D. 市场原理
2. 商品定价目标与企业（　　）总目标必须保持一致，才能体现出企业的盈利最大化水平。
   A. 商品　　　　　B. 营销　　　　　C. 质量　　　　　D. 数量
3. 电信行业由少数几家大公司垄断了服务商品的市场价格和供应量，这一市场结构类型是属于（　　）市场。
   A. 完全竞争　　　B. 完全垄断　　　C. 寡头垄断　　　D. 市场垄断
4. 煤气商品的需求价格弹性是（　　）。
   A. 大　　　　　　B. 小　　　　　　C. 适中　　　　　D. 不变
5. 换季商品在淡季时的销售定价方法，一般适用于（　　）。
   A. 成本加成定价法　　　　　　B. 损益平衡定价法
   C. 变动成本定价法　　　　　　D. 目标利润定价法
6. 制造衬衣的企业根据衬衣的不同颜色或样式，经常定不同的价格，这一策略行为属于（　　）。
   A. 地区定价　　　B. 心理定价　　　C. 折扣定价　　　D. 差别定价

7．制造商在与中间商洽谈商业价格业务过程中，制造商往往根据中间商在商品流通过程中所处地位不同，而给予不同的价格，这一策略行为被认为是（　　　）。

  A．现金折扣 B．数量折扣 C．季节折扣 D．功能折扣

8．卖方为引导消费者购买较多的商品而给予相应的优惠许可，往往采用的方法策略是（　　　）。

  A．季节折扣 B．尾数折扣 C．数量折扣 D．功能折扣

9．企业根据不同购买（　　　），如旺季或淡季、节假日、双休日等确认不同的商品价格。

  A．位置 B．对象 C．时间 D．商品规格

10．市场中的名牌商品价格一般均高于其他同类商品的价格，这是一种（　　）定价策略。

  A．声望 B．整数 C．招徕 D．撇脂

二、多选题

1．企业在定价决策时，就是要调查和研究消费者的相应接受程度，其基本内容包括消费者的（　　　）。

  A．需求能力 B．需求强度 C．需求层次

  D．需求次数 E．需求条件

2．企业创造最大利润取决于合理的商品价格所推动产生的（　　　）。

  A．市场需求 B．销售规模 C．市场占有率

  D．市场大小 E．竞争对手

3．下列商品中（　　　）最适宜使用拍卖定价法。

  A．字画 B．无主商品 C．新商品

  D．缉获的走私品 E．流行商品

4．企业在运用渗透定价策略时，其基本条件是（　　　）。

  A．$E>1$ B．生产或经营能力强 C．商品技术含量低

  D．$E<1$ E．$E=1$

5．变动成本定价法所考虑到的因素是（　　　）。

  A．单位固定成本 B．单位变动成本 C．单位边际利润

  D．固定成本 E．变动成本

三、判断题

1．在大型企业中，由于商品种类、品牌繁多，为便于不断适应市场的需求，商品定价决策由具体销售人员来决定。（　　　）

2．世界著名品牌的定价采用的往往是竞争导向定价法。（　　　）

3．沃尔玛零售集团在我国常用的定价策略是声望定价策略。（　　　）

4．由于商品质量的差异，而存在不同档次和等级的定价内容被称为生产线定价。（　　　）

5．高端技术的商品定价，企业一般采用撇脂定价策略。（　　　）

6．价格是营销组合的因素之一，企业定价必须与企业战略相匹配，形成一个合理的营销组合。（　　　）

7．建筑物适宜使用密封投标定价法。（　　　）

8．在一般情况下，企业定价必须考虑商品成本因素。（　　　）

9．在激烈的市场竞争中，企业有意识地通过低价手段应付和避免竞争。（　　　）

10．商品需求的价格弹性表明销售额变动率与价格变动率之间的比例关系。（　　　）

四、案例分析题

企业定价的独到之处

1）我国生产的"101"生发精是一种能使人体毛发再生的外用搽剂。该商品拥有专利权，初上市就在国际市场上享有盛誉，3年荣获6项国际金奖，成为脱发者的良友。由于产品有独到之处，初期上市售价为53元。

2）当年天津生产的"长城牌"51cm平面直角彩电零售价为1880元，比市场上同类产品价格低100～400元。打入并占领了武汉等地市场。仅武汉某一家百货商店在90年代初期两个月就销售了800多台。

3）青龙牌肥皂售价为0.98元/条。其肥皂基本功效与其他肥皂相差无几，使人产生"价廉"的错觉。

4）ENICAR（英纳格）瑞士女士手表名声很高，售价千元以上，该手表特别受到社会名流女士的青睐，市场声誉始终保持很高的水平。

5）人们对大米、菜油、食盐等生活日用品的价格了如指掌，如果对这种商品价格随意变动，则会引起消费者的抵触情绪，在没有特殊的政策搞活市场变化的前提下，卖方一般保持其价格水平。

问题：

以上各案例分别采用了哪种定价策略？

五、计算题

1．某企业固定成本65万元，变动成本78万元，与其每月生产商品达到22万件，如果该企业为达到保本水平，则确定的价格为多少？如果为实现预期利润每月16万元的水平，则该商品的价格又为多少？

2．某企业生产某日用商品，投入固定成本50万元，生产能力5万件，单位变动成本 25 元，单位商品利润 9 元。某客户预订该商品 4 万件，其中 3 万件按原价执行，另 1 万件在原价基础上打 6 折。试问：该企业是否愿意接受此订单？

3. 某商店销售短袖 T 恤衫的价格从第二季度的每件 90 元降到第三季度每件 50 元，月销售量从 5000 件上升到 8000 件。请问：继续降价能否使销售量继续增加？

第6章 物流市场营销促销策略

现代物流市场营销不仅要求企业生产适销对路的产品，制定出有针对性的价格，选择和确定理想的分销渠道，而且要求企业善于与目标消费者沟通，开展多种多样的促销活动。人员推销另有章节专门讲述。本章主要介绍广告、公共关系和营业推广的运用。

6.1 广告策略

学习目标

1. 了解广告的概论和种类
2. 掌握各种广告的特点和适用范围
3. 理解广告的设计原则

案例导入

FEDEX 公司的促销策略

FEDEX 公司 2003 年 4 月承担并完成了两只大熊猫由中国运往美国的田纳西州的孟菲斯动物园的运输任务，从而树立起了自己"熊猫大使"的形象。

同年 6 月，FEDEX 又协助香港红十字会运送抗击"非典"物资，协助中国政府抗击"非典"，"以情促销"策略打动了中国人，树立起良好的企业形象。

请问：FEDEX 公司运用了哪些促销策略？起到了什么效果？

必备的理论知识

6.1.1 广告的定义和地位

物流市场营销学中的广告是指以促进销售为目的，付出一定的费用，通过特定的媒体传播商品或劳务等有关经济信息的大众传播活动。

6.1.2 知识储备

1. 广告的概念与分类

（1）广告概念

广告是指企业通过各种付费传播媒体向目标市场和社会公众进行非人员式信息传播，以期达到一定目的信息传播活动。

广告是以广大消费者为广告对象的大众传播活动。

广告以传播商品或劳务等有关经济信息为其内容。

广告是通过特定的媒体来实现的，广告主需要支付一定的媒体占用费。

广告的目的是为了促进商品销售，进而获得较好的经济效益。

（2）广告的分类

1）根据广告的内容和目的划分，如图6.1所示。

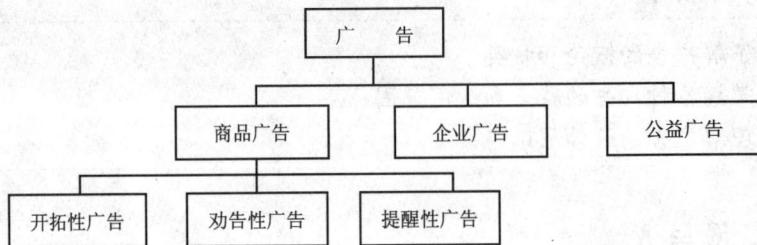

图 6.1　依据广告内容和目的分类

2）根据广告传播的区域来划分，可分为全国性广告和地区性广告。

3）根据广告媒体的形式划分，如图6.2所示。

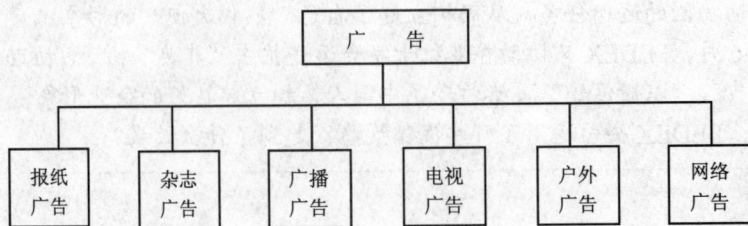

图 6.2　依据广告媒体形式分类

知识链接

TNT 公司的广告："人梯的 TNT 次方"

TNT 公司在中国中央电视台做出的广告，一个客户遇到一堵高墙无法跨越，TNT 公司的员工自觉地搭成一座人梯，帮助客户翻越过去。该广告传递了这样的信息：

TNT 公司就是一座人梯，是一座桥梁，是一座可以帮助任何客户实现理想，通向成功的人梯和桥梁。只要客户需要，无论在什么时候我们都可以挺身而出，义不容辞。这就是我们的服务宗旨，我们的文化，我们的价值观，同样这也是客户需要的最高价值。

公司的每一位员工都是一块砖，一块木板，一块可以充当人梯的坚实的、不可或缺的木板，我们是一个团队，是一个有机的整体，只要我们组成人梯的 TNT 次方，就没有什么可以阻挡我们，也没有什么客户的要求我们无法实现。

2. 广告媒体及其选择

广告媒体，也称广告媒介，是广告主与广告接受者之间的连接桥梁。

（1）广告媒体的种类及特征

主要的广告媒体包括以下几种：

1）报纸。报纸的特征包括以下几点：①报纸具有广泛性，订户多，发行量大。因此报纸广告与消费者接触面大。②报纸具有及时性。报纸每天出版发行，因此报纸广告具有传播及时的特点。③报纸主要由党政机关主办，消费者对报纸广告有一种信任感。④由于纸质和印刷工艺上的原因，报纸广告的外观形象不能很好地反映商品的款式和色彩。⑤报纸内容丰富、庞杂，一般广告难以吸引消费者的注意力。⑥报纸阅读生命短，一般消费者对报纸不会作过长时间的保存。

2）杂志。杂志的特征为：①杂志广告具有针对性。根据不同的销售对象和服务对象，来选择有关杂志，如在《博览群书》、《读书》等杂志上刊登书籍广告。②杂志可以通过彩色印刷，真实地表现产品的样式、色彩，以其精美的摄影、绘画吸引人们。③杂志保存时间长，杂志广告可以产生较长时间的持续影响效果。④杂志出版周期长，杂志广告的信息传播和流传的时间较慢，无法满足消费者希望快速了解经济信息的欲求。所以，时令产品不宜用杂志广告。

3）广播。广播的特征为：①跨时空性。广播拥有电子媒介的优势，能够突破时间、空间上的限制，把信息即时地传到四面八方，其速度之快、覆盖面之广为其他大众媒介所望尘莫及。②即时性。电子媒介可以在突发性新闻事件发生时同步进行报道。在这一点上，广播甚至比电视还更为快捷。电视进行现场直播时必须配备各种笨重的录像录音设备，还需要考虑灯光、音响等条件；而广播的直播却极为方便，几乎不需要什么设备。③较强的亲和力。对受众来说，广播具有较强的接近性。④易接受性。对广播的接受不需要识字能力，因而也就较能适应各种文化程度的受众。⑤多功能性。广播既是新闻媒介，同时又能够很好地对各种以声音为载体的艺术进行传播，并使这些艺术以声音吸引人的鲜明个性得以充分发挥，从而也扩展了自身的功能。⑥印刷媒介和电视的优势即为广播的不足之处，如便携性、易存性等。

4）电视。电视的特征为：①电视广告覆盖面广，收视率高。②有强烈的艺术感染力。③表现形式多种多样。④电视广告受时间限制，但有重复性。⑤电视广告具有促进产销、传播知识，搞好两个文明建设的特点。⑥电视广告有为发展广播电视事业的造血功能特点。

5）户外载体。户外载体的特征为：①它对地区和消费者的选择性强。户外广告一方面可以根据地区的特点选择广告形式，如在商业街、广场、公园、交通工具上选择不同的广告表现形式，而且户外广告也可以根据某地区消费者的共同心理特点、风俗习惯来设置；另一方面，户外广告可为经常在此区域内活动的固定消费者提供反复的宣传，使其印象强烈。②户外广告可以较好地利用消费者途中，在散步游览时，在公共场合经常产生的空白心理。在这种时候，一些设计精美的广告、霓虹灯多彩变化的光芒常能给人留下非常深刻的印象，能引起较高的注意率，更易使其接受广告。③户外广告具有一定的强迫诉求性质，即使匆匆赶路的消费者也可能因对广告的随意一瞥而留下一定的印象，并通过多次反复而对某些商品留下较深印象。④户外广告表现形式丰富多彩，特别是高空气球广告、灯箱广告的发展，使户外广告更具有自己的特色，而且这些户外广告还有美化市容的作用，这些广告与市容浑然一体的效果，往往使消费者非常自然地接受了广告。⑤户外广告内容单纯，能避免其他内容及竞争广告的干扰。⑥户外广告费用较低。

6）互联网。互联网的特征为：①资讯内容海量保存，可快速搜索查询（如百度、google）。②大卖场特性，提供网络平台，内容由供应商提供（如淘宝、易趣）。③媒体特性（新浪、搜狐）。

（2）广告媒体的选择

影响广告媒体选择的因素主要包括以下几种：

1）商品的性质。不同性质的商品，应选择不同的媒体。技术性能高的，可采用报纸，杂志作详细的文字说明；对于需要表现外观和质感的商品，需要借助广播、报纸等媒介来宣传；电视、杂志能表现其视觉效果。

2）企业对信息传播的要求。这是企业首先需要达到的广告目标，如信息传播覆盖率、接触率、重复率和最低的播出时间限度。企业的目标市场在哪里，就应选择相应的媒体，把广告做到哪里，如企业生产妇女用品，则应选择妇女杂志为广告媒体。

3）消费者的习惯。不同的消费者对广告媒体的喜好不同，接触的程度也不同。如生产玩具的企业若将学龄前儿童作为目标，则应在电视上做广告；如果产品是针对青年的，那么，应在《中国青年报》、《读者》等杂志上做广告较为理想。

4）媒体的费用。各种不同的媒体有其不同的特色，以至留给人们的印象程度也不一样。如电视媒体虽然收视率高、形象生动、宣传的感染力强，但费用昂贵、消逝又快。

所以媒体本身的特点，决定了企业选择媒体时应考虑这一重要的因素。

5）竞争对手的广告策略。企业在选择广告媒体时，要了解竞争对手使用媒体的情况，以便有针对性地确定自己的广告媒体，发挥自己的长处，在竞争中处于有利的地位，做到知己知彼，百战不殆。

3. 广告的设计原则

1）合法性原则。广告在内容、形式等方面都必须遵守国家法律规定。

2）真实性原则。广告作为一种宣传手段，直接关系到企业及其产品在顾客心中的印象。因此，广告必须真实，不能浮夸。

3）针对性原则。广告主要目的是促进销售，因此必须针对消费者心理特征、消费偏好等进行设计。

4）简明性原则。广告只能在有限的空间与时间内与大众接触，因此广告内容必须简明扼要，选材要精炼，主题要突出。

5）艺术性原则。广告在内容上应给人以知识和美的享受，形式上应求图文并茂，具有艺术感染力。

资　料

"活力 28" 广告策划(广东市场)

一、市场分析

（1）竞争对手分析

在广东地区"活力 28"主要竞争对手是广州浪奇的"高富力"洗衣粉。"高富力"的优势在于：产品质量较好；本地产品、长期经营；广告活动经过整体、细致的策划；许多企业常年把它作为劳保品奉送。

"高富力"缺陷是：高富力超浓缩洗衣粉比普通洗衣粉的浓度高，未做到真正"速溶"；包装略逊于"活力 28"。

"高富力"广告效果调查：看过其广告的 71.8％；喜欢其广告的 50％，一般占 48％，不喜欢占 2％；信息来源 67％通过珠江电视台，53％的人在报纸上见过"高富力"广告。"高富力"产品使用情况调查：使用过该产品的占 56.6％。

（2）消费者分析

一般由家庭主妇在住家附近购买，购买随意性强，价格对其选择的影响不大；广东地区消费者一般认为洗衣粉泡愈多洗得愈干净，对无泡产品存在冲突。

（3）市场潜量分析

广东地区人均收入高、消费能力强；广东高温期持续时间长、洗涤用品消耗量特别大；高富力虽为一方之主，但仍有很大的市场空缺。

二、广告定位

（1）市场定位

以广州市为中心，向珠江三角洲辐射。

（2）商品定位

高品质、高价位的新一代洗涤用品。

（3）广告对象定位

年轻、未婚的上班族，24～45岁的家庭主妇。

三、广告策略

（1）广告目的

经过一年的广告攻势，在珠江三角洲消费者心目中，树立起"活力28"的知名度和好感度，在广东市场站稳脚跟，与"高富力"分割市场。

（2）广告诉求点

高品质；超浓缩；超强去污；无泡去污；静态去污；柔顺作用；省时、省力、省水、省电；一比四。

（3）广告分期

1）扩销期（××××年4～6月）。主要任务是吸引消费者对"活力28"的注意力；培养零售店主的推荐率，初步树立产品形象。

2）强销期（7～10月）。深度引导消费者，塑造对产品的信赖感与好感。

3）补充期（11月～春节）。以各种软性活动，在淡期维持产品的热销。

（4）策略建议

1）系列报纸广告，常年登载。广告标题"真正实力派，不会放气泡"，"洁净来自一小撮"，"懒人新招"，"多出来的时间"。

2）设计POP广告，在店头悬挂、招贴和摆设。

3）重视广告歌曲，在各电台播放。

4）重新拍摄电视广告，强化"超浓缩"概念。

四、其他促销手段配合

1）选择一些重点地区派发，附"生活小窍门"手册，介绍产品优势。

2）举办"活力28联谊会"，邀请零售商参加，协调关系。

3）规定一些对零售商的奖励制度。

4. 广告效果的测定

（1）广告促销效果的测定

广告促销效果也称广告的直接经济效果，它反映广告费用与商品销售量（额）之间的比例关系。

广告促销效果的测定是以商品销售量（额）增减幅度作为衡量标准的。

（2）广告本身效果的测定

广告本身效果不是以销售数量的大小为衡量标准，而主要是以广告对目标市场消费者所引起心理效应的大小为标准，包括对商品信息的注意、兴趣、情绪、记忆、理解、动机等。

对广告本身效果的测定，应主要测定：知名度，注意度，理解度，记忆度，视听率，购买动机。

资　料

商业广告何时能起促销作用

登广告者现在面临的问题仍然是，判断广告是否有效的最佳途径是什么。一次透彻的评估将会表明，现行的商业广告中有些是完全无效，有些略为有效，有些则非常有效。

（1）是否有规则可循

不少公司把电视台关于广告的某些"规定"视为既成事实加以接受。其中一些规定有问题，如大部分公司认为下列诸点是无可争辩的：为了增加市场份额，在电视有声广告中所占份额必须大于现有的市场份额；要想产生重大影响，至少需要亮相三次；电视广告多比少好；电视广告效用持续时间长；等等。

不必从表面价值来接受这些规定。用以评价广告效应的有力办法的确存在，并且表明，需要在每一种特定的形势下对这些和其他的"确定事实"进行仔细的检验。对广告会产生作用的因素有：市场上的一般商标和种类状况，广告要宣传的商业战略和目标，新闻媒介的使用，与广告文字说明有关的一些措施。

为什么有些广告的处理能起到促销作用，而有些广告的处理则起不到这样的作用呢？另外，有调查显示：

1）不大有名气的小商标比已经建立起良好信誉的大商标更容易通过增加广告播放次数的办法起到促销的作用。

2）新闻媒介连续定期重播好几个星期，然后停止播放的广告相对说来不大可能促销。改变这种定期播放计划，大大增加播放次数可能较有效果。

3）广告的集中看来比分散更有利，对新产品来说这更具紧迫性。

4）在广告信息意在改变人们的态度和在广告文字说明战略最近发生了变化的情况下，广告的作用比较大。另外，重要的是要使买主脑海里的信息保持新颖。我们的研究成果表明，不断变革带来的效益很可能大于风险。为证明电视广告的有效性，广告的文字说明必须经常改变，保持现状是相当危险的，因为这样会使顾客感到乏味。这一点对于较大的信誉较好的商标来说至关重要。

规模不断扩大的种类或者购买机会较多的种类的商标通过增加电视广告播放次数起到促销作用的可能性更大。

就一些已经享有良好信誉的产品而言，我们没有发现电视商业劝买性广告等标准的措施与广告的文字说明市场销售的影响之间有很大关联。

我们的数据资料表明，增加在电视黄金时间插播广告的次数对新产品来说是非常重要的。

（2）多次检验

一项重要的经验是，销售变化的不足一半与电视广告播放次数的变化有关。但是，如果营销管理人员注意到这一点的话，他们能够处理好这方面的问题。

一位谨慎的经理应当选择一些主要的市场来进行试验，看看减少或者取消电视广告后市场销售情况如何。如果在 6~12 个月后，试验市场的销售势头不减，那么，经理就会对在整个广告市场减少广告播放次数感到有信心。

检验也有助于加强销售能力，数量检验结果可以用来争取犹豫不决的零售商。

就销售而言，广告效应是多方面的。

成功的关键是不断地进行检验。

相关作业

1. 广告都有哪些作用？一则好的广告能在促进销售上起多大的作用？
2. 广告设计应该遵循什么样的原则？

小组模拟仿真

（要求小组讨论，并将活动成果以小组为单位提交作品）

广告策划模拟

1. 岗位角色

分为 5 组，每组 6 人，每组为一种产品设计一个广告策划。

2. 活动要求

通过平时的观察和积累，再加上自己的创新，力争设计的广告有新意。

3. 模拟步骤

1）明确市场目标。

2）分析研究。

3）确定市场策略。

4）确定广告目标。

5）确定广告策略。

6）进行广告创作。

4. 注意事项

各小组之间不要雷同，可以参考本节学习的广告设计的原则。

5. 作业展示及点评

考核评分见下表。

考核评分表

考评小组		被考评小组	
考评地点		考评时间	
考评内容	广告策划模拟		
考评标准	内　　容	分　　值	实际得分
	角色扮演	20	
	工作准备	40	
	工作成效	40	
合　　计		100	

备注：考评满分为 100 分，60～74 分为及格；75～84 分为良好；85 分以上（含 85 分）为优秀。

6.2 公共关系策略

学习目标

1. 理解公共关系的本质含义与特征
2. 掌握公共关系的方式和工作程序

案例导入

1963 年，柯达公司在 27 个国家同时推出了大众化的"自动式"照相机。柯达公司的宣传语是："请您按下快门，其他的事由我们来做。"很快，这种价格低廉、男女老少都能摆弄自如的柯达照相机轰动了世界，赢得了市场。出人意料的是，当柯达公司赢得大众后，便又进行了宣传："自动相机专利本公司绝不独占，我们同意所有厂商仿制。"

请问：柯达公司目的何在？

必备的理论知识

6.2.1 公共关系的定义和地位

公众关系是指企业在从事市场营销活动中正确处理企业与社会公众的关系，以树立良好的企业形象，从而促进产品销售的一种活动。公共关系既是一门学科，又是一种活动，同时，它还是促销的一种重要工具。

6.2.2 知识储备

1. 公共关系的概念及特征

（1）公共关系的含义

公共关系（简称公关）的内容包括：

1）公关的主体：组织。

2）公关的对象：公众、职员。

3）公关的工具：媒介。

（2）公共关系的基本特征

1）公共关系是一定社会组织与其相关的社会公众之间的相互关系。

2）公共关系的目标是为企业广结良缘，在社会公众中创造良好的企业形象和社会声誉。

3）公共关系的活动以真诚合作、平等互利、共同发展为基本原则。

4）公共关系是一种信息沟通，是创造"人和"的艺术。

5）公共关系是一种长期活动。

2. 公共关系的作用

公共关系的本质是"内求团结，外求发展"，具体包括：

1）搜集信息，监测环境。

2）咨询建议，决策参考。

3）舆论宣传，创造气氛。

4）交往沟通，协调关系。

5）教育引导，服务社会。

3. 公共关系的活动方式和工作程序

（1）公共关系的活动方式

公共关系的活动方式，是指以一定的公关目标和任务为核心，将若干种公关媒介与方法有机地结合起来，形成一套具有特定公关职能的工作方法系统。

1）宣传性公关。是指公关人员运用各种传播媒介，直接向公众传递有关企业及其产品的各种信息，让公众了解并支持企业，以形成有利于企业发展的社会舆论及外部环境。企业公关工作宣传的对象有两类：一是企业内部，即股东、工作人员，企业可利用报纸、宣传栏、黑板报、广播、讨论会等形式进行宣传；二是外部公众，即与企业有关联的顾客、政府部门、社区、经销商、新闻媒介、竞争或协作企业，企业可运用广告、展览会、新闻介绍会等形式进行宣传。

2）征询性公关。是指企业公关人员通过提供信息服务，建立企业与公众之间的联系，运用征询服务的手段让公众了解企业和让企业了解公众，从而进一步完善企业和产品的形象。企业常用征询调查、征文活动、民意测验、建立信访制度、设立监督电话、处理举报和投诉等形式，用真诚、持之以恒的工作，争取公众的信任和理解。

3）交际性公关。就是通过直接的人际交往进行情感上的联络，为企业广结良缘，建立广泛的社会关系网络，形成有利于企业发展的人际环境和社会环境创造条件。其方式是开展团体交际和个人交往。团体交际包括各式各样的招待会、座谈会、工作午餐会、宴会、茶话会、舞会等。个人交往方式有交谈、拜访、祝贺、个人署名信件往来等。

4）服务性公关。就是公关人员以提供优质服务的手段来博得公众的好感和支持，进而树立企业及其产品的良好形象。公关中的服务与服务行业的服务是有区别的。公关中的服务与产品一样，对企业的经营具有同等重要的地位，企业为公众做一件好事，公众会从服务中领会企业和产品的形象内容，从而加深对企业的信任和支持。

5）社会性公关。是指企业公关人员直接参与或举办各种社会性、公益性、赞助性的活动来扩大企业的社会影响，提高其社会声誉，赢得公众的信任和支持。其特点是公益性，即通过搞一些赞助慈善机构、文化教育部门、公共服务设施的建设等活动，在公众中树立企业注重社会责任的形象，以获取长期利益的社会环境。通过开业纪念日、新产品介绍展览会等形式，邀请各界宾客参加，借以渲染气氛，联络感情。但不足之处是费用大，在短期内难以奏效。

（2）公共关系的工作程序

公共关系工作的程序如图 6.3 所示。

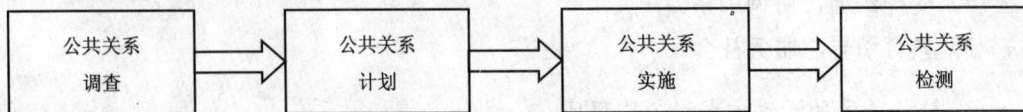

公共关系 调查	→	公共关系 计划	→	公共关系 实施	→	公共关系 检测

图 6.3　公共关系的工作程序

（3）注意事项

1）处理好企业与消费者的关系。

2）处理好企业与社区公众的关系。

3）处理好企业与内部公众的关系。

4）处理好企业与同行企业、经销商的关系。

5）处理好企业与新闻媒介和政府机关的关系。

相关作业

1．根据本节的小案例，结合公共关系的相关知识，想一想，柯达公司的目的何在。

2．公共关系的作用是什么？它的工作程序是什么？

6.3　营业推广策略

学习目标

1．掌握营业推广的含义、种类及特点

2．了解营业推广的运作过程

案例导入

羽西化妆品是靳羽西女士于 1992 年创办的，到 2002 年秋天已经整整 10 年。为了庆贺十年磨一剑的胜利，"羽西"又特别献出"绽放你秋天的美丽"系列化妆品，还推出了精心打造的促销计划。消费者只要在 9 月 28 日～10 月 27 日，购买任何羽西产品满 580 元，则获赠"天然乳保湿试用装四件套一组及时尚手提包一只"。尽管赠品肯定会保证人人有份，也没有忘记在括号里来一句"赠品数量有限，送完为止"。

请问：这属于一种什么促销策略呢？

必备的理论知识

6.3.1 营业推广的定义和地位

营业推广是指企业运用各种短期诱因鼓励消费者和中间商购买、经销或代理企业产品或服务的促销活动。

6.3.2 知识储备

1. 营业推广的特点

1）营业推广促销效果显著。
2）营业推广是特定时期的短期促销工具。
3）营业推广是一种辅助性促销方式。
4）营业推广可能会贬低产品的价值。

2. 营业推广的方式

1）向消费者推广的方式

向消费者推广，是为了鼓励老顾客继续购买、使用本企业产品，激发新顾客试用本企业产品。其手段主要有：

1）赠送样品。即向消费者提供免费试用产品，它是介绍新产品的最有效方式，但是费用也是很高的。赠送样品可以在商店里分发，可挨户赠送，也可随其他产品附带赠送。

2）赠送折扣券。即给持有人一个证明，证明他在购买某种商品时，可以免付一定的货款，比较适合刺激老牌子产品的销路。

3）特殊包装。这是利用商品包装向消费者提供一种附加利益，最终吸引其购买的做法。例如，附折价券包装，组合包装，附赠品包装；利用消费者求实惠求廉价的购买心理，对刺激产品的短期销路非常有效。

4）现场表演。指在销售现场表演示范产品的使用方法，向消费者详细展示产品的性能，促使消费者作出购买决策。

5）有奖销售。这是一种先发奖励券，使消费者购买时凭券购得低价商品；另一种是举办抽奖活动，这类活动应当具有想象力，不仅能促进销售，而且还可以提升品牌形象。

6）折扣卡、贵宾卡、会员卡促销。企业为了鼓励消费者，根据消费者的累计消费发给折扣卡、贵宾卡、会员卡，消费者拥有这些卡还容易产生一种荣誉感，以便企业更有利地促进销售。

7）消费信贷。通过赊销方式向消费者推销商品，消费者不用支付现金即可购买商品。消费信贷形式有分期付款、信用卡透支消费等。

8）服务促销。服务促销的形式有多种，如维修保养服务、咨询服务、培训服务等。

（2）向中间商推广的方式

向中间商推广，其目的是为了促使中间商积极经销本企业产品。其推广方式主要有：

1）提供津贴。为促进中间商争购本企业产品并帮助企业推销产品而给予中间商以一定的推广津贴，以鼓励和酬谢中间商在推销本企业产品方面所作的努力。

2）业务会和贸易展览。制造商利用企业业务会与顾客间保持联系，招徕新顾客，介绍新产品。在每年的销售旺季，举行订货会、洽谈会、贸易展览会，吸引中间商和消费者，扩大产品的影响，也可以收到较好的效果。

3）批发回扣。企业为争取批发商或零售商更多地购进自己的产品，在某一时期给予购买本企业产品达到一定数量的批发商以一定的回扣，一般在交易谈判中，视具体情况确定批量与折扣比例。

4）特许经营。特许经营是在国际市场营销中使用较多的一种营业推广方式。企业与销售商通过签定特许经销协议，即著名的商标和标准化、系统化的经营思想，采用该法，无论在成本、竞争能力、融资方面，还是在政治风险方面都能起到积极的作用。

（3）向推销员推广的方式

1）利润提成。企业在一定时期内，从企业的销售利润中提取一定比例的金额作为奖励给予销售人员，以鼓励推销员多推销商品

2）推销竞赛。推销竞赛的内容有推销数量、推销费用、市场渗透、推销服务等，规定奖励的级别，比例与奖金的数额，用以鼓励推销人员；对于成绩优异、贡献突出者，给予现金、旅游、培训等奖励。

3）职位提拔。对业务做得出色的推销员进行职务提拔，这对推销员是一种教育和鼓励，由此可磨砺培训出优秀推销员。

3. 营业推广的控制

营业推广的控制包括以下几个方面的内容：

1）选择适当的方式。

2）确定合理的期限。

3）禁忌弄虚作假。

4）注重中后期宣传。

资　料

稳定顾客、直接折价的"买年送年"活动

2006年年底，四川绵阳，众多美容院在圣诞节前利用为老顾客举办联谊活动的机会，发起"买月送月"的美容院包卡促销行动。一时间，消费者纷纷前往，而某些美容院则束手无策，坐等顾客流失。在这种情况下，一家新开不久的美容院为抵御竞争对手"买月送月"促销活动的侵犯，在老顾客联谊活动（茶话会）中推出了"买年送年"的促销活动，活动获得巨大成功，不仅老顾客没有流失，而且当天收入3万余元。综合数据如下表所示：

数 据 项 目	数 据 结 果
促销目的	答谢老顾客，减少老顾客流失，抵御竞争
促销对象	本企业老顾客
促销项目	美容服务项目——年卡
促销工具	直接折价工具
促销诱因	买年送年
促销时机	圣诞节前；其他竞争对手也纷纷举办类似活动
促销理由	年终答谢老顾客
促销方式	租用茶楼，举办茶话会
促销地点	临时租用的茶楼
促销时间	活动当天
促销人员	本企业员工
促销效果	1）顾客没有发生流失，当天收入3万余元，达到预期目的 2）促销经费投入包括：茶楼租赁费、项目折让费
成败分析	1）这个案例中，最为突出的是促销目的和促销对象简单明了，直入促销主题 2）虽然使用的促销工具与众多竞争对手相同，但"买年送年"的促销诱因不仅使消费者感到实惠，积极参与、积极购买，而且使企业的促销活动与竞争对手的活动有效的区别开来 3）"买年送年"的优惠幅度实际上与"买月送月"的优惠幅度一样，都是5折，但通过"买年送年"的大气魄、大手笔，美容院达到了树立企业形象、突出企业实力的目的 4）在长期锁住老顾客、争取他们扩大消费的同时，腾出更多的时间招揽新顾客
促销建议	1）在促销过程中应考虑对新顾客的招揽 2）促销项目集中在"年卡"范围比较小，可以适当加以扩大

相关作业

营业推广的方式有哪些？

小组模拟仿真

（要求小组讨论，并将活动成果以小组为单位提交作品）

便利店的圣诞促销模拟

1．岗位角色

分为5组，每组8人。

2．活动要求

每组分别为某便利店搞一次圣诞促销活动，然后分别展示。

3．模拟步骤

1）确定市场背景。
2）明确促销目标。
3）促销活动的实施。
4）活动达到的效果。

4．作业展示及点评

考核评分见下表。

考核评分表

考评小组			被考评小组	
考评地点			考评时间	
考评内容	便利店的圣诞促销模拟			
考评标准	内　　容	分　　值		实际得分
	角色扮演	20		
	工作准备	40		
	工作成效	40		
合　　计		100		

注：考评满分为100分，60～74分为及格；75～84分为良好；85分以上（含85分）为优秀。

本 章 小 结

本章主要围绕物流市场的四大促销策略展开。通过本章的学习，应领会人员推销的特点，明确推销人员的主体作用，学会人员推销的策略，了解对推销队伍的组织管理；明确广告的含义，正确选择广告媒体，做好广告设计，了解广告效果的测定；理解公共关系的本质含义与特征，了解公共关系的实施进程；掌握营业推广的特点，了解营业推广工作的实际运作。

相关素质要求

1. 良好的语言表达能力、协调能和沟通能力
2. 具有一定的创新意识
3. 一定的美术和设计基础
4. 较强的信息收集和处理能力

作品展示及点评

（根据本章所学内容，要求学生利用课堂时间分小组进行"作品展示"活动。作品可以是实际操作，也可以是工作方案，还可以是围绕本章作业制作的 PPT 课件。作品展示过程要求配解说。）

思考与练习

1. 推销人员应具备哪些素质？
2. 广告的设计原则有哪些？
3. 什么是公共关系及基本特征？
4. 营业推广的方式有哪些？

第 **7** 章　物流市场营销人员推销策略

人才是建功立业之本，没有优秀的推销人才，企业物流市场营销就难以取得成功。及时发现、大胆选拔、积极培养、正确使用推销人才，是企业市场竞争取胜的基础。因此，人员推销的管理在物流营销管理中居于十分重要的战略地位。本章对人员推销的基本概念、基本理论和方法进行了必要的阐述。

7.1　人员推销概述

学习目标

1. 了解和掌握人员推销的概念和特点
2. 掌握人员推销的任务和工作流程

案例导入

有一个推销员，以能卖出任何东西而出名：他曾经卖给牙医一支牙刷，卖给面包师一个面包，卖给瞎子一台电视机。但他的朋友说："只有卖给驼鹿一个防毒面具，你才算是一个优秀的推销员！"

于是，这位推销员不远千里来到北方，那是一片只有驼鹿居住的森林。

"您好！"他对遇到的第一只驼鹿说，"您一定需要一个防毒面具。"

"这里的空气这样清新，我要它干什么！"驼鹿说。

"您稍候，"推销员说，"马上您就需要一个了。"

随后，他开始在驼鹿居住的林地中央建造一座工厂。

当工厂建成后，许多有毒的废气从大烟囱中滚滚而出。不久，驼鹿找到推销员，对他说："现在我需要一个防毒面具了。"

"这正是我想的。"推销员说着便卖给驼鹿一个。

驼鹿继续追问："别的驼鹿现在也需要防毒面具，你还有吗？"

"你真走运，我还有成千上万个。"推销员说。

"可是你的工厂在生产什么呢？"驼鹿好奇地问。

"防毒面具。"推销员兴奋而又简洁地回答。

推销员的行为固然不可取，但故事却给了我们一个启示：需求有时候是制造出来的，解决矛盾的高手往往先制造出矛盾来。在竞争高度激烈的市场环境中，企业应该懂得如何去开发消费者的隐性需求并给予满足，才能在残酷的竞争中立于不败之地。

必备的理论知识

7.1.1 人员推销的定义

人员推销是指由企业派出推销人员或委托专职的推销机构，直接向顾客介绍商品以促成购买行为的活动。

人员推销是一种传统的促销方式，在现代企业市场营销和社会经济发展中起着十分重要的作用，国内外许多企业在人员推销方面的费用支出要远远大于在其他促销组合因素方面的费用支出。人员推销的设计可以采取以下 3 种形式：

1）建立自己的销售队伍，使用本企业的推销人员来推销产品。在西方国家，企业自己的推销队伍的成员叫做推销员、销售代表、业务经理、销售工程师。这种推销人员又分为两类：一类是内部推销人员，他们一般在办公室内用电话等来联系、洽谈业务，并接待可能成为购买者的人来访；另一类是外勤推销人员，他们做旅行推销，上门访问客户。

2）使用专业合同推销人员，如制造商的代理商、销售代理商、经纪人等，按照其代销额付给佣金，西方国家的公司甚至雇用国内外退休的高级官员当推销员。

3）雇用兼职的售点推销员，在各种零售营业场合，用各种方式促销，按销售额比例提取佣金，方式如产品操作演示、现场模特、咨询介绍等。一般称这种促销员为售点促销小姐或促销先生。

物流作为一种服务，其销售的促进形式不同于产品促销，具有其自身的特殊性。首先，物流服务不能储存，因此在其销售促进措施的使用上，必须要有所顾忌，如使用高峰折扣定价技巧、平衡服务产品的需求数量。其次，有诸多原因影响物流企业开展销售促进，如顾客对服务的需求被动，服务产品被废置，消费者中使用某种服务的人不多或总体购买量不大，顾客在购买或使用某种服务之前的选择需要协助，在付款方面顾客还存在疑问或犹豫，物流企业推出的新产品知道的人很少或没有人谈起，没有人使用企业的服务产品，经销商不够注意企业的服务产品或不够支持企业的服务，行业竞争十分激烈等。这些都可以依赖我们人员推销进行促进。

人员推销包括人员推销决策与人员推销活动两个方面内容，其中，人员推销决策是指企业根据环境要求和资源条件对人员推销所进行的设计和管理，其涉及销售队伍规模、销售区域设计、销售队伍组织等内容。人员推销活动是对人员推销决策的具体落实。

7.1.2 人员推销的任务

1）探寻市场。推销人员应该寻求机会，发现潜在顾客，创造需求，开拓新的市场。

2）传递信息。推销人员要及时向消费者传递产品或劳务信息，为消费者提供购买决策的参考资料。

3）销售产品。

4）收集情报。推销人员在推销过程中还要收集情报，反馈信息。

5）开展售前、售中、售后服务。

7.1.3 物流企业人员推销的特点和作用

物流企业人员推销是指物流企业的推销人员根据物流企业的经营目标，采用各种销售手段把物流企业的服务推向目标市场的客户及潜在客户的一种经营活动。人员销售以其独特的优势成为物流企业生产经营活动的重要内容和主要环节，也成为物流促销组合中最不可缺少的促销方式，它在现代物流企业市场营销中占有相当重要的位置。

1. 物流人员推销的特点

1）人员销售具有信息沟通的双向性。推销人员通过与客户联系、接触洽谈，一方面向客户传递有关物流企业及其提供服务的信息，另一方面也可以及时了解客户对物流服务的要求，因此在推销人员与客户之间存在着双向的信息沟通。

2）人员销售可以使促销方式更具有灵活性。推销人员与客户保持直接的联系，使得推销人员可以根据各类客户对物流服务的不同需求，设计不同的推销策略，并在推销过程中随时加以调整。在与客户进行交流的同时，还可以及时发现和挖掘客户的潜在需求，通过努力扩大对客户的服务范围，尽量满足客户的需求。

3）人员销售可以使物流服务的沟通对象更具有针对性。推销人员在每次推销之前，可以选择有较大购买潜力的客户，有针对性地进行推销，并可事先对未来客户做一番调查研究，拟定具体的推销方案、推销目标和推销策略等，以强化推销效果，提高推销的成功率。

4）人员销售可以使物流服务的推销过程更具有情感性。推销人员在推销过程中与客户面对面地接触，双方可以在单纯的买卖关系的基础上，交流情感、增进了解、产生信赖，从而建立深厚的友谊。推销人员与客户之间感情的建立，有利于企业与客户之间建立长期的业务关系，保持企业的市场份额。

5）人员销售也可以使物流企业更容易获得及时的市场信息。销售人员在推销物流企业服务产品的过程中，可以充当两种角色：一方面，推销人员在向客户推销本企业的产品时是推销员；另一方面，推销人员还能及时听取和观察客户对企业及服务的态度，收集市场情况，了解市场动态，并迅速予以反馈，使企业的经营更适合客户的需求。此时，推销员又成了企业的"市场调查员"。这样两种角色的转换可以赋予物流企业获得最新市场动态信息的能力。

2. 物流服务人员销售的作用

人员销售的主体是物流企业的推销人员，虽然各个企业推销人员因企业经营范围和经营规模不同而有所不同，但物流服务人员的销售所起到的作用基本是相同的。其主要作用包括以下几方面：

1）有利于物流企业寻找潜在的顾客。推销人员不仅要维持与已有客户的业务联系，更重要的是在市场中寻找机会，挖掘和发现潜在需求，创造新的需求，寻找新的客户，进一步开拓市场。

2）有利于物流企业向客户传递信息。物流企业的推销人员应及时将本企业提供服务的信息传递给客户，为客户提供相关资料，帮助客户做出购买决策。

3）有利于物流企业推销新产品。推销人员在与客户接触过程中，分析客户现实和潜在的需求，并通过运用各种推销策略和技巧，满足客户的需求，诱导客户做出购买决策，实现购买行为。

4）有利于物流企业收集到有用的信息。物流企业经营所需的信息有很大一部分源于客户，而推销人员是联系企业与客户的桥梁和纽带，是企业收集信息的重要渠道之一。推销人员在推销过程中，及时了解客户需求的变化情况，收集市场信息并及时反馈，为企业的经营决策提供第一手资料。

5）有利于物流企业为客户提供各种服务。推销人员在推销过程中向客户提供各种服务，如咨询服务、解决技术问题、向客户提供相关信息等。

7.1.4 物流企业人员推销工作流程

物流企业人员推销的工作流程如图 7.1 所示。

7.1.5 物流企业人员推销工作流程的说明

一般来说，推销点的推销商品包括这样几个步骤：寻找顾客，顾客资格审查，接近准备，约见，面谈，成交。

1）寻找顾客，有很多种办法，如地毯式访问法，连锁介绍法，中心开花法，个人观察法，广告开拓法，市场咨询法，资料查阅法等。

2）寻找顾客的目标是找到准顾客。准顾客（prospect）是指一个既可以获益于某种推销

寻找顾客
↓
顾客资格审查
↓
接近准备
↓
约见
↓
面谈
↓
成交

图 7.1 物流企业人员推销工作流程

的商品，又有能力购买这种商品的个人或组织。

3）约见，推销人员事先征得顾客同意接见的行动过程。一般来说，一般顾客都不大欢迎推销人员来访。

4）接近，其内容包括：

① 如产品接近法。推销员直接利用推销的产品引起顾客注意，它适用于本身有吸引力、轻巧、质地优良的商品。

② 利益接近法。利用商品的实惠引起顾客注意和兴趣。

③ 问题接近法。

④ 馈赠接近法。推销人员利用赠品来引起顾客的关注。

5）成交。推销人员最终获得顾客的认可，使得交易得以进行。

小 结

销售是一项艰巨而又细致的工作，人员推销是直接与顾客或潜在顾客接触、洽谈，以达到促进销售目的的活动。人员推销是最古老的一种促销，也是现代国际市场常用的促销方式。人员推销有助于获取反馈信息，调整营销策略。人员推销使消费者与企业之间联系直接化，便于直接了解产品在消费者心目中的定位，了解有关市场方面种种信息。

相关作业

1. 什么是人员推销？人员推销的工作步骤有哪些？
2. 请列举 10 种属于推销的职业。

7.2 推销人员的素质

学习目标

1. 掌握推销人员应具备的素质，以便有针对性地发展和完善自己
2. 了解推销人员应具备的业务知识

案例导入

一天，某公司总经理约保险推销员到他的办公室洽谈。推销员按约赴会，来到

总经理办公室门前。他以为预先约定的会面肯定不会有问题，岂料秘书说："总经理交待过，今天上午有点事，不能会见任何人。"推销员辩解说："是总经理亲自打电话约我来的。"秘书未等推销员再继续往下讲，便不容置疑地说："对不起，总经理今天确有特急事务。""如果总经理确实忙，那你让我进去一分钟，我只向总经理问候一声，证明我依约来了立即就走。"推销员对秘书小姐说。"那好吧，就给你一分钟。"秘书说着，拉开了总经理室的大门："请。"推销员进入了总经理室，只见总经理正背对门口坐在椅上。他听到有人进来，就把椅子转了过来："呵，早上好，先生！请坐。"推销员站着向总经理问候了几句，转身就告辞。总经理感到惊奇，满腹狐疑地问："怎么刚进门就要走了？"

推销员说："您的秘书只给我 1 分钟。真抱歉，时间到了，我不得不告辞。明天上午八时，我再来拜访吧！"说着就开门离开。

也许这位总经理早把自己邀请别人的事忘得一干二净。但推销员明白，作为一名推销员要信守诺言。因此，他首先向总经理证明自己已依约赴会，其次应严守向秘书许下的诺言。同时，他还抓紧时间进行了当面的约见。推销员的守信引起了总经理的内疚，取得了秘书的信任，也获得了再次洽谈的机会。

第二天早上，推销员又依约到来。他不仅取得了秘书和总经理的热情招待，也顺利地促成了一笔交易。

🔖 必备的理论知识

7.2.1　推销人员的素质

人的素质是在社会实践中逐渐发育和成熟起来的。某些素质的先天不足，可以通过学习和实践获得不同程度的补偿。推销人员不是先天就具备推销素质，而是靠自身的努力去培养和完善的。只要认真学习、努力实践，就可以提高和改善素质，成为优秀的推销员。现代企业的推销员是开拓市场的先锋，推销工作的基点是满足顾客的需求、寻求交易双方的共同利益。推销员不仅是企业的代表，也是消费者的顾问。为此，推销人员须有较高的思想水平和业务能力。

1. 思想水平

（1）具有强烈的事业心和责任感

推销员的事业心主要表现为，要有献身于推销事业的工作精神，不怕艰苦、任劳任怨，全心全意为用户和消费者服务，有取得事业成功的坚强信念。推销员的责任感主要表现在，忠实于本企业，忠实于自己的顾客。每个推销员的一言一行，都代表着企业的形象，都必须为所在企业负责，为树立企业的良好信誉作贡献，绝不允许有损害企业利益的行为发生。同时，推销员要对顾客的利益负责，真心真意满足顾客的需要，帮助顾客解决困难和各种问题。

（2）遵守职业道德

推销员的单独业务活动较多，在工作中，要有较强的自我约束能力，不利用职业之便坑蒙拐骗顾客，不侵吞企业利益，知法、懂法、守法，按照经济法等有关法律规范推销商品。

（3）树立现代市场营销观念

现代市场营销观念应成为开展推销活动的重要指导思想。推销人员要把这一思想贯彻到整个推销过程中去，把消费需求视为企业推销的目标，把消费需求的满足程度视为检验推销活动的标准，在工作中要主动发掘顾客的潜在需求，不断创造顾客新的需求，激起买主更大的购买欲望，并善于把企业利益和顾客的利益协调一致，把企业的利益和良好的服务相结合，既当好企业的推销员，也当好顾客的服务员和参谋。当企业利益与顾客利益发生矛盾时，应做好协调工作，从顾客利益出发，调整企业的经营。

2. 业务水平

要适应现代商品经济的发展形势，推销人员不仅要灵活经营、勇于开拓，也需要具备更高的业务水平。这主要表现为：

（1）开展"创造性销售"

要求推销人员有较强的开拓和创新精神。在销售业务中，保持和稳定老顾客，善于发掘和培养新顾客，采取有效促销措施，扩大市场，吸引更多的潜在顾客。有的企业对推销员的"创造性销售"，提出了时间要求，规定推销员 80％的时间用于应付现有顾客，以 20％的时间同潜在顾客打交道；有的企业规定以 85％的时间推销现有商品，15％的时间用于推销新商品。他们认为，如果不这样作出规定，推销人员就只会去向顾客推销现有商品，而忽视了潜在顾客的需求和新商品的销售，这对企业的发展大为不利。

（2）提供优质服务

要求推销人员的服务范围适应顾客需要，服务质量让顾客心满意足，想方设法以赢得顾客的信任。优质服务不仅是完成本次推销任务的重要内容，而且也为顾客以后继续购买奠定良好的基础。

> 日本"推销之神"原一平的座右铭是：推销就是热情、就是战斗、就是勤奋地工作、就是忍耐、就是执着的追求、就是时间的魔鬼、就是勇气。

（3）敏锐的市场观察能力和预测能力

推销员几乎天天与市场打交道，对市场的变化和信息的捕捉，要靠他们职业的敏感性和较高的悟性。敏感性强才能观察到目前市场上商品供应和消费需求的构成变化，悟性优才能预测未来市场上商品供应的趋势和消费需求的发展方向，并能准确快速地反馈给本企业，作为制定商品经营策略的依据。

（4）高超的推销技巧

随着社会生产力的发展，商品品种日益增多，商品的技术性能越来越高，消费需求亦越加复杂多样，对推销技巧的要求也更高。推销人员应做到：善于了解消费者的难处，选择合适的时机进行充分的洽谈；熟练运用各种促销手段，宣传商品，吸引顾客；掌握商品的技术性能，介绍产品优点，解答疑问，赢得顾客对产品特征和优点的认可；敢于冲破价格障碍，选择恰当的价格；避免与消费者发生争执，能够随机应变；灵活运用各种保证书和担保条件，促进达成交易；善于强化顾客购买商品后的满意感觉，降低其不满意感。推销人员要适应商品经济迅猛发展，较好地履行推销员的职责，按照市场经营活动的要求，加强多方面知识的学习和修养，提高自身素质。

7.2.2　业务知识

首先推销知识，然后推销产品，这是现代市场销售工作的一个主要特征。销售人员必须把产品的各种知识介绍给用户，让消费者了解生产者的意图。当然，要推销知识，必须先掌握知识。一名优秀的市场销售人员至少应掌握一般的产品知识、科学文化常识和推销技术知识这三大类基本知识。

掌握产品知识，是为了更好地了解自己的推销客体，更好地向用户介绍产品，从而增强自己的推销信心和顾客的购买信心。

掌握科学文化知识和推销技术知识，是为了更好地了解自己的推销对象和推销环境，更透彻地了解人的本性、动机和行为模式，更有效地接近和说服顾客，提高推销效率。

推销员所应具备的业务知识主要包括以下几方面：

1）产品知识，包括产品的特点、性能、用途和用法。

2）企业知识，包括企业的发展历史、企业规模、经济方针、规章制度、在同行业中的地位、销售策略、服务项目、交货方式、付款条件等情况。

3）市场知识，懂得市场学的基本理论，掌握市场调查和预测的基本原理和方法，了解产品的市场寿命周期和市场行情。

4）消费者知识，推销学要善于了解、分析消费者的各种特点，要懂得社会学、心理学、行为科学的一些基本知识；善于分析现实消费者和潜在消费者的需求情况，了解购买者的心理、性格、习惯、爱好，针对拒绝购买者的心理障碍，采取不同的推销对策。

7.2.3　实际能力

如果把学识比作斧背，那么实际能力就是斧刃。推销人员能否在推销工作中"斩断乱麻"有所建树，除要求"斧背"厚实外，就要看"斧刃"是否锋利。一般来说，推销员应具备以下能力：

（1）创造能力

推销人员应该具备很强的创造力，如此才能在激烈的市场竞争中异军突起，出奇制胜。创造过程首先是自我斗争过程，要无所畏惧，相信自己的创造力，不因循守旧，看待问题客观公正不带偏见。对复杂新奇事物用心去思考，养成独立思考及行事的习惯和能力，绝不人云亦云，亦步亦趋。在推销业务中，创造性地运用各种促销方式，发展新客户，开拓新市场。

（2）社交能力

现代推销人员应是开放型的，要敢于和善于与各种顾客打交道，这包括善于与别人建立联系，相互沟通，取得信任和谅解，以及处理各类矛盾的能力，也包括在各种场合可以应付自如，圆满周到的能力。推销活动中应待人热情诚恳，行为自然大方，不故作姿态和娇柔造作；能设身处地站在顾客立场上考虑问题，体察顾客的难处，不强人所难；有自制能力，喜怒不形于色，既有主见，又不刚愎自用。

（3）灵活应变能力

推销人员应思维敏捷清晰，分析和综合问题的速度较快；抽象思维思路清楚，判断和推理准确；想象力丰富，能够触类旁通，常在"山穷水尽"之时，找到"柳暗花明"之路。如此才能较迅速地察觉客户需求的变化对推销效果的影响，针对变化了的情况，及时采取推销对策。

（4）对话能力

好的推销员应讲究语言艺术。谈话要抓住要领，避免纠缠在冗长的交谈和辩论中，既不饶舌，也不寡言，善于抓住适当机会将自己的想法明确告诉对方。说话应该力求条理井然，重点突出，语言风趣明确。同时，要注意学会倾听，做倾听能手。在倾听中捕捉对方话中的关键语句，理解到对方话中的真实想法，并把你的感受通过面部表情清楚地表示出来，与对方产生心灵的交流。

7.2.4 良好的身体素质

现代市场销售人员是企业的尖兵，必须具有良好的身体素质。知识再渊博，还是要身体力行。这里所讲的身体素质，是一个比较广义的综合性概念，既包括个人的体格、体质及其健康状况，又包括个人的举止、言谈及其仪表风范等。

1）推销人员应精力充沛，行动灵活，头脑清醒，能轻松地进行日常工作。因为销售工作比较辛苦，要起早贪黑，经常出差，要交涉各种经营业务，没有健康的体魄是完不成销售工作任务的。总之，理想的推销人员需要多方面的知识和修养。在美国曾有人研究发现，一位最优秀的推销员和一般的推销员之间的差距竟高达 300 倍。这个数字是否准确还不敢肯定，但可以说明成为优秀的推销员需要较高的素质。

2）就个人的举止、言谈和仪表风范来看，虽然没有统一的具体标准，但也存在不少必须遵守的推销人员礼仪和行为规范。一般来说，市场销售人员就是企业的外交家，要代表企业与各类社会公众打交道，必须讲究一定的企业外交礼仪和风范。良好的个人气质和推销行为会促进推销工作，有助于增强推销人员的说服力。所谓"推销自己"，关键的意义就在于此。一般说来，企业在选拔和培养市场销售人员的时候，都应该充分考虑这些因素。国外有些企业还制定了一系列的选拔标准，要求非常严格。不仅要进行"体检"，而且要进行"面试"，目的就在于全面地考查其身体素质条件。

一些经济发达国家的企业认为，推销员除了应该具备一般售货员的条件以外，还应具备其他方面的一些素质，心理学家把它归纳为 16 点：对公司竭尽忠实地服务；具有对商品的各种知识；有良好的道德习惯；有识别人的能力；具有幽默感；有社会性的公共关系；具有良好的判断力和常识；对顾客的要求、兴趣、予以满足并出自真诚地对顾客关心；悟性甚优；具有能以动听语言说服客人的能力；机警善变而且可以随机应变；忍耐力强，精力充足，勤勉过人；见人所爱，满足其所需；有独具慧眼的观察力；富有创造性，乐观；具有能记忆客人的面貌和名字的能力。同时，心理学家认为推销员所应具备的特殊能力和条件，并不是天生的，是可以由训练、实践和不断克服缺点形成的。

小　　结

推销人员素质包括思想素质、文化素质、身体素质、心理素质和能力结构素质等方面。

推销员是推销活动的主体，是推销过程的直接承担者，其综合素质、整体形象的优良与否直接影响到最终的推销结果。因此培养一支在基本素质和能力上符合推销职业要求的推销员队伍是企业完成推销任务、营销目标的关键。

相关作业

1. 推销员素质要求包括哪些内容？你认为应该如何培养这些素质？
2. 假设你是物流公司推销员，请探讨这个行业的推销员应具备的业务素质。
3. 如何改变你的性格，使之符合推销员的要求？除书上介绍内容之外，你认为还应具备哪些内容？

小组模拟仿真

（要求小组讨论，并将活动成果以小组为单位提交电子作业）

推 销 模 拟

1. 岗位角色

每组 10 人，分为四组：A 组，B 组，作为市场推销人员；C 组，D 组，作为目标市场客户。

2. 活动要求

1）各组人员先进行集体讨论，准备材料。

2）各推销组派三名代表进行推销。其他人员作为考核人员，考核推销人员的水平。

3）各客户组分别留三名同学作为考核人员，考核客户水平。

3. 模拟步骤

1）准备资料。

2）选拔推销人员和考核人员。

3）每人出场后进行总结，要求下一上场人员避免之前出现的失误。

4）做好相应的考评纪录。

4. 注意事项

1）各小组可上网查询相关资料。

2）充分发挥团队精神，对本职工作应熟练掌握。

3）群策群力，为完成作业奠定基础。

5. 作业展示及点评

考核评分见下表。

考核评分表

考评小组		被考评小组	
考评地点		考评时间	
考评内容	推 销 模 拟		
考评标准	内　　容	分　　值	实际得分
	角色扮演	20	
	工作准备	40	
	工作成效	40	
合　　计		100	

注：考评满分为100分，60～74分为及格；75～84分为良好；85分以上（含85分）为优秀。

7.3 人员推销方法

学习目标

1. 掌握推销的基本策略
2. 了解和掌握推销的技巧

案例导入

有一个生产木头梳子的工厂，找了四个推销员，要求到指定的和尚庙里去推销梳子。第一个推销员回来了，说一把没有销掉，因为和尚说没头发不用梳子。一会儿第二个人也回来了，销了十来把梳子。推销员说，我对和尚们说，梳子的功能不仅是梳头发的，用木质梳子经常刮刮头皮，可以止痒、活血，可以明目，可以清醒头脑，还可以美容、养颜啊。一会儿第三个营业员回来了，销了几百把，订单一沓。他说我到了和尚庙仔细地观察了一番，香火挺旺盛，香客叩头，叩了几个头起来以后，头发起来有点乱、香灰掉到头发上头发有点脏，于是我就找方丈说，香客多虔诚，庙里得关心他们。你每天早上在每个佛堂前面放几把木头梳子，供香客们梳头、掸香灰，脏了就不要了，他拿走就拿走，断了明天再换一个。这样的话香客感到庙里很关心他们，他们来得不就更勤快了嘛，于是庙里的香火不是就更旺了吗？第四个营业员回来了，销了几千把，订单一大摞。他说我直接找的方丈，我对方丈说，有人经常给庙里捐香火吧？那庙里有礼品回赠给香客比较好吧？木头梳子又便宜又实用，并且两面可以刻字，一面刻一、两幅庙里最好的对联，另一面方丈提几个字，如"日行一善，积善为本"、"佛在心中"，这样香客作为一个纪念品就留下了。以后，给庙里捐香火的就人就会更多了。于是和尚庙里都可以推销梳子。

请问：为什么这四名推销员的推销业绩差别这么大呢？

必备的理论知识

7.3.1 推销策略

1. 试探性策略

亦称刺激-反应策略，就是在不了解客户需要的情况下，事先准备好要说的话，对客户进行试探。同时密切注意对方的反应，然后根据反应进行说明或宣传。

2. 针对性策略

亦称配合-成交策略，这种策略的特点，是事先基本了解客户的某些方面的需要，然后有针对性地进行说服，当引起客户共鸣时，就有可能促成交易。

3. 诱导性策略

也称诱发-满足策略，这是一种创造性推销，即首先设法引起客户需要，再说明所推销的这种服务产品能较好地满足这种需要。这种策略要求推销人员有较高的推销技术，在"不知不觉"中成交。

知识链接

世界著名的欧洲推销专家戈德曼则认为：推销就是要使顾客深信，他购买你的产品是会得到某些好处。

7.3.2 推销技巧

1. 自我介绍的技巧

"推销商品之前要先推销自己"，即在与顾客初次见面时，尽量消除顾客的紧张感和恐惧感，建立与顾客之间的亲密感和信任感。因此，推销员应特别注重与顾客的第一次见面。推销自己的方式除了从服装、举止上迎合顾客的情感之外，自我介绍也必须符合顾客的习惯。为此，自我介绍时，应注意这几点：一要态度诚恳、热情；二要保持亲切的微笑；三要步履轻盈、快捷，正面走近顾客；四要与顾客握手问候时语调热情洋溢、精神饱满、音量适中；五要掌握分寸、态度谦虚，先从自己的姓名、单位、身份开始，然后恭敬地递上名片。若顾客有兴趣或有耐心，再进一步介绍企业或产品。这样有利于顾客迅速、准确地知晓自己的情况，加深对自己的印象，从而加快交往的过程。

2. 上门推销的技巧

1）找好上门对象。可以通过商业性资料手册或公共广告媒体寻找重要线索，也可以到商场、门市部等商业网点寻找客户名称、地址、电话、产品和商标。

2）做好上门推销前的准备工作，尤其对研发状况和产品、服务的内容材料，要十分熟悉、充分了解并牢记，以便推销时有问必答。同时，对客户的基本情况和要求应有一定的了解。

3）掌握"开门"的方法，即要选好上门时间，以免吃"闭门羹"，可以采用电话、传真、电子邮件等手段事先交谈或传送文字资料给对方并预约面谈的时间、地点。也可以采用请熟人引见、名片开道、与对方有关人员交朋友等策略，赢得客户的欢迎。

4）把握适当的成交时机。应善于体察顾客的情绪，在给客户留下好感和信任时，抓住时机发起"进攻"，争取签约成交。

5）学会推销的谈话艺术，交谈的技巧。推销员与顾客交谈必须抓住对方的心，引起对方的共鸣，从而消除对方的紧张感和恐惧感。为此，在交谈时应做到：一要顾及对方的自尊心，不能说让对方厌恶或忌讳的话；二要注意关注和兼顾对方的利益；三要注意交流互相感兴趣的信息和经验；四要给顾客谈话的机会；五要直视顾客的脸和眼睛，真诚、尊敬地聆听顾客的谈话；六要注意附和、赞美顾客的谈话。总之，与顾客谈话，应以引起顾客注意为目的，以顾客为中心，以尊敬、重视顾客为准则，这样才能消除顾客心中的紧张与恐惧，才能为下一步商谈奠定良好的基础。

3. 洽谈的艺术

首先注意自己的仪表和服饰打扮，给客户一个良好的印象；同时，言行举止要文明、懂礼貌、有修养，做到稳重而不呆板、活泼而不轻浮、谦逊而不自卑、直率而不鲁莽、敏捷而不冒失。在开始洽谈时，推销人员应巧妙地把谈话转入正题，做到自然、轻松、适时。可采取以关心、赞誉、请教、炫耀、探讨等方式入题，顺利地提出洽谈的内容，以引起客户的注意和兴趣。在洽谈过程中，推销人员应谦虚谨言，注意让客户多说话，认真倾听，表示关注与兴趣，并做出积极的反应。遇到障碍时，要细心分析，耐心说服，排除疑虑，争取推销成功。在交谈中，语言要客观、全面，既要说明优点所在，也要如实反映缺点，切忌高谈阔论、"王婆卖瓜"，让客户反感或不信任。洽谈成功后，推销人员切忌匆匆离去，这样做，会让对方误以为上当受骗了，从而使客户反悔违约。应该用友好的态度和巧妙的方法祝贺客户做了笔好生意，并指导对方做好合约中的重要细节和其他一些注意事项。

4. 排除推销障碍的技巧

1）排除客户异议障碍。若发现客户欲言又止，则应主动少说话，直截了当地请对方充分发表意见，以自由问答的方式真诚地与客户交换意见。对于一时难以纠正的偏见，可将话题转移。对恶意的反对意见，可以装作没有听懂。

2）排除价格障碍。当客户认为价格偏高时，应充分介绍和展示产品、服务的特色和价值，使客户感到"一分价钱一分货"；对低价的看法，应介绍定价低的原因，让客户感到物美价廉。

3）排除习惯势力障碍。实事求是地介绍客户不熟悉的产品或服务，并将其与他们已熟悉的产品或服务相比较，让客户乐于接受新的消费观念。

小 结

实际推销活动千变万化，但大多数推销都具有一定的规律性，作为一名推销人员应在掌握技巧的同时随机应变，并在推销实践中不断地总结经验，提高吸引顾客的技巧。

相关作业

1. 结合实际情况谈谈推销行动的方法和技巧。
2. 推销员应如何做好售后服务工作？

小组模拟仿真

（要求小组讨论，并将活动成果以小组为单位提交电子作业）

推 销 模 拟

1. 岗位角色

每组 20 人，分三种角色：推销员组，5 人；客户组，10 人；评判组，5 人。

2. 活动要求

1）三组人员先进行集体讨论，研讨可能的攻防策略及过程。
2）各组轮换角色，每次 10 分钟。
3）各组讨论决定推销的基本过程并加以实施。
4）评分标准要统一。

3. 作业展示及点评

考核评分见下表。

考核评分表

考评小组		被考评小组	
考评地点		考评时间	
考评主题	推 销 模 拟		
考评标准	内　容	分　值	实际得分
	角色扮演	20	
	工作准备	40	
	工作成效	40	
合　计		100	

注：考评满分为 100 分，60～74 分为及格；75～84 分为良好；85 分以上（含 85 分）为优秀。

7.4 推 销 洽 谈

学习目标

1. 了解和掌握推销洽谈的原则
2. 掌握洽谈的基本技巧
3. 了解推销洽谈的主要方法

案例导入

推销是与人打交道的工作，要赢得生意，首先要赢得顾客好感。推销高手总是善于把握顾客心理，从沟通顾客感情入手，筑起推销成功的道路。

在某市，十几层的大厦需要几万平方米的地毯，这是一笔价值几十万元的生意，全国几十家地毯厂都盯上了这块肥肉，纷纷派人推销。一位推销员带着礼品去敲顾客的门。出乎意料的是，当一位老者开门看到他手中拿的东西时，就将他拒之门外。推销员百思不得其解。第二天他了解到，这位倔强老头是一位"老革命"，一身正气，两袖清风，对社会上的不正之风深恶痛绝。他好为人师，常教导青年人"革命的路该怎么走"。在了解到这些情况后，推销员又再去拜访顾客，当然没有忘记应该两手空空。见到顾客后说，我是一位刚参加工作的青年人，在工作生活上遇到许多困难不知该怎么处理，你是老前辈、老革命，有丰富的阅历，今天特来请教你。一席话令老人十分高兴，忙请推销员坐下，然后"痛说革命家史"，讲自己当年过五关斩六将、南征北战的光荣历史。老人侃侃而谈，推销员洗耳恭听。"话到投机情便深"，两个人成了忘年交。结果，几十万的订单自然就拿到了。

必备的理论知识

7.4.1 推销洽谈的原则

推销洽谈实质上是交易双方竞争与协作的过程。为了实现双方在竞争条件下的协作，推销洽谈应遵循以下原则：

（1）自愿性原则

推销洽谈应以推销员和准顾客双方自愿参加为先决条件。推销员不可勉强地迫使准顾客参加洽谈，而应充分尊重准顾客的意愿，使准顾客始终处于与自己平等的地位。

（2）客观性原则

推销洽谈时要按照独立于各方意志之外的合乎情理和切实可用的客观准则，如惯例、通则、职业标准、道德标准、科学鉴定、精确计算等来协调双方的立场，消除双方的异议。当然，这里的客观准则必须是带有普遍性和适用性的客观标准，而不应以哪一方提出的标准为基础。

（3）互利性原则

推销员进行推销洽谈时，要努力寻求"双赢"的方案，即既使自己满意，又使对方满意，交易双方均能受益的方案。要力争在平等互利的前提下，通过洽谈发展与准顾客的长期合作的关系。

（4）参与性原则

推销员应设法引导准顾客积极参与推销洽谈，促进推销信息及时地双向沟通，消除准顾客的戒备心理，增强洽谈的说服力。

（5）诚实性原则

推销员在洽淡时要本着对准顾客高度负责的态度参与洽谈，不玩弄骗术，不说假话，不卖假货，不做假证，坚持做到以诚取信。

（6）灵活性原则

推销洽谈是个动态的过程，情况可能瞬息万变，推销员在整个推销洽谈中，要灵活运用推销策略，切不可照搬照抄；要灵活的运用洽谈方法与技巧，切不可墨守成规；要灵活的对待洽谈的结果，切不可呆板教条。

7.4.2 洽谈的基本技巧

推销洽谈是一项艺术性、技巧性较强的工作，没有固定不变的模式，随着推销对象、推销环境的变化，每一次推销洽谈都会有不同的特点和要求，推销人员应根据具体情况作出具体分析，善于应变，灵活机动地去搞好洽谈。下面仅就洽谈的基本技巧进行介绍。

1. 谋求一致，确定正确的洽谈方针

要保证洽谈的顺利进行，首先应确定正确的洽谈方针。在实际推销中，有的推销人员奉行千方百计争取最大利益的方针。这一方针往往过多地考虑了本企业的利益而忽视了顾客的利益，把顾客当敌手，不惜采取强力推销手段迫使顾客购买。在现代推销中，这是一种不可取的洽谈方针，它易使洽谈陷于僵局而告吹，即使偶尔成功，也难与顾客保持持久关系，只能是一次性交易。与此相反，另有些人则奉行一味迎合顾客的要求并给其以最大好处的方针，此方针虽能赢得顾客，争取市场，但由于较少考虑企业自身利益，常使企业获利甚微，甚至无利可图。在某种情况下，为争取顾客的购买，采用此方针尚无不可，但不宜作为长期推销洽谈方针。

最佳推销洽谈方针是谋求一致，即设法求得企业与顾客之间的共同利益，使买卖双方互利互惠。这种洽谈方针既照顾到顾客，使顾客买得高兴，又照顾到企业，使企业卖得满意，从而使双方结成一种长期的协调友好关系，这才是推销人员应奉行的洽谈方针。在大多情况下，推销人员均应采用这一方针，以求得洽谈的成功并争取更多的长期顾客。

为贯彻实施谋求一致的方针，推销人员应注意：洽谈开始前要作好充分谁备，洽谈开始后按计划办事，首先要创造一个良好的洽谈气氛，使双方在轻松自如、诚挚合作的气氛中商谈；其次要善于与顾客交谈，掌握好提问和答话的技巧，在介绍产品时应抓住顾客的关心点，突出宣传本企业产品的特点，对产品的缺点原则上不应回避，但可讲得具有艺术性一些，诚实的态度有利于获取顾客的信任和好感以取得洽谈的成功；另外，要认真处理好顾客异议。

2. 建立和谐的洽谈气氛

建立和谐的洽谈气氛能为正式洽谈铺平道路。只有在和谐的气氛中，才可能坦率地进行交谈。为建立和谐的洽谈气氛，推销人员应该做到：

（1）注重仪表

整洁美观的仪表容易使顾客产生好感，留下良好的第一印象，推销人员要想成功推销商品，首先就应推销自己的仪表。推销人员的仪表不仅要适合自己的爱好，更要符合顾客的要求，顺应社会风尚，力求给人以整洁清爽、风度优雅之感。

（2）讲究礼节

对于推销人员来说，礼节与仪表同样重要，在与顾客接触时，应给对方留下懂礼貌、有教养的印象，以利于将来的推销。

（3）讲好开场白

建立和谐的洽谈气氛，需要一定的时间，不能一开始就进入实质性洽谈。开场白最好是松弛的、非业务性的。如向对方表示关心的问候，以对方感兴趣的事为话题，以自己的经历为话题，对有过交往的顾客可以致谢或以共同经历为话题等。这些开场白，可使双方找到共同的语言，容易引起顾客的谈话兴趣，为心理沟通作好准备。但开场白不宜过长，以免浪费时间或使顾客产生反感，应尽快引入正题。

7.4.3 开谈的技巧

当推销人员与顾客之间初步建立起和谐的洽谈气氛后，双方就应进入正式洽谈。在开谈阶段，推销人员应巧妙地把话题转入正题，顺利地提出洽谈的内容。开谈的入题应做到以下几点：

1）自然。推销人员在与顾客讲开场白时，应顺理成章，自然地将闲谈扯近正题。例如，空调器的推销员可先扯一下天气变化，然后说："今天的天气真热，如果您这办公室里安上空调器，将会过一个清凉的夏天。"这种自然得体的入题，易引起顾客的购买兴趣。

2）轻松。入题的话应使顾客感到轻松愉快，无拘无束，不会无形中使顾客产生一种成交压迫感，怀疑推销人员是否"硬要我买下他的东西"。

3）适时。入题的时机要把握好，一般在对方对你产生好感，乐意或愿意与你交谈时入题最好。若入题太早，对方还未对你产生好感，那么对你所推销的产品也自然不会产生好感；若入题太晚，说明开场白时间太长，会使顾客不耐烦，也会对你的推销失去兴趣。

根据以上要求，开谈时可考虑从以下方面入手：

1）以关心的方式入题。关心顾客，容易引起顾客的好感，从而使顾客关心你所推销的产品。如一位服装推销员说："老张，天气转冷了，据预报今年冬天气温低于往年，您身体欠佳，我看应该买件羽绒服，这种冬装既暖和又美观，而且耐穿……"

2）以赞誉的方式入题。称赞顾客或顾客的东西，往往也易于获得顾客的好感。如一位地毯推销员的入题是："啊，您的房间布置得真好，光线柔和，色调明快，使人赏心悦目，如果再铺上地毯，那将是锦上添花……"

3）以请教的方式入题。虚心向顾客请教，既尊重了顾客，又很自然地提出产品，这样的入题也很巧妙。如一化妆品推销员是这样开谈的："刘小姐，看您的外表就知道您很善于保养，可见您是化妆品知识方面的专家，有关这几种化妆品的使用方法，请您当面指教……"

4）以炫耀的方式入题。借助名人来炫耀，以此入题，只要运用得当，会使顾客产生浓厚的兴趣。如某饮料推销员的开谈语是："说起来，我国女排荣获'五连冠'，也有我厂的一点功劳，她们比赛中喝的饮料就是我厂提供的……"

入题方式多种多样，但无论采取什么方式入题，都应使顾客有兴趣愿与推销员继续洽谈。

7.4.4 洽谈中的提问与答话

洽谈的过程，常常是问答的过程，一问一答构成了洽谈的基本部分，恰到好处的提问与答话，有利于推动洽谈的进展，促使推销成功。

1. 洽谈中的提问

推销人员在洽谈中的提问，应贯彻针对性原则和谋求一致的方针，针对顾客关心的问题提问，该问的问，不该问的则不问，应注意以下几点：

1）尊重顾客。提问要充分体现出尊重，不能伤害顾客，决不要提出带有敌意的问题，决不能指责顾客购买的诚意。即使怀疑对方的诚意，也应本着"精诚所至，金石为开"的精神，避免使洽谈陷于僵局。同时，不要用指示性的词句提问，以免伤害顾客的感情，还应注意提问的时间性，不要随便打断顾客的讲话，应耐心听完对方的讲话后再提问，使用的词句也要恰当、婉转，避免使用生硬的字眼。

2）有效性。向顾客提问必须是对促进洽谈成功有一定作用的问题，与洽谈无关的问题则不能问，以免节外生枝影响洽谈气氛。

3）明确性。向顾客提出的问题应当简明，使顾客一听就明白并便于回答。如果提问不明确，会使顾客无所适从，不知怎样回答。提问的明确性还要求每次只提两个问题，不能提问过多，否则会使顾客感到紧张，难以回答。

2. 洽谈中的答话

推销人员的答话同样要贯彻"谋求一致"的方针，同时要特别坚持诚实性原则，要做到有什么讲什么，既不言过其实，更不弄虚作假，答话得体、巧妙，赢得顾客的好感和信任。适当的答话应注意：

1）条理性。答话应有条有理，言简意赅，通俗易懂。不能东一句西一句，不着边际、杂乱无章，使听者兴趣索然。

2）分寸性。答话必须先弄清对方问话的意图，稍作考虑后作出恰当回答。对属于企业保密的资料，应绕过去不作正面回答或委婉地加以说明并表示歉意。切不可信口开河，让对方摸清你的"底细"，答话时要善于转变话题、避免争执，若要拒绝达成协议，答话的言语也不能恶劣，而应婉言回绝，做到善始善终。

7.4.5　推销洽谈的主要方法——示范

示范是洽谈中证实自己产品的优点引起顾客对产品的兴趣的一种极好的方法。无论推销哪种产品，都要作示范。如果产品不便随身携带，则应利用模型、样品、照片和图片等示范。即使在顾客可能已经了解你的产品，或者对你的示范不大感兴趣的情况下，也要作示范，而且示范得越早，效果就越好。示范是达成交易的一种保证，产品越复杂、技术性能要求越高，就越有必要通过示范使其具体化。示范的效果是任何语言所不能及的，推销人员在正式推销访问之前必须作好充分的示范准备。关于示范应注意以下几点：

（1）示范要集中在产品主要优点或顾客主要需求方面

如果一件产品有多种功能，示范时应突出顾客所需方面的功能。对不同的顾客，作示范的内容和方式应有所不同。

（2）要在使用中作示范

仅仅向顾客展示产品的外观是不够的，应向顾客介绍怎样使用你所推销的产品，使顾客从展示中了解产品的实际功能和特点。

（3）示范方式要多样化

为使自己的示范更具吸引力，推销人员必须多动脑筋想办法。经过充分准备并富有戏剧性和趣味性的示范，会使顾客产生出乎意料之感，可以有效地吸引顾客注意，刺激顾客的购买欲望。

（4）让顾客参加示范

让顾客参加示范要比推销人员单独示范更能引起顾客的兴趣。推销人员应边示范边指导，然后让顾客自己作示范，顾客对学会怎样使用某产品的兴趣越浓厚，他购买这种产品的可能性就越大。如果所有推销人员在怎样指导顾客使用某产品方面得到训练，将会使销售量迅速增加。

（5）示范动作要能使顾客产生有利的联想

推销人员的言谈举止都会给顾客留下深刻的印象，某种程度上，根据推销人员的一举一动，顾客就可以看出产品的特点，若动作该粗犷时不粗犷，该灵敏时不灵敏等，顾客就会对推销本身产生怀疑，很可能使这笔交易失之交臂。

（6）客从示范中得出正确的结论

凡做示范都应认真准备、熟练操作，不要临时决定是否作示范。每次示范均应有明确具体的目的，其成功与否视顾客的信服程度而定。示范完毕，推销人员应征询顾客的意见，如果得到顾客肯定的话语，应抓住良机进一步唤起顾客的购买欲望，一举达到推销的目的。若顾客的回答是否定的或仍存疑虑时，必须进一步做说服工作或对示范方法进行改进，此时切不可急于采取促使成交的行为。

表 7.1 是常见的准顾客成交信号。

表 7.1 常见的成交信号

信 号 类 型	信 号 内 容
语言信号	询问交货时间
	对产品质量和加工提出具体要求
	询问新旧产品或同类产品差价
	询问更确切的价格
	询问商品养护知识
	询问能否试用商品
	提出一些反问的意见
	非常赞成某些意见
	询问售后服务
行为信号	愿意接受多次约见
	接待态度好转
	主动提出更换更好的洽谈场所
	洽谈中拒绝接见其他公司推销员
	主动向推销员介绍公司采购人员及其他相关人员
	迫切需要推销员回答解决异议的措施
	推托个人事务，接受邀请
	有意压价
	开始征求周围人的意见
神态信号	研究商品的同时，频频点头
	下意识地点头同意推销员建议
	目不转睛、反复地仔细查看商品或默读产品说明书

小　结

推销洽谈是一项艺术、技巧性较强的工作，没有固定不变的模式，随着推销对象、推销环境的变化，每一次推销洽谈都会有不同的特点和要求，推销人员应根据具体情况做出具体分析，善于应变、灵活机动地去搞好洽谈。

相关作业

1. 推销洽谈应遵循哪些原则？请与实际相联系，举例说明。
2. 处理顾客异议的基本方法有哪些？
3. 如何在推销洽谈中建立和谐的气氛？

本 章 小 结

本章主要介绍人员推销的定义及相关内容，讲述了在人员推销中我们所应掌握和必备的知识。推销人员的个人素质和推销技能在人员推销中起着相当重要的作用，同时，推销洽谈的技巧也为双方的合作奠定基础。尤其作为推销人员，本身就应该具备较强的思想素质、文化素质、身体素质、心理素质和能力结构素质，使得更快速的获得顾客，达成协议。

相关素质要求

1. 良好的语言表达能力、协调能力和沟通能力
2. 具有一定的创新意识
3. 具有敏锐的洞察力和应变能力
4. 较强的责任心和甘于吃苦的精神

作品展示及点评

（根据本章所学内容，要求学生利用课堂时间分小组进行"作品展示"活动。作品可以是实际操作，也可以是工作方案，还可以是围绕本章作业制作的 PPT 课件。作品展示过程要求配解说。）

思考与练习

一、简答题

1. 人员推销的定义和性质？
2. 推销人员应具备的素质？
3. 推销洽谈的几项基本原则？

二、案例分析

下面是某人寿保险公司的推销员找到的 8 位潜在顾客资料。其中，资料一、二是以支付每月 500 元劳务费的方式由当地老同志联谊会的会长提供的，资料三、四是前期刚参加保险的中学班主任提供的，资料五是推销员自己在公司组织的一次保险业务宣传活动现场获得的，资料七是自己在 Internet 网上发布预购买二手车消息后的一位网友，资料八是一次上门推销过程中收集的资料。

- 资料一

性别：女　　婚姻：孀妇　　　抚养家属：无　　　学历：历史博士

职业：大学退休教师　　年收入：退休金　　住宅：公寓　　健康：佳

- 资料二

年龄：45 岁　　性别：男　　婚姻：已婚　　　抚养家属：两个读大学的孩子

学历：大学毕业　　职业：病退　　年收入：15 万元　　　住宅：公房　　健康：劣

- 资料三

年龄：19 岁　　　性别：女　　　　婚姻：单身　　　学历：在校大学生

职业：课余兼职　　年收入：5000 元　　住宅：与父母同住

- 资料四

年龄：42 岁　性别：男　　婚姻：已婚　　学历：大学毕业　　抚养家属：5 人

职业：高中教师　年收入：1.9 万元　住宅：公房　健康：两年前有心脏病，但已康复

- 资料五

年龄：45 岁　　性别：男　婚姻：离婚　　抚养家属：无　　学历：大学毕业

职业：某集团财务公司总经理　　年收入：75 万元　　住宅：公寓　　健康：佳

- 资料六

年龄：25 岁　性别：男　婚姻：已婚　　抚养家属：妻子　　学历：大专

职业：化工厂职员　年收入：1 万元　　住宅：公房　　健康：佳

- 资料七

年龄：28 岁　性别：男　婚姻：已婚　　抚养家属：妻子刚怀孕

学历：高中毕业　　职业：汽车销售员　　年收入：2万元　　住宅：公房　　健康：佳

● 资料八

年龄：32岁　　性别：男　　婚姻：已婚　　抚养家属：两个小孩　　学历：专科毕业

职业：百货站采购员　　　年收入：3万元　　住宅：公房　　　健康：佳

试根据上述资料分析：

（1）该推销员采用了哪些方法寻找准顾客？你认为这些方法有何利弊？如何克服这些方法的弊端？

（2）资料中8位客户有无购买需求、购买财力、购买权力？为什么？

（3）经过你的分析，你认为其中哪两位是最有资格的准顾客？哪一位应该从准顾客名单中划去？

（4）除了最有准顾客资格的两位客户外，你认为下一个应该考虑谁？

第8章 物流市场营销渠道策略

渠道策略是物流市场营销的一个重要组成部分，通过本章的学习，应进一步了解物流企业分销渠道的基本模式以及渠道变化的趋势，了解影响物流企业渠道选择的一般因素，掌握物流企业不同的渠道存量和模式选择。

8.1 物流市场营销分销渠道概述

学习目标

1. 了解物流分销渠道的基本知识
2. 掌握物流分销渠道的主要功能和模式

案例导入

自 2004 年 11 月 1 日起，云南的安利产品销售代表通过网上订货后，就可享受到邮政配送人员送货上门的服务。这是云南邮政物流继为安利公司提供仓储和店铺运输服务后双方进一步合作开展的家居配送服务，云南邮政物流也因此成为全国首家为安利公司提供仓储、家居配送一体化服务的物流商。从 2004 年 6 月 1 日起，云南邮政开始为安利这家在全球 80 多个国家和地区成功开展业务的跨国企业，提供仓储管理及昆明、大理、贵阳、遵义、攀枝花等地分店的产品运输服务。业务运行几个月后，云南邮政物流良好的服务获得了安利公司的认可，于是他们决定由云南邮政物流进一步为公司销售代表提供家居配送服务。安利项目的运作提升了云南邮政物流的整体运作能力，树立了云南邮政物流品牌，也为邮政物流创造了良好的经济效益。

必备的理论知识

8.1.1 物流分销渠道的含义

分销渠道又称销售渠道，是指物流企业的产品或服务项目从物流商向消费者或用户转移过程中取得产品所有权或协助转移产品所有权的所有组织或个人。

物流分销实际上是将物品从接收地向目的地所进行的有效转移。通俗地理解，就是物流企业将既定货品通过一定的方式，送交货主的过程，实施这一过程的渠道就是物流渠道。一般来讲，物流企业的分销渠道主要包括运输企业、货主、仓库、货运场站以及各种中间商和代理商等。这一渠道的起点是物流企业，而终点则是货主，其余的参与者都是中间环节，主要是为完成物流活动而进行货源组织的各种中间商。具体来讲，包括作为一级独立经营组织的车站、码头、机场、港口等场站组织，航运代理、货运代理、航空代理、船务代理以及受物流公司委托的揽货点等代理商，铁路、公路、水路、航空运输公司等联运公司。其基本模式如图8.1所示。

物流企业 → 中间环节 → 货主

图8.1 物流分销模式

8.1.2 物流分销渠道的功能

物流营销渠道的功能包括：市场研究，服务项目推广，潜在客户研究与接触，对当前客户的配合、服务和支持，资金融通，风险缓释或转嫁，实体配送，合作、合资。

8.1.3 物流分销渠道模式

（1）零层分销渠道

零层分销渠道又叫作直接市场营销渠道，是指物流或服务产品从物流商向客户的转移过程中不经过任何中间商转手的市场营销渠道，即物流商直接将物流或服务产品转移给客户。其主要方式有：业务员上门推销、邮寄产品目录、电视直销、网上直销、物流商自建分支机构承揽客户业务等，如图8.2所示。

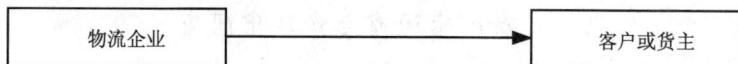

物流企业 → 客户或货主

图8.2 零层分销渠道

（2）一层分销渠道

一层分销渠道是指只有一种类型的中间商，在物流市场上通常是指一级货代，在产品市场上则可能是代理商或经纪人，而在零售市场则可能就是零售商，如图8.3所示。

```
┌─────────┐      ┌─────────┐      ┌──────────┐
│ 物流企业 │ ───→ │  中间商  │ ───→ │ 客户或用户 │
└─────────┘      └─────────┘      └──────────┘
```

图 8.3　一层分销渠道

（3）二层分销渠道

二层分销渠道是指包括两类中间商，在物流市场上物流产品或服务项目需要经过一级、二级、三级货代公司实现物流服务项目的转移、推广和运营，在消费品市场上通常指批发商和零售商，在产业市场上通常指代理商和批发商，如图 8.4 所示。

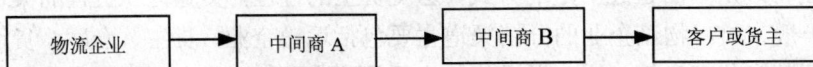

```
┌─────────┐    ┌──────────┐    ┌──────────┐    ┌──────────┐
│ 物流企业 │ ─→ │ 中间商 A │ ─→ │ 中间商 B │ ─→ │ 客户或货主 │
└─────────┘    └──────────┘    └──────────┘    └──────────┘
```

图 8.4　二层分销渠道

（4）多层分销渠道

多层分销渠道指包括三种或三种以上类型的中间商，在物流市场上表现为物流配送的产品要经过三级或更多的物流配送中心，最后配送到物流的终端网络中，如图 8.5 所示。现实中，在消费品市场上通常有一专业批发商处于大批发商和零售商之间，在具体操作时，专业批发商向大批发商进货，然后再卖给无法直接从大批发商处进货的小零售商。另外一种形式是，产品生产商通过代理商将产品发售给批发商或零售商。

```
┌─────────┐  ┌──────────┐  ┌──────────┐       ┌──────────┐  ┌──────────┐
│ 物流企业 │→ │ 中间商 A │→ │ 中间商 B │ ……  │ 中间商 X │→ │ 客户或货主 │
└─────────┘  └──────────┘  └──────────┘       └──────────┘  └──────────┘
```

图 8.5　多层分销渠道

可见，渠道的层次或环节越多，生产商或物流企业对其控制的难度越大。同时，过多的渠道层次，可能会对产品的质量、配置效率、运营成本等造成影响。但在事实上，渠道层次也并不是越少越好，对不同的生产商而言，过于单薄的层次有时候也会造成一些不利的后果，如产品积压、管理成本上升、有效市场半径缩减等。因而，在确定物流分销渠道时，必须综合多种因素进行甄别、选择。

知识链接

商人中间商与代理中间商

商人中间商又成为经销商，包括批发商和零售商。例如，一些国际大型海运公司根据属地便利、重点客户分布等原则，将一些航线委托给当地具有一定实力的企业全权经营经销。

代理中间商一般分为以下几种：

1）企业代理商，是受生产企业的委托签订销货协议，在一定区域内负责代理销售生产企业产品的中间商。

2）销售代理商，是指和许多生产企业签订长期合同，为这些生产企业代销产品。

3）寄售商，是生产企业根据协议向寄售商交付产品，寄售商销售后所得货款扣除佣金及有关销售费用，再支付给生产企业。

4）经纪商，指既不拥有产品所有权，又不控制产品实物价格以及销售条件，只是在买卖双方交易洽谈中起中介作用的中间商。

5）采购代理商，指与买主建立长期关系，为买主采购商品，并提供收货、验货、储存、送货等服务的机构。

小 结

物流分销的渠道建设，是物流市场营销的重要内容，掌握了分销渠道，也就掌握了营销的"剑柄"。

相关作业

1. 简述物流分销渠道特点同其他商品分销渠道特点的异同。

2. 试比较分析不同层次渠道营销的优劣。

3. 案例分析。

在2005年8月26日之前，深圳市越海全球物流有限公司还只是一家名不见经传的普通物流公司，但一夜之间，随着其成为飞利浦显示器在深圳地区的总代理，越海这个陌生的字眼瞬间便出现在各路财经媒体的报道当中。

事实上，早在成为飞利浦显示器在深圳地区的总代理之前，越海就已经与飞利浦建立了长期的合作关系，但这种合作只局限于越海为飞利浦东莞的工厂做原材料进口运输及成品显示器出口及国内物流配送等方面。

之后随着双方合作和了解的深入，越海进一步承接了飞利浦显示器成品出口的运输，初期飞利浦东莞工厂生产的成品几乎100%外销出口。2004年，越海又顺理成章的承接了工厂内销部分的运输、进出口代理贸易等业务。

为了能够满足客户需求，越海作为物流提供商除了给飞利浦提供在东莞的仓库等一系列物流资源，甚至为飞利浦提供资金支持，比如代垫货款等。直到成为飞利浦显示器的深圳总代后，越海除了中间的工厂生产环节外，已经为飞利浦提供了一整套的供应链物流服务。

在业界质疑的眼光下，如今衡量越海此举是否成功的最大决定因素则是，在其成为飞利浦的代理商之后，销售业绩如何？2005年9月份越海交上了一份漂亮的成绩单，当月14 000多台显示器的销量打破了以往飞利浦显示器在深圳地区的月销售记录。

这个结果再次引起了人们的惊叹，越海做了什么？

经越海方面有关负责人陈述，操作过程很简单。在飞利浦的政策中，会给其代理商拨出一部分资金来做品牌宣传、渠道拓展等工作，越海将这笔资金毫无保留地拨给了下线的渠道商，希望能给他们带来更多的利益，下线渠道商自然提高了积极性。"我们在给飞利浦提供物流配送服务的时候，已经得到了我们应该得到的那部分利润，而成为其代理商，本身就是对公司创新的一次尝试，而给我们下线渠道商更多的利益，从长远的角度看，对我们没有坏处。"

事实上飞利浦在深圳地区实行的渠道"换血"只是更换了深圳的总代理，对于总代下面的二级分销商及零售网点并没有进行任何替换。越海接手深圳总代后，也没有对原来的渠道进行大的改动，无论下游的渠道商，还是销售人员，都保持着与原先一样的状态。为了留住以往物流服务的其他品牌客户，越海避开了为同类型产品提供物流服务，比如不再给其他品牌的显示器提供物流服务。

问题：

结合案例谈一谈分销渠道建设在物流营销中的重要性。

8.2 物流市场营销分销渠道的选择

学习目标

1. 了解影响物流分销渠道选择的主要因素
2. 掌握物流分销渠道的主要内容

案例导入

为畅通物流渠道，成都宝钢西部贸易有限公司与重庆港务物流集团在 2007 年 1 月签订战略合作协议，宝钢进入重庆的所有钢材物流业务均将交由重庆港务集团承担。

一方面，成都宝钢西部贸易有限公司作为上海宝钢集团的全资子公司，承担着宝钢在西部的所有业务。在重庆，该公司去年的钢铁销售量就达 30 万吨左右，是重庆汽车、摩托车等行业最主要的钢材供应商之一；另一方面，重庆港务物流集团主要从事集装箱、钢材、矿石、特重大件、仓储服务、干散货运输等业务，年货物吞吐能力可达 3800 万吨，是长江上游和西部地区最大的物流"领军"企业。

为此，宝钢西部公司在此次合作中最大的收益就是减少了钢材进入重庆市场的流通环节，降低了物流风险和成本。据宝钢方面估计，今年宝钢在重庆的钢材销量预计将达 45 万吨左右，在畅通物流渠道后，仅物流成本就可以节约上千万元。

随着合作的深入，双方还将以重庆宝钢钢材中转专用码头、重庆宝钢钢材中转仓库、重庆宝钢钢材精品仓库、重庆宝钢钢材剪切加工中心等项目为载体，实现多种形式的合作共赢。

必备的理论知识

8.2.1 物流分销渠道选择的因素

影响物流分销渠道选择的因素很多，并且呈现出明显出多维度特征，具体如表 8.1 所示。

表8.1 影响物流分销渠道的因素

影响因素	因素细分	零渠道或短渠道	长渠道
物流市场因素	货主数量	少	多
	服务区域分布	小	大
	服务耗时	少	多
	季节性	淡季	旺季
物流标的因素	货品属性	特种品	普通品
	货品单位价值	高	低
	货品标准化程度	低	高
	物流技术要求	复杂	简单
物流商因素	企业规模与声誉	大和高	小和低
	财务能力	强	弱
	对渠道控制的愿望	强	弱
	营销管理能力	强	弱
	对终端客户的控制愿望	高	低
中间商因素	是否容易找到中间商	否	是
	渠道设置的成本	高	低

8.2.2 物流分销渠道选择

1. 物流分销渠道的分类

按照物流产品在其物流转移过程中是否有独立的中间商参与，可分为直接渠道和间接渠道。没有中间商参与的是直接渠道，如有中间商参与则为间接渠道。按渠道的层次和环节划分，一层渠道称为短渠道，一层以上的渠道成为长渠道。按渠道中每个层次上同类中间商数量的多少划分，如物流企业在同一分销层次上只选择一家中间商代理自己的产品或服务，称其为窄渠道；而如果这一数目在两家或两家以上，则成为宽渠道。

2. 分销渠道选择

（1）直接销售与间接销售的选择

如果物流企业供应能力大、产品或服务项目销售面广、客户分散，企业没有能力将产品送到每一个顾客手中，这时只能选择间接销售渠道。

而从物流企业的角度考虑，如果分销涉及企业的核心物流业务或技术复杂的物流服务，如物流网络规划或物流信息系统建设以及特种品、危险品的物流问题，就可以采用直接渠道或环节较少的渠道模式。

（2）分销渠道长度的选择

分销渠道越短，物流商承担的销售任务就越多，信息传递越快，销售效率也就越高，同时，对渠道的控制也将随之增强。而分销渠道越长，则中间商承担的总的销售渠道职能就越多，信息传递会因环节的增加而愈加缓慢甚至失真，流通时间也越长，物流商对渠道的控制就越弱。物流商在决定分销渠道长短时，应综合分析自身产品、服务的特点，技术含量，中间商的情况以及竞争者的特点，更为重要的是，要充分考虑到主要客户的需求，提高个性化服务能力。

（3）分销渠道宽度的选择

分销渠道宽度有三种可供选择的方式，如表 8.2 所示。

表 8.2　分销渠道宽度

方　　式	特　　点	优　　势	劣　　势
广泛分销	物流商广泛地利用大量中间商经销自己的产品、服务	可以充分利用不同代理点的资源和能力展开地毯式营销，货源面广	物流商要与众多中间商发生业务关系，而中间商往往同时经销其竞争对手的同类产品，导致渠道难以控制
选择性分销	物流商在一定的市场或区域内，选择少数几个支付能力强、销售经验丰富、信誉较好的中间商推销本企业产品，适用于技术复杂，需要的追加服务或额外服务多，客户对服务要求高等物流产品和服务	减少了物流商与中间商的接触，每个中间商在较大的市场区域内可以获得可观的销售量，有利于培植物流企业与中间商的关系，提高渠道的运转效率，而且还有利于保护产品在用户中的声誉，并使得对物流商对渠道能够有适度的控制	相对广泛分销方式而言，由于代理点的减少，在一定程度上会削弱分销能力，使分销网络的完善程度受到影响。同时，经销商的相对集中，也意味着分销风险的集中，如商誉风险、财务风险、质量风险等
独家分销	物流商在一定的市场区域内只择优确定一家中间商销售本企业的产品。双方签订协议，规定销售权限、利润分配比例、销售费用和广告宣传费用的分担比例等；并约定在特定区域内双方合作的排他性	在签订排他性合作协议后，中间商就不能再经销其他物流企业特别是同类物流企业提供的同类竞争性产品，这显然有助于物流商有效扩大在特定区域内的市场竞争力，同时，产品、服务的专一经营，也有助于服务质量的持续提升	独家分销就意味着在一定区域内营销的点少面窄，会对拓展客户资源造成影响。与前两类方式相比，此种方式会造成各类风险的高度集中，在一种非常特殊的情况下，物流商甚至可能受制于中间商

（4）县级以下城市物流分销渠道的设置

这类城市的客户往往处于物流分销网络的末端，其配送、运输、仓储等，都不具有单元化作业的规模性。由于这类客户往往规模较小、实力较弱、订货量少，各种规格货物的交付大都只能以箱、盒、件计，很少使用托盘、叉车等工具，这本身就造成了很大的不经济和低效率。

这种特性的影响向前可以一直延伸到配送中心，大量的拣货、分类及合并作业都需要在配送中心完成。对于尚未达到一定规模的物流公司，这种情况会大大增加成本负担，严重影响作业效率。同时，受道路交通的限制，在配送、运输时一般都采用小车型，每车装载量小，单位里程的运送成本高。

由于市场需求和历史环境因素的影响，县级以下城市的第三方物流商（包括独立的运输商、配送商和仓储商）发展层次也比较低，人员素质不高、基础设施落后，车辆状况参差不齐。因而，对这些区域物流分销渠道成员的认真筛选就显得很有必要。比较常用的是在派专业人员进行现场考察认证的基础上，通过招标的方式进行，主要考察项目见表8.3。

表8.3 招标方式考察项目

仓库设施及工具	有无电话、传真、计算机等信息联络工具
	环境、卫生、设施、库容、管理等方面是否符合要求
	是否有确保进行全天候作业的防护设施
	收货平台是否满足各种方式到货的需要
	对叉车、托盘等有无维护保养政策，有无维修保养记录
	仓库所处位置交通是否便利？是否有铁路专用线
运输商设施及工具	有无电话、传真、计算机等信息联络工具
	车队面貌及车辆状况是否符合本公司要求
	车辆维修管理制度是否完备
	是否有车辆保养制度，保养项目及频率
	是否有完整的车辆维修、养护、检查等方面的记录
	是否配有初级车辆维护、维修人员

小 结

选择分销渠道需要结合自身实际进行多维度地综合考虑。合适、正确的分销渠道，将会对企业的盈利能力和竞争力起到显著的促进作用。

相关作业

简述选择分销渠道的原则。

小组模拟仿真

要求小组讨论，并将活动成果以小组为单位提交电子作业。

分销渠道分析

1. 岗位角色

全班同学自由结组，每组6~8人。

2. 活动要求

小组人员分工明确，团结协作。

3. 模拟步骤

1）分组。
2）各组分别进行集体讨论，明确组内分工。
3）按照分工进行资料收集、整理、撰写分析报告等工作。
4）提交分析报告。
5）各组分别选一名代表对所有分析报告进行点评、评优。

4. 作业展示及评价

考核测评见下表。

考核测评表

	A组	B组	C组	D组	E组	F组	G组	H组	得分
A组									
B组									
C组									
D组									
E组									
F组									
G组									
H组									
失分									

说明：测评采用两两对比方式，横排为某组得分，相应的竖列为其失分；如认为横排对应小组作业好于竖列对应小组，则填写"1"，反之则填"0"；填写时应注意对应关系，如在A组与E组交叉处填写了"1"，则必须在E组与A组交叉处填写"0"；最后的总得分与总失分应相等。

8.3　物流市场营销分销渠道策略

学习目标

1. 了解物流分销渠道系统的种类
2. 掌握物流分销渠道策略选择的主要依据

案例导入

成都西码数据工程有限公司是飞利浦显示器西南销售中心。由于在过去的几年里取得了不错的销售业绩，今天的西码数据，已经建立了在西南地区显示器销售中的威信和影响力。

"以往在外地时，我体会不到西南地区的物流困难到什么程度。到了成都后，我真正的明白了这里的情况。最困难的时候，从成都下的订单，差不多经过半个月，才能够收到货。这其中除去生产时间，运输时间基本上都要花掉一个星期以上，造成的损失不可估量。"这样的效率，曾经让西码数据失去了一些订单，也让刚到成都的王澄宇总经理感受到了空前的压力。

要使飞利浦显示器的销量得到突破，必须在物流上节约时间，争取更多空间给经销商。症结找到后，王澄宇开始"治病"。他找到负责飞利浦显示器的物流公司，详细了解了从工厂到成都的距离，道路情况，甚至连车辆情况和天气情况也同样关心。在经过核实和计算，王澄宇对负责物流的货运公司提出了4天以内到货的要求。

物流的突然提速，给仓储和销售很大的压力，两个月前，西码的办公区都成为了仓库，当时王澄宇就戏言："什么时候能够保持如此高的物流速度，同时我这里不再这么拥挤，那也就到了我不再烦恼的时候。"

物流跟上了发展的步伐，销量再不能取得突破，就显得缺乏说服力。西码针对以往的渠道，动了一次不大不小的"手术"。"西码的理念和任务是管理渠道和销售，因此，为了树立更加良好的形象，西码将渠道进行了整合和清理，按照经销商的实力，将潜力大、销量增长迅速的经销商，作为了西码重点扶持的合作伙伴，这样的思路，很大程度上不同于以往只注意大经销商的理念。"通过这样的扶持，在几个月内，西码迅速建立了新一代销售渠道。在整合后，西码依靠主力经销商，和这些新兴的经销商，将飞利浦销售量也得到了迅速的提高。

必备的理论知识

8.3.1 物流分销渠道系统

1. 直接渠道系统

传统的直接渠道就是上门推销，随着营销理论和现代科学技术的发展，现代直接渠道的内容也日益广泛，包括广告、电话直销、电视直销、邮购直销、网络直销等。

2. 垂直渠道系统

垂直渠道系统是指物流企业与中间商组成的统一系统，由具有相当实力的物流公司作为牵头组织者，其主要形式有公司式、管理式和合同式等。

1）公司式垂直分销系统。由一家物流公司拥有和统一管理若干个分公司和中间商来控制整个分销渠道。

2）管理式垂直分销系统。由一个在行业内处于领先地位的物流企业组织，并管理和协调物流过程的各个环节，综合协助整个货源的组织和运输存储的渠道系统。

3）合同式垂直分销系统。由不同层次的独立的物流企业和中间商在物流过程中组成，以合同、契约等形式为基础建立的联合经营形式，目的在于获得比单打独斗时更多的综合收益，如一个中间商同时代理多家物流企业的业务。

3. 水平分销系统

水平分销系统由两个或两个以上的物流企业联合，利用各自的资金、技术、运力和网络等优势共同开发和利用物流市场机会，如汽车运输公司与海运、内河航运、航空、铁路运输等合作的联合运输渠道形式。

4. 多渠道分销系统

多渠道分销系统是一个物流企业在细分市场的基础上，建立两条或更多的分销渠道，以满足客户的个性需求。通过建立多种渠道，物流企业可以更好地满足客户需求，增加市场覆盖面，降低渠道成本，实现规模效益。但在实际运营中，应避免由此带来的渠道冲突。

知识链接

物流渠道中间商

物流渠道中间商指专门为物流企业组织货源、承揽某一个或多个物流环节业务或为供需双方提供中介服务的机构。目前主要有两种存在形式，一种是拥有一定的自有设施，如港口、码头、机场、铁路、集装箱货运站、货物托运站等，并以经营这些设施为主要业务和利润来源的组织；另一种是货运代理人，利用信息、人脉等优势，在发货人、收货人和承运人之间充当中介作用，如订舱揽货代理、货物装卸代理、货物报关代理、理货代理、储藏代理、集装箱代理、转运代理等。

8.3.2 物流分销渠道设计策略

（1）确定分销渠道的模式

分销渠道模式的主要内容包括是否选用中间商以及选用的数量、分销渠道的长短、宽窄，渠道成员的确定等。做出这方面的决定，要符合企业的发展战略、营销目标，并需综合考虑成本效益等因素。

（2）中间商的选择

中间商是决定分销渠道质量的关键因素之一，在选择中间商时，应充分考虑以下因素：

1）中间商的经营范围及市场覆盖面。中间商的经营范围应与物流企业服务内容相一致或具有互补性，其所能覆盖的市场原则上应是物流企业的主要目标市场。

2）中间商的资金实力和信誉状况。这方面情况的甄别，可以从查看工商登记、纳税情况、同业反映、客户反馈等渠道进行。

3）中间商的营销能力、业务管理水平和专业化程度等。这些方面的指标越高，保障分销网络高速有效运营的机率就越大。

4）中间商对物流产品和市场的熟悉程度。中间商的熟练运作，对物流企业而言可以起到事半功倍的效果。

5）中间商的促销政策和技术以及其地域优势和预期合作程度等。

（3）确定中间商数量

中间商数量的确定，应在认真遴选的基础上，结合分销渠道策略的制订一并进行。

（4）明确分销渠道成员的权利和责任

在确定成员后，应明确规定价格政策、销售条件、经营许可范围、广告宣传、员工培训、信息沟通等多方面的权利和责任。

小 结

不同的分销渠道系统，其特点也不尽相同，在设计分销渠道时，应按照务实、谨慎和价值最大化的原则进行。

相关作业

1. 简述物流分销渠道系统的种类。

2. 物流分销渠道策略选择的主要依据有哪些？

本 章 小 结

渠道策略是物流市场营销的一个重要组成部分，本章重点讲述了物流市场营销的渠道策略，物流企业分销渠道的基本模式以及渠道变化的趋势，物流企业在渠道选择中要遵循既定的原则进行。

相关素质要求

1. 良好的语言表达能力、协调能力和沟通能力
2. 一定的营销学基础和物流基础
3. 具有较强的组织能力和预见能力

作品展示及点评

（根据本章所学内容，要求学生利用课堂时间分小组进行"作品展示"活动。作品可以是实际操作，也可以是工作方案，还可以是围绕本章作业制作的 PPT 课件。作品展示过程要求配解说。）

思 考 与 练 习

一、简答题

1. 物流分销渠道有哪些模式？
2. 如何选择物流分销渠道？
3. 物流分销渠道策略设计的主要步骤有哪些？

二、案例分析

著名的全球快递和物流供应商 TNT 集团经过一年多的悉心筹备，正式推出了快递特许加盟项目，给国内的投资者提供了难得的机遇。

在上交会现场，TNT 的展台前人满为患，工作人员不断在向观众解释相关的问题。据记者了解，TNT 为世界五百强物流企业首次在中国推出特许加盟计划，为了保证集团的品牌形象，所以对加盟者的条件会比较严格。

例如，加盟者必须有良好的个人或公司信誉，能保证运营的充足资金实力，具备一定的经营管理能力和客户开拓能力，最好能有相关行业运作的经验。其中投资预算分为加盟金 10 万人民币，保证金 10 万人民币，特许权使用费为营业额的 6%，如果包括 TNT 计算机系统和初期购置车辆预算，整个的投资预计 50 万～100 万人民币。符合以上条件的加盟者，TNT 会有特许加盟部人员对其进行细致的评估，如果一切顺利的话，在 1～3 个月的评估期后，你就可以签订加盟合同，正式成为世界五百强企业 TNT 中国网络中的成员了。

此后，加盟者可以获得五年 TNT 品牌的授权，TNT 快递的经营和运作模式，TNT 全球跟踪查询系统，TNT 国际和国内运输网络的互相支持，市场营销活动的指导和大客户的协助开拓，其中最重要的是可以参与 TNT 大学的培训机会，包括营运、销售、客户服务、计算机系统、财务管理等一系列的培训与指导。

中国的物流产业正处于蓬勃发展的过程中。国外四大物流巨头 UPS、DHL、FEDEX、TNT 纷纷抢滩中国，但国内地区的网点建设一直是他们心中的痛，相比和国内物流企业合资或直接花重金收购具备成熟网络的物流企业来说，TNT 的特许加盟无疑是聪明的举措，通过加盟商的进入而扩大集团公司的物流网点布局。

问题：

1. 物流企业自建网络需要耗费相当多的各种资源，管理难度也较大。通过加盟的方式进入物流业显然相对比较容易。试分析一下物流加盟应注意哪些问题。

2. 物流企业渠道建设除加盟外，还有哪些方式？

第**9**章 物流客户关系管理

物流客户关系管理是物流市场营销课程重要内容之一，在市场营销实务操作中不可或缺。本章内容主要介绍物流客户关系管理的五大部分（信息的收集和整理、价格及赢利能力、满意度分析、客户的开拓、巩固）相关知识，并通过对实际案例的导入分析，加深对客户关系管理环节的了解和把握。物流客户管理是指在物流营销领域中，在客户信息收集和分析的基础上对客户的状况进行把握，在客户需求的拉动下，为使物流竞争力最强而利用信息技术和管理技术，将物流业务伙伴的业务流程相互集成，从而实现产品设计、原材料采购、产品制造、仓储配送、分销与零售集成化，并进行优化管理，进而实现客户价值最大化的管理模式。

9.1 物流客户信息的收集和整理

学习目标

1. 了解物流客户信息的概念和意义
2. 了解物流客户信息收集和整理的整体过程和重要性
3. 掌握客户信息收集和整理的基本流程
4. 掌握收集和整理工作应注意的问题

案例导入

小张中专一毕业就到某物流公司做营销员，因其勤奋好学，小张的工作得到了领导的认可，只是业绩攀升不快。通过不断的摸索，小张发现业绩好的营销员客户很多，可自己刚刚工作，在本地也不认识几个人，怎样去挖掘更多的客户呢？客户多了怎样和这么多的客户进行联系？

请大家帮助小张想想办法，这些问题应怎样解决。

必备的理论知识

9.1.1　物流客户信息的定义和地位

物流客户信息是随企业的物流活动同时发生的，是与物流订货信息、库存信息，生产指标信息、发货信息等相对应的组织或个人信息的集成。在这个信息整体中，客户的订货信息是最基本的信息，它是物流企业备货（包括生产企业生产制造和流通企业进货）、发货的依据，同时也是管理和控制物流活动的基础。

因特网和信息技术的飞速发展，使得人们随时都能获得基于实时的信息，这一点对物流客户管理有着决定性的意义。迅速和准确的取得物流客户信息是物流管理的关键，它们不仅能够改善物流运作，设计出新的和独特的物流解决方案。而且还能够拓展物流管理的应变能力，使物流达到前所未有的作用。

9.1.2　知识储备

1. 物流客户信息的收集

（1）物流客户信息收集的要求

1）信息充足。充足的信息是物流系统提供有效服务的前提，物流专业人员应了解物流信息系统并科学地运用、管理物流信息系统；而有关部门人员也应在管理中懂得适应物流信息管理的需要，以更好的开展企业的营销工作。

2）信息准确。准确的信息才能为物流系统提供帮助，少量的模棱两可的信息只会导致物流决策的失误。传统的借助会计核算和管理控制系统所提供的信息已经无法满足物流决策的需要。接触物流客户、收集物流客户及相关信息已成为客观必然。

3）通信顺畅。要及时掌握物流信息，通信顺畅是有力的保障。实现通信顺畅，应根据信息使用者对信息的用途、目的、需要和习惯，选择信息的传递方式。

（2）物流客户信息收集的原则

信息的收集是信息流运行的起点，信息的质量决定这信息时效价值的大小，是信息系统运行的基础。在物流客户信息收集过程中应遵守以下原则：

1）针对性。围绕物流活动针对不同经营管理层次、不同目的和要求收集有用的信息。

2）系统性和连续性。系统的、连续的信息是对一定时期客户状况的全面、综合、动态的描述，它既对预测未来的物流经济发展具有极高的使用价值和研究价值，又对眼前的物流客户管理和物流服务运作提供极大的帮助。

3）计划性。收集物流客户信息以科学合理的计划指导将使得信息收集工作具有更强的目的性和效率性。

（3）物流客户信息收集的内容

物流客户信息的内容包括企业内部客户、外部客户以及内外客户间发生的所有信息。其目的是及时调整和改进客户管理方法。

反映物流客户信息的指标包括：市场占有率、市场覆盖率、投诉抱怨率、投诉问题的细分与概率、内部职能协调与流程响应时间、企业对客户响应时间的统计、妥善处理各项问题所需时间、环境与产品、服务的协调性、价格适度性、员工服务态度和技能水平、客户关系管理系统运行性能和状况。

（4）物流客户信息收集方法

物流客户信息的收集程序一般包括确定收集范围及目标，制定收集计划，选择收集方式，进行信息收集等。其中最重要的是物流客户信息收集方法的运用。物流客户信息收集按获取方式可分为一般收集方法、现代收集方法以及客户调查收集法等。

1）一般收集法，一般收集法是常用的信息收集方法，主要有以下几种：

第一，统计资料法，主要是借助各种原始记录收集资料，因为资料较分散，需汇总整理。

第二，观察法，由营销人员实地观察取得。信息来源直接，无主观色彩。

第三，会议现场收集法，通过学术报告会、经验交流会等会议现场收集。

第四，阅读法，通过阅读报刊、图书等信息传播媒介收集信息。

第五，视听法，通过电视、广播等信息传播媒体收集信息。

第六，多项沟通法，通过建立信息联络网，在相关单位或部门间互通情报的信息交流方法。

第七，聘请法，聘请企业外部人员为企业收集信息。

第八，购买法，向信息中介公司有偿取得资料的一种方法。

第九，加工法，依企业的建制，按需要汇总基础数据形成有用信息的方法。

2）客户调查收集法。客户调查收集法一般采用以下方式：电话调查、邮件调查、神秘客户调查、焦点人群调查、对"失去"的客户的调查。

第一，电话调查。电话调查能够很快获得反馈，但要操作适当很不容易，接受电话调查的人容易将其与电话推销混在一起。实际操作中最好从熟悉的客户入手，因为他们熟悉公司的业务流程。对于一个大型的调查，就需要雇佣调查公司，它能够开发一个适合您的调查人群的主题列表。要使电话调查达到理想的效果，应遵循以下原则：调查要简短、按计划行事、问题要具体明确，且容易回答。

第二，邮件调查。邮件调查的前提是确定邮件内容，选定邮件格式。调查邮件的内容通常包含调查的目的、方式，调查的具体问题和调查结果的利用几个方面。一个有吸引力的邮件具有以下特点：调查目的明确；语言通俗易懂，便于阅读；调查问题清晰，易于作答；对客户的信息保密；有激励因素。

邮件调查问题的常见样式有是/否问题和五分等级两种，例如：

我们的工作满足了您的要求了吗？

是　　　　否

您对我们的产品或服务满意程度是多少？

非常满意　　　满意　　不满意　　很不满意

调查问题涉及企业计划的执行、服务的质量、客户的满意程度和客户更换供应商的可能等，实际中采用邮件调查应注意这样几个问题：

ⅰ）调查邮件的填写时间，一般情况下企业应保证客户完成调查邮件的时间不超过3分钟。

ⅱ）仔细推敲问题，调查问题应便于客户客观作答，避免出现引导型问题、带有偏见的问题。

ⅲ）引起客户的重视，将调查表与订单等其他资料放在一起邮寄给客户的做法不足以引起客户的重视，要求雇员将调查表分发给客户，并且询问客户是否能够完成该项调查。

ⅳ）方便调查数据的存储。

ⅴ）留出评论的空间。客户超出调查表以外的评论内容或许是有用的，因为客户的感受、视线不受惯性思维的制约。

ⅵ）提出有关竞争对手的问题。

第三，神秘客户调查。神秘购物者是一种流行的考察方式，它能够使公司对客户服务水准作出现实的评价。它的方法是：聘请某人光顾公司，让他考察服务人员的客户服务水准，如服务等待时间、友善态度、热情程度、服务技能等；同时也可以请本公司的雇员做神秘的购物者，去体会竞争对手的服务。这样做，一方面可以让公司的雇员体验做客户的感受和需求，使得公司的服务更加贴近客户；另一方面通过学习竞争对手的经验或吸取对手的不足，修正本公司在经营、服务中的偏差。

第四，焦点人群调查。焦点人群调查是对特定人群进行的调查，被调查人群因调查的内容、接受的反馈意见的程度和接受方式不同而有所不同。开展焦点人群调查首先应制定周密的计划；其次在发出的邀请函中应表明被邀请人员所具备的条件；最后是对焦点人群会议实施有效的控制。此外主持焦点人群会议时还应注意以下几个方面：

ⅰ）会议的环境。宽敞明亮的会议室可以让调查者产生畅所欲言的良好感觉。

ⅱ）会议的准时性。准时的会议让被调查者感受到尊重。

ⅲ）主持人员保持中立的态度。主持人员竭力为公司辩解会挫伤与会者发言的积极性。

ⅳ）配备会议记录设备或人员。

ⅴ）具有吸引力的焦点人群调查在会议之后会向与会者致谢并赠送礼品。

第五，对"失去"的客户的调查。对"失去"的客户的调查是一件值得花时间做的事情。重新赢得流失的客户，对企业来讲无疑是一个极好的正面宣传，是公司实力与服务水准的良好体现。而且这部分客户往往会变得极为忠诚。对失去的客户的调查一般通过电话进行，需要向客户保证尽量占用他最少的时间，同时要表明公司对他们的关注，以赢得他们的信任。对失去的客户进行调查，应遵循以下步骤：

ⅰ）确定"失去"一词的含义和时间标准，如一个月或半年等。

ⅱ）使用中立人员打电话。

ⅲ）做好获得客户准确、具体答案的准备。

ⅳ）让客户提出要求和可行的解决方法。

3）现代收集法。现代收集法的最显著特征是运用现代信息技术，当前常用的现代信息收集法主要有网络收集法和数据库收集法两种。

网络是现代信息收集的主要手段，它具有快捷、直观、丰富的特点，在因特网上，企业可以自设网站征集信息，也可从别的网站下载自己需要的信息。建立数据库从大型数据组中寻找所需客户资料是数据库收集法的特点。

2. 物流客户信息的整理

通过物流经营活动或有意识的调查活动所获得的资料是零散的、相互孤立的，要合理利用这些不规范的信息就必须对他进行系统的加工和整理。物流客户信息整理是采用科学的方法，对收集到的信息进行筛选、分类、比较、计算、存储、使之系统化、条理化，综合反映物流客户特征的工作。物流客户信息整理是物流客户管理的重要工作。

（1）物流客户信息整理的要求

物流客户服务过程是企业在为客户提供物流服务产品的同时，不断维护、发展良好的客户关系的过程。因此，物流服务人员必须能够及时从企业获得有用的、准确的信息，全面了解客户与公司的关系；如果企业不能为员工的工作提供足够的信息支持或客户的要求超出了客户服务人员所熟悉的领域，物流服务人员就无法满足客户的要求。为了改善与客户的关系，物流企业必须通过调查积累大量的物流客户的信息，通过整理形成有用的客户信息，并及时向需求部门传递信息。物流客户信息的整理一般要求如下：

1）可以满足为客户提供有效服务的要求。客户在提出问题时都希望能够获得快速、准确的答复，因此信息的整理分类应包括客户的偏好和历史等资料，使得客户的反馈得到及时的响应。

2）满足不同部门的具体适用要求。通过整理后的物流客户信息应能够及时、便利地满足物流企业各相关部门的需要。如通过跟踪安装检测、保修条款、服务合同等问题的记录和归类整理，可以为公司更准确的估计服务的劳动成本和零部件成本，而这些服务信息又成为制定服务价格、签订服务合同的依据。因此物流客户信息的整理应达到信息共享的目的，便于不同部门的访问、使用。

3）方便工作流程管理。工作流程是指为完成某个目标所采取的一系列的步骤。有用的信息是工作流程顺利实现的前提，客户的信息应通过不同的报表格式输送到需求的地点。以分类信息为核心内容的工作流程管理系统应具备记载相关信息的功能，包括谁在做什么、过程运行周期、成本等内容。能给工作人员提供恰当的数据，对工作流程起到推动和监控作用；同时也能为提高客户满意度提供支持，为回答客户咨询的员工提供及时、准确的信息以及为使各地员工都能访问各业务系统的全部信息提供有用的数据。

4）对客户反馈意见归类。物流企业的客户信息收集和反馈系统在收集、记录客户反馈的同时，还应能够及时地分类、汇总客户的反馈意见。通过对客户意见的分析，找到企业运营中存在的薄弱环节，准确调整企业的服务方针、策略和工作流程，从而实现对客户期望的最大满足。

（2）物流客户信息整理的目标

物流系统运行与客户服务相伴而行，客户服务是物流系统的载体，物流客户信息是物流系统的窗口。物流客户信息整理的目标主要包括实现物流系统的服务目标、快速及时目标、节约和规模化目标以及库存调节目标。

1）服务目标。物流系统是流通系统的一部分，它连接着生产与再生产、生产与消费，具有很强的服务性。在这服务环节中，要求物流企业树立"用户第一"的观念。而实现"用户第一"的目标应以信息的掌握为前提，并在对客户信息作深入分析的基础上，选择有效的形式提供相应的物流服务。

2）快速、及时目标。快速、及时不仅是服务性的延伸，也是现代物流管理提出的要求。拥有丰富、准确的物流客户信息是物流快速、及时决策的基础。物流客户信息整理的快速、及时目标是社会大生产进一步发展的强烈要求，而物流领域的直达运输、联合一贯运输、时间表系统等管理和技术的运用无一不以物流客户信息的快速、及时为前提。

3）节约和规模优化目标。合理的节约意味着投入的减少和利润的增加，而物流经营的规模化也是从宏观上节约社会资源，实现物流运作整体效益的有效方式。而分类、有序的客户服务信息为实现物流效率的提高、物流企业利润的增加提供了坚实的基础。

4）库存调节目标。从宏观调控的角度上看，库存是社会物资的储备；从物流企业的微观管理上分析，库存调节是物流服务活动的延伸，库存决策将直接影响物流企业的效益。只有在拥有完美的物流客户信息的前提下，才能正确决策库存方式，库存数量和库存结构等问题，实现库存的调节生产、消费、运输的作用。

（3）物流客户信息的人工整理方式

物流客户信息的整理有人工整理和计算机整理两种方式。物流客户信息的人工整理是利用手工，借助各种图标形式对物流客户信息进行归类、计算、分析的整理方法。在这种方式下，企业内部物流客户和外部物流客户的信息整理依据和要点是不同的。

1）内部客户工作协调信息的分类整理。物流是包装、装卸搬运、储存保管、流通加工、配送、废弃物流的回收与处理等各系统与功能的有机组合，物流整体职能的发挥，是通过物流各职能部门的互相依赖、互相联系和互相作用来实现的。各职能作用的联系性决定了信息流通、交换的重要性。内部客户工作协调信息的分类整理实质上物流及物流系统信息管理，它强调的是快速反应性、连贯性及协同性。其整理的要点有：

第一，运输，物品损坏率、正点运输率、时间利用率、运力利用率。

第二，仓储，物品完好率，物品盈亏率、物品错发率、设备和时间利用率、仓容利用率、仓库面积利用率。

第三，供应物流，采购不良品率、仓储物品盈亏率、采购计划实现率、供应计划实现率。

第四，生产物流，生产计划实现率、生产均衡率、劳动生产率。

第五，销售物流，销售合同完成率、发货差错率。

第六，回收废弃物流，废品回收利用率。

对上述物流环节信息进行分类整理，有助于企业从总体上把握物流系统的现状，寻找物流系统存在的问题，明确物流改善的方向。内部客户工作协调信息的分类整理一般依据企业的各种内部凭证、计划进行，如采购计划单、质量跟踪卡、领料凭证、结算凭证等。

2）外部客户服务信息的整理。物流外部客户信息的涉及面广、信息量大，按其反映的内容不同，可以分为客户基础资料、客户特征资料、业务状况资料、财务及信用信息和客户行为资料等五个方面。实际中对物流外部客户信息的整理是借助各种整理分析表来完成的。客户信息整理表的内容、格式多样，以下仅就常用表格简单介绍：

第一，反映客户基本情况的整理表。反映客户基本情况的整理表一般有客户等级分类表、客户分布表、客户构成分析表等。这些表格主要用来反映客户的地区分布、等级和对企业的营业额贡献，是企业细分市场的最直接依据。

第二，反映客户特征的整理表。反映客户特征的整理表是反映内部组织结构、相关管理制度和管理层员工情况的表格，如客户情况报告书、客户经营者分析表等。

第三，反映客户业务状况的整理表。反映客户业务状况的整理表是反映客户营销状况、与其相关客户往来情况的整理表。常用的有客户经营状况分析表、客户营销状态分析表。

第四，反映客户财务、信用状况的整理表。分析、解释客户信用状况是客户管理的不可忽视的主要内容，它直接影响物流企业的成本水平，是企业选择客户、发展客户的依据。反映客户信用状况的整理表格。这种表格通常有客户信用度评估表、客户信用状况变化分析表、客户绩效管理表格等。

第五，反映客户行为的整理表。反映客户投诉情况的整理分析活动是物流客户管理的主要内容，它对企业加强物流管理、提高物流服务质量、赢得客户更多的回头率有着及其重要的意义。常用的反映物流客户投诉的情况的整理表有客户投诉处理总结表、客户投诉案件统计表等。

以上是外部客户服务信息整理中常用的部分相关表格，实际中还有其他用途和格式的整理表，在此不必赘述。外部客户服务信息整理通常以各种调查表、信息反馈表、客户投诉表等资料为基础，在步骤上由对资料的分类、汇总计算和集中分析三个环节组成。

（4）计算机分类整理

物流客户信息的计算机分类与整理实质上是建立一个企业甚至整个社会都能随时调用的物流客户信息系统和信息网络。

物流客户信息计算机分类与整理过程由数据存储、数据传输、数据加工和信息输出等五个环节组成，在内容上主要涉及：对用户的订货能否快速送到；接受用户的订货的响应时间；运输途中的交通事故、货物损伤、丢失和发送错误情况；保管中变质、丢失、破坏的现象；是否具有能很好的实现运送、保管功能的包装；装卸搬运功能满足运送和保管的要求；物流情报信息系统能否及时的反馈信息；合理的流通加工，是否能保证生产、物流费用之和最小。

9.1.3 物流信息收集和整理流程图

物流信息收集和整理的流程如图 9.1 所示。

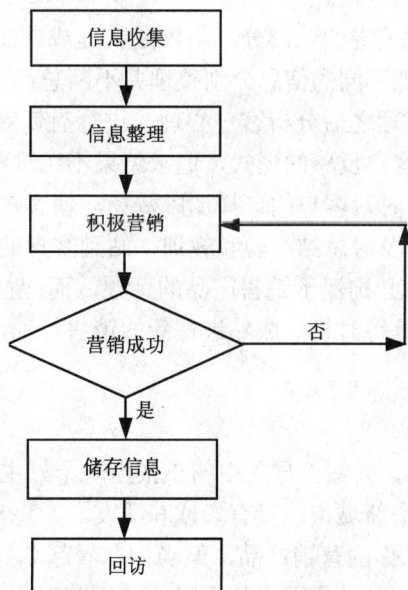

图 9.1　物流信息收集和整理流程

9.1.4 信息收集和整理流程说明

1）信息收集：相关部门、个人通过人工或网络等手段大量收集客户信息，留下直接的联系方法，并把自己的产品和联系方法以书面的形式留给客户。

2）信息整理：将收集到的信息分类整理、保存，以表格的形式备份，并对不同的客户进行分类，列出不同的营销手段。

3）积极营销：对整理过的客户采用相应的营销策略进行物流产品的推广。

4）营销成功：即接受了营销的物流产品，客户感到满意、愉快的接受结果。

5）储存信息：将营销成功的信息进行新表格的保存，分析针对这类客户使用的营销策略，总结并进行相关信息的更新。

6）回访：更多的客户来自于老客户和老客户的信息传播，回访工作尤为重要，可以奠定新一轮营销的基础。

提示：整理信息的过程就是一种收集信息的过程，不断对信息进行分析和整理可以提高工作效率和工作水平。

9.1.5 物流客户信息整理的标准及要求

1）进行物流信息的收集时，注意多种方法的运用，同时注意收集信息时的途径和方法，不能采用客户反感的方式。

2）信息的整理是非常关键的一部分，不仅是整理成书面或备份文档的形式，还要进行分类，利用多种表格把不同的信息分别整理并不断总结和更新。

3）客户信息收集和整理之后分析客户心理，进行有针对性的营销，注重客户的反应，及时应对，不可采取客户反感的形式，追求结果不顾过程。

4）顺利完成营销的同时对客户的选择加以赞扬，使客户和自己同样有成就感。

5）营销不成功时，应及时总结经验和教训，站到客户的角度分析原因。

6）对客户进行回访不必拘泥于销售产品的话题，而应拉近与客户的距离，及时记录相关信息，注重分析，等待时机的成熟进行新的销售行动。

✎ 相关作业

1. 总结本节所学内容，为案例导入中的小张出一个好主意。（注意：小张为刚刚毕业的中专生，且到的是一个新城市，没有亲戚和朋友。）

2. 某单位本来接受了你的营销产品，但当你拿着起草好的合同去签约时，客户却反悔不签了。请分析导致这种结果形成的原因，并研究下一步应怎么办。

小组模拟仿真

（要求小组讨论，并将活动成果以小组为单位提交电子作业）

收集并整理客户信息

1. 岗位角色

将本班同学分为三组，扮图书销售人员对本校老师阅读兴趣进行收集和整理：

校长组，5人，2人负责收集兴趣信息，3人负责整理和汇总；

中层组，15人，将学校中层领导分为三组，进行类似校长组的收集整理工作；

教师组，将剩余同学分为4组，分别对青年、中年和老年教师的阅读兴趣进行收集整理。

2. 活动要求

1）三组人员先进行集体讨论，熟悉自己的职责范围。

2）各小组各尽其责，按照职责分头行动，注意时机和客户态度的把握。

3）互相考核。

3. 模拟步骤

1）各小组明确各自职责范围，并为各自的职责制定说明书。

2）各组人员按活动要求准备各自资料或进行工作准备。

3）活动中，各小组成员密切配合，按相关程序进行。

4）整个模拟营销员信息收集和整理活动，应缮制相关部门和人员进行支持。

5）进行一个完整的信息收集和整理过程模拟。

4. 注意事项

1）各小组可上网查询相关资料。

2）充分发挥团队精神，对本职工作应熟练掌握。

3）表格制作要求尽量完善，达到标准化。

4）对各自小组工作流程能够解说。

5）各小组分别为另外小组打分。

5. 作业展示及点评

考核评分见下表。

考核评分表

考评小组		被考评小组		
考评地点		考评时间		
考评内容	收集并整理客户信息			
考评标准	内　　容	分　　值	实际得分	
	角色扮演	20		
	工作准备	40		
	工作成效	40		
合　　计		100		

注：考评满分为100分，60～74分为及格；75～84分为良好；85分以上（含85分）为优秀。

9.2　物流客户价值及盈利能力的确定

学习目标

1. 了解物流客户价值的定义和地位
2. 掌握客户价值及盈利能力分析

案例导入

某企业集团与国外签订了进出口某种色素绒的合同，由于国内外语言差异的问题，国外商家把这个产品名称都写成了"考花"，而中国该企业为了顺利得到银行结汇，故意将错就错，把该货品所有单据上有关产品名称都改成了"考花"。

请问该企业行为是否可取？

必备的理论知识

9.2.1　物流客户价值的定义和地位

客户分类管理是物流企业有效利用资源、提升管理效率的重要方法。不同客户对企业的价值贡献不同，他们对物流服务的要求也不同。因此对客户进行科学的分类管理，可以促使企业更好地配置和使用资源，使得服务的改进更有成效。

客户价值是客户从拥有、使用产品或服务过程中获得的总价值与付出总成本的差。客户总价值是指客户购买商品或服务期望获得的所有利益，客户总成本是指客户为获得产品或服务所花费的时间、精力以及支付的货币。

9.2.2 知识储备

1. 物流客户价值

客户价值是一种相对价值，通常应从以下四个方面体验、评价客户价值：

1）价值就是低廉的价格。部分客户等同于低廉的价格，表明其价值感中所要付出的货币最为重要。

2）价值就是客户在产品或服务中所需要的东西。

3）价值就是客户付出后所能获得的质量。

4）价值就是客户的全部付出所能得到的全部，因此，客户价值也可以说是客户基于所得和付出而对产品或服务效用的总体评价。

2. 客户价值分析

客户价值与客户的感知有着密切的关系，无法准确计量。这是因为不同客户对同一种产品的期望价值有所不同，即使是同一客户不同时间上的期望价值也会不同。客户进行价值比较所涉及的内容有：

1）客户会将其在购买商品或服务时所付出的成本与得到的价值相比较，付出的成本越小，得到的价值越大，客户就越满意，否则就会认为企业有欺诈嫌疑。

2）客户在得到商品或服务时，还会将这种商品或服务与其他企业的同类商品或服务相比较。只有当客户确认所得到的商品或服务的质量好于其他企业的同类商品或服务时才会感到满意，否则就会认为"不值得"或"上当了"。

3）在品质相同的情况下，客户会更加关注附加价值和服务质量，高附加价值、高质量的服务是客户所期望的。

4）从企业的角度来看，企业也会根据其收益指标和成本指标来衡量客户价值，一般来说，客户的价值是构成企业成本的重要因素，而客户的部分成本将构成企业的价值。因此企业在评估客户价值时，既要考虑产品和服务的成本和价值因素，也要考虑企业与客户的平衡因素。

3. 从客户角度分析价值

（1）客户价值的构成与盈利能力

客户价值是客户购买商品或服务的成本与价值的比较，客户价值的大小由客户总价值和客户总成本两个因素决定。客户总价值由产品价值、服务价值、人员价值和形象价值四个部分构成。

1）产品价值。产品价值由产品的功能、特性、技术含量、品质、品牌等组成，是构成客户价值的第一要素。如果客户不需要你的产品，你的服务再好也无济于事。所以产品是客户给予企业的服务机会和通行证。

2）服务价值。服务价值是指企业伴随实体产品的出售或者单独向客户提供的各种服务所体现的价值。评价服务价值的标准只有一个："满意"，因此物流服务更应该"投其所好"。

3）人员价值。客户所感到的人员价值就是服务人员的服务态度优劣和服务水准的高低，它体现在服务人员的语言、行为、服饰、专业知识和服务技能等方面。在服务终端，服务人员的价值就是要让客户满意，因此企业应该聘请和培训服务人员，帮助他们博得客户的喜欢。

4）形象设计。一方面，品牌形象是客户价值日益重要的驱动因素。另一方面，更好的品牌形象有助于降低客户的购买风险，增强购买信心；个性鲜明的品牌可以使客户获得超出产品或服务功能以外的社会和心理利益，从而影响客户的选择和偏好。对于服务业来说，企业品牌可以帮助客户对无形服务做出有形理解，增进客户对无形产品的信任感，使得客户感知的价值就是企业品牌本身。

（2）客户总成本与盈利能力

客户总成本是客户获得商品和服务时发生的付出，这种付出不仅仅是客户所支付的货币，而是由货币成本、时间成本和精力成本构成。

1）货币成本。货币成本可以精确计量，是影响客户选择商品或服务的首要因素。

2）时间成本。时间成本是客户购买商品或服务等候的时间，在服务质量相同的情况下，等候的时间越长，时间成本越高；同时等候时间越长，客户的不满意情绪越大，从而中途放弃购买的可能性也会增大。

3）精力成本。精力成本是客户在购买产品及服务时，在精神、体力方面的消耗和指出。客户购买活动是计划、判断、选择、执行、体验过程的集成，在购买的各个阶段都要付出一定的精神和体力，如果企业能够通过各种渠道向客户提供全面详尽的商品信息，就可以减少客户为获取信息所消耗的精神与体力。

4. 物流客户价值与盈利能力

客户价值直接决定企业的盈利程度，客户价值越高，客户的满意程度就越高，客户的回头率也随之提高。不仅如此，客户还会将其获得服务的感受告诉他周围的潜在客户，让他们成为企业的实际客户，从而使得企业的价值流入加大。传统的提高客户价值的方法是提高产品或服务的功效，新的营销理念则在此基础上另辟蹊径，着眼于客户成本的降低。

9.2.3　物流客户价值及盈利能力分析流程图

客户价值及盈利能力分析流程如图 9.2 所示。

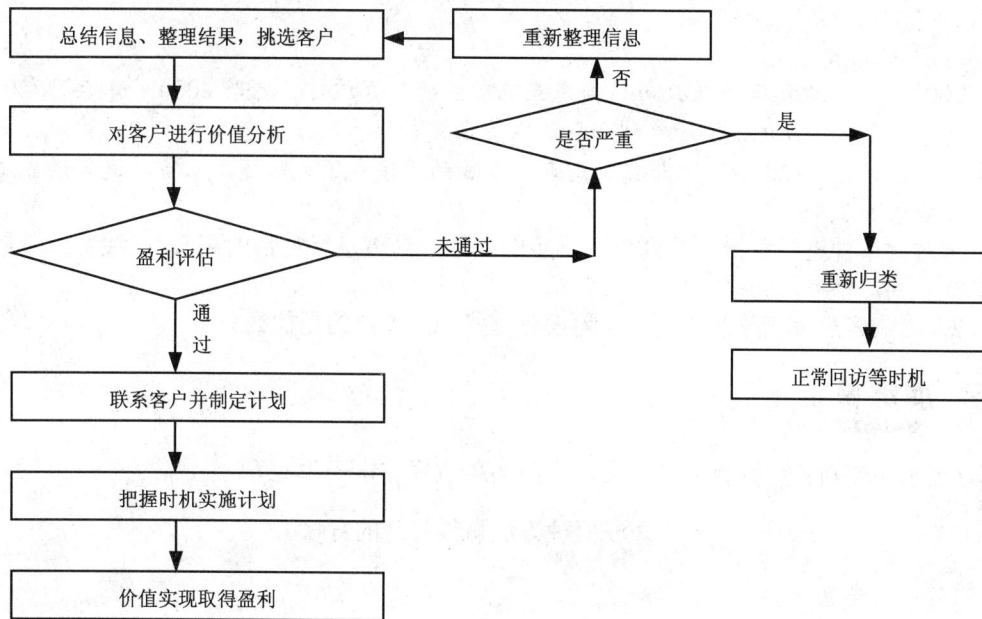

图 9.2　客户价值及盈利能力分析流程

9.2.4　物流客户价值及盈利能力流程说明

1）挑选客户：根据信息收集、整理的结果分析此次营销产品的针对性客户。

2）客户价值分析：按照价值构成和成本核算规程进行价值分析，审视其价值度的大小。

3）制定计划：详细的计划是取得盈利的重要因素，步骤要清晰，要想到细节问题。

4）计划实施：注意把握与客户交流的尺度，切忌引起客户反感。

5）结果分析：盈利的目的能否实现，不能成为不联系客户的理由，定期回访是必要的。

9.2.5　物流客户价值及盈利能力分析注意事项

1）分析物流客户价值应当从长远角度进行，不得只顾眼前利益。

2）新的营销人员可降低精力成本，新的客户可少加盈利比例，以获取长远盈利。

3）与客户联系时，注意客户的心态和对营销产品的兴趣。

4）价值实现、盈利成功可与客户共同分享喜悦，从而加深与客户的感情沟通。

5）重新整理客户信息，定期回访。

相关作业

1．案例分析。

2003 年初，天津某物流公司从山东某电器生产厂家预订了电扇 2000 个和空调 200 台，总价格 150 余万元，预计盈利 30%，准备在夏初销往北京某老客户手中。物流公司给电器厂预付订金 20%后，"非典"到来，货物的运输成了大问题，取货、送货的成本都相应地增加了 15%。

请对此事件进行分析，并列出下一步的计划，是否进行货物的买卖。（注意：不履行买卖合同，订金无法收回）

2．影响客户价值及盈利能力的因素有哪些？最重要的是什么？

小组模拟仿真

（要求小组讨论，并将活动成果以小组为单位提交电子作业）

采取何种方法赢得客户的青睐

1．岗位角色

每组 6 人，分 5 组，1 组为大型商场，另 4 组作为物流公司竞争成为供货商。

2．活动要求

1）各小组集体讨论确定成员的职责范围。

2）准备各自资料。

3）分清角色，进行充分的调查。

3．模拟步骤

1）对自己的角色和所处环境进行全面的分析。

2）模拟竞争过程。

3）相互提问，找错误。

4）互相评价。

4．作业展示及评价

考核评分见下表。

考核评分表

考评小组		被考评小组	
考评地点		考核时间	
考评内容	采用何种方法赢得客户的青睐		
考评标准	内　　容	分　　值	实际得分
	角色扮演	20	
	工作准备	40	
	工作成效	40	
合　　计		100	

注：考评满分为100分，60~74分为及格；75~84分为良好；85分以上（含85分）为优秀。

9.3　物流客户满意度

学习目标

1. 了解物流客户满意度的定义和影响因素
2. 掌握提高物流客户满意度的方法，并能学以致用
3. 能够对物流客户满意度进行全面的评价、分析

案例导入

亚都加湿器

　　人生活最适宜的相对湿度是45%~50%。而我国北方气候干燥，冬季室内的湿度只有10%~15%。北京亚都环境科技公司销售的亚都加湿器利用超声波原理，为人们的生活创造了适宜的湿度。该商品在北京连续两年总销售量突破4万台，日销量最高达500台以上。而在气候条件几乎一样的天津却无人问津，连续三年总销量只有400余台。于是，亚都公司在天津开展"亚都加湿器向天津人民有偿请教"活动，在《天津日报》、《今晚报》刊登"请教"广告，并组织营销人员身佩绶带向全市散发"请教"宣传品14万件。这样一来，"亚都"在天津家喻户晓。公司又将1200多名来信的消费者姓名见诸报端，并赐复"感谢信"，寄出"感恩卡"，并给予特价购买"亚都"加湿器一台……

　　经过这次活动，"亚都"加湿器两个月内在天津市场的销量达4000台，相当于

过去 3 年销量总和的 10 倍。

请问：亚都加湿器初期在天津为何闻者寥寥？亚都公司采取了什么方法打开了销路？

必备的理论知识

9.3.1 物流客户满意度的概念及地位

客户满意度是指客户在商品或服务的消费过程中，商品或服务对客户消费期望的满足程度。有事实显示：每位非常满意的客户会将其满意的感觉告诉至少 12 个人，其中大约 10 个人在产生相同或相近的需求时会光顾该企业；相反，一位非常不满意的客户会把他的不满意告诉至少 20 个人，这些人在产生相同需求时几乎不会光顾该企业。同时有研究数据表明，企业的客户服务水平处于一般水平时，客户的反应不大，一旦其服务提高或降低一定程度，客户的赞誉或抱怨就成指数增长。也就是说客户的满意度直接关系到企业产品的销售量、企业的生存和发展。

9.3.2 知识储备

1. 客户满意度

（1）判断客户满意度

客户在进行购买之前已经形成了一种期望，希望购买的产品和服务能够具备一定的功能。这种期望有些是潜意识的，有些则是清楚的意念，这可以说是一种"事前期望"。试用了产品或接受服务之后，如果效果超过原来的期望或能够符合原来的期望，可以称之为满意或可以接受；反之，若未能达到事前期望，就会感到不满意。因此，客户满意度也就是客户对事前期望与实际获得相互关系的评价。以乘坐出租车为例，乘客乘车之前会预想："司机看到自己招手，然后停车，打开车门，自己进入车内，告诉司机的目的地，最后车子驶出。"如果实际的过程与事前期待一致，大多数人都不会有什么特殊的感觉。但如果车中充满烟臭味，就可能导致乘客不满；相反，如果司机回身问候，就会让乘客感到满意。

1）事前期望小于实际评价时，产品和服务的品质超过了原先的期望，客户会感到喜悦与满足。经过多次这种情况反复之后，客户就会成为所提供产品和服务的忠诚消费者，而且还能带来新客户。这时，企业应通过良好的服务巩固新老客户。

2）事前期望等于实际评价时，期待等于实际，一旦出现有力竞争者，客户就会出现背离。这种情况不能完全保证客户的稳定，唯有"物超所值"才能真正抓住客户。

3）事前期望大于实际评价时，即企业提供的产品或服务没有达到客户预期的水平，客户往往会对产品或服务感到失望，企业会因此而丧失客户。此时，企业需要重新获得客户的信任，然后再使其接受自己的产品和服务。

但是，客户的购买行动日趋复杂，要确实掌握不是简单的事。尤其是"事前期望"随着信息的扩散和客户需求的急速变化也在随时改变，即使同样的商品，所期待的内容也会因人而异。因此，要超越事前的期待并不是容易的事情，企业要随时调整自身的经营策略。

（2）影响因素

影响客户满意度的因素非常多，而且常因行业而易。以下将超越行业范畴，列举客户满意的一般性因素：

1）信赖性：准确无误、交货确实。

2）迅速的对应：立即反应，明确而适时处理。

3）适应性：充分具备提供服务所需的知识与技能。

4）接触：热心接受委托，随时可取得联络，随叫随到。

5）态度：有礼、谦虚、给人好感、注意形象。

6）沟通：倾听客户意见，说明仔细易懂。

7）安全性：身体的安全，财产的安全，注意客户隐私。

8）客户理解度：掌握顾客真正需求，理解客户情况。

9）有行性：舒适的环境，完善的设施，精良的工具、明确的价格表等。

（3）情感指标

情感指标主要是指客户在购买或使用产品服务时的体验和感受。客户的情感指标有以下的层次：

1）满足：产品和服务可以接受或容忍。

2）愉快：产品和服务可以给客户带来积极体验。

3）解决：产品和服务能给客户解决麻烦。

4）新奇：产品和服务能给客户带来新鲜、兴奋的感觉。

5）惊喜：产品和服务超过了期望。

（4）测量客户满意度

有关客户满意度的测量最常采用的方法，就是用事先印好问题和答案的问卷来调查。测量的内容是客户与产品或服务接触之后获得的结果，即客户的满意度。这种调查从访问者的角度来看，他们只要求客户依自己实际感觉来做答，可以说是比较容易实施的方式。

2. 提高客户满意度的方法

从前面的讲述中，我们已经知道客户的满意度是可以量化的，如果企业的客户满意度不高，客户随时有可能背离。这种客户的不确定性，促使企业千方百计提高客户满意度。

提高客户的满意度，关键在于企业能为客户提供个性化产品和及时性服务。20 世纪 80 年代与 90 年代是客户对个性化需求及相应的物流网络的支持提出更高要求的年代。客户即对质量提高了要求，也要求产品价值合理并具有最好的服务水平。很多企业已经认识到及时、灵活、个性化的重要意义。

（1）提高个性化产品和服务

随着商品经济的发展，较多的客户已经不满足成批生产出来的产品，他们对于能提高个性的产品更加青睐。企业可以在保持一定规模生产的同时，为客户提供满足其不同需求的个性化产品，使客户都能获得满意的感受。

例如，海尔公司借助因特网为顾客提供个性化的产品和服务。海尔现有冰箱、空调、洗衣机等 58 个门类和 9200 多个基本产品类型，这些基本产品类型，就相当于 9200 多种"素材"和"佐料"进行组合，并产生出适合客户个性的产品。按照海尔的说法，如果客户需要三角形冰箱，海尔也会提供。

其实，客户对于产品个性化要求主要集中在外形、规格、色彩和特殊的辅助性能上，而对于产品的基本功能的需求则基本上相同，因此企业在现实产品个性化时，可以把更多精力放在产品外形设计和辅助性能上。例如，在商场，我们会看到带有鲜艳色彩的电冰箱，会看到各种各样的唐装，还会看到具有多功能的手机等。应该说，要实现产品个性化，对大多数企业来说并不十分困难。那么，企业如何才能为客户提供更多个性化的产品和服务呢？

1）了解客户真正需求。面对面地了解客户的真实想法，根据客户的需求意向预测产品和服务。

2）让客户参与产品的设计过程。让客户参与产品的规划和设计，使客户感到产品是为他量身订做的。

3）提高企业生产的柔性、敏捷性。进行敏捷化生产，使客户感受到个性化的享受。

4）做好企业的宣传。企业的知名度和信誉度，使客户感到接受产品和享受企业的服务是价值的体现。

5）提供便捷的购物。在客户接受产品和服务时，使客户感到便利，及时配送。

6）售后服务，后续服务。

（2）增强客户体验

客户很在乎与你做生意的感受，尤其是对某种产品或服务或某企业有感情的客户，很难用打折来改变主意。忠诚的客户群如同企业的合伙人或家人，由于他们对企业的关心，所以会很热心地向企业提供建议。当他们表达的意见为企业接受时，更会加强他们对企业的忠诚度。

通常大部分的客户对细节十分注意，他们希望企业提供的服务是"够水准的"服务；希望企业能拿出实际行动做好服务，而不是光喊口号；希望企业能及时为他们解决难题。他们在购买产品和接受服务时是一种体验，因此增强客户体验是培养客户信任感的重要方法。对此，企业应当做好以下几点：

1）树立为客户服务的理念。服务受到好评的企业，在经营理念和行动中，大多有良好的服务理念。例如，在航空货物运输方面已建立起稳固地位的美国飞递航空，其服务理念是："保证隔日送达"。这个理念简单明确，被消费者广泛认可。为了使客户满意，企业必须明确应该做什么以及应该如何做，这对任何企业而言都具有非常重要的意义。企业要做到全面优质服务，就必须将为客户服务的理念贯彻到企业营销活动的全过程中，对每个员工都要进行企业理念和客户服务的教育培训，如接电话技巧、销售步骤、衣着打扮、应对礼仪等。在美国迪斯尼乐园工作的人员有上千人，单单是负责"打扫环境卫生"这件简单工作的人就至少接受整整四天的训练，而这些人只是迪斯尼乐园的临时工，尽管他们只在迪斯尼工作不到三个月的时间。

2）制定合理有效的服务质量标准。由于服务的无形性特征，使得服务质量难以管理。服务提供之后随即消失，不会留下证据，很难显示出服务不良的程度。以餐厅为例，顾客虽然抱怨饭菜不好吃，但是味道好坏并没有客观的标准。因此，企业要对服务质量进行管理，就必须制定出合理有效的服务质量标准。

例如，海尔集团提出了售后服务的宗旨，即用户永远是对的；制定了"12345 服务规范"，即：一证件——服务人员上门服务时出示"星级服务资格证"，二公开——公开出示海尔"统一收费标准"，公开一票到底的服务记录单，服务完毕后请用户签署意见，三到位——服务后清理现场到位，服务后通电试机演示到位，服务后向客户讲解使用知识到位，四不准——不准喝用户的水，不准抽用户的烟，不准吃用户的饭，不准收用户的礼品，五个一——递上一张名片，穿上一副鞋套，配备一块自垫布，自带一块抹布，提供一系列展示产品通检服务。

从海尔服务可以归纳出，有效的服务质量标准应具有以下特点：

第一，从客户需求出发。尽全力满足客户需求，能够今天送去的绝不拖到明天，能够现在改的绝不再等一下。

第二，员工接受。员工必须理解并接受企业确定的标准，才会切实执行和落实。

第三，强调重点。避免质量标准过于繁琐，使员工无法了解服务的主要要求。

第四，具有一定灵活性。员工能根据不同客户的具体情况灵活地执行服务质量标准，有针对性地提供特殊服务。

第五，标准高低适中。如果企业制定的服务质量标准太高，员工无法达到，就会产生不良反应；反之，则无法提高员工服务质量。

3）向顾客做出的承诺一定要兑现。客户希望企业拿出实际行动做好服务，而不是光靠喊口号。成功的企业必定是心口如一，他们怎么说就怎么做。"一诺千金"有助于形成客户信任，一次的失约就会导致客户的背离。

4）服务质量的考核和改进。做好服务质量检查、考核工作，才能使员工进一步做好服务工作。企业应定期考核员工的服务质量，并将考核结果反馈给有关员工，不断进行改进，提高服务质量。高质量的服务可以提高企业的可信度，增强客户对服务的满意度，产生有利的宣传效应，并能鼓励员工，增强员工和客户对公司的信任感。

（3）制定服务质量标准

1）衡量服务质量的标准。其主要内容包括以下几点：

第一，可靠性，企业是否按照国家标准、行业标准和承诺标准服务。

第二，反应性，企业是否对客户需求具有快速反应的能力。

第三，权威性，企业能否为客户提供服务而使客户信任。

第四，体贴性，企业能否为客户着想和服务。

第五，有形证据，业是否有证据表明企业为客户提供了服务，客户是否感到享受服务的快乐。

2）客户服务质量评价标准——7Rs。服务为客户所需要，以适当的产品和服务来满足客户需要，有助于提高客户的满意度。服务质量是相对的，而不是绝对的，你比同行做得更好，你的服务价值就更高。服务质量虽然由客户决定，并且不同客户对服务质量有不同的标准，但企业提高服务质量即可以通过满足或超越客户的期望值来实现，也可以通过调节或引导客户期望值来实现。

国外的学者关于物流服务质量（logistics service quality，LSQ）对客户满意度的影响已经做出了很多的研究。最传统的是以时间、地点效用为基础的7Rs理论。该理论的核心是企业能在恰当的时间，以正确的货物状态和适当的货物价格，伴随准确的商品信息，将商品送达准确地点。这一理论同时认为物流服务能够创造出部分产品价值。

7Rs理论包括：适当的质量、适当的设计、适当的数量、适当的时间、适当的价格、适当的服务、适当的形象。

（4）重视客户关怀

1）客户关怀。所谓客户关怀是指提供物流服务的企业对其客户从购买服务到购买服务后所实施的全程服务活动，如客户服务、优质的服务质量、及时完善的售后服务等。

2）客户关怀的特征。客户关怀的特征包括：

第一，寻求特征，其指客户在购买产品或服务之前就能决定的属性，它们不仅是客户服务的有形证据，还是引导客户寻求所需个性化服务或产品的重要指标，因此这时应该做好引导客户的工作。

第二，体验特征，这是指在购买后或消费过程中才能够觉察的属性，如适合需要、礼貌待人、安排周到和值得信赖。

第三，信用特征，其指客户在购买后仍无法评价某些特征和属性，必须要依赖公司的职业信用和品牌影响力。

3）实施客户关怀的要点。客户关怀不仅仅是对客户有礼貌、不回避客户的目光等内容，而重要的是产品和服务的质量。客户关怀活动包含在客户接受产品和服务的客户体验的全部过程。购买前，客户关怀为鼓励和促进客户购买作了铺垫；购买中，客户关怀可以激发企业为客户提供更全面优质的服务，满足客户的需求；购买后，客户关怀体现在后续服务中，促进客户信任的形成和巩固，使客户能够重复购买。

3. 物流客户满意度评价

物流客户满意度评价是客户服务评价的一个重要方法，它是从客户感受的角度研究客户服务过程质量的方法，包括面向供应链终端客户的服务满意度评价和面向供应链伙伴的服务满意度评价。

（1）统一主体、客体评价的过程和内容

物流客户服务实际上是一个双向的互动过程，包括客户服务及其客户服务需求的响应和满足。评价主体、客体对评价对象（产品、服务、过程）评价的内容既有相同之处，也有不同之处。

因此，在具体评价时应根据企业评价与客户评价来具体设计评价指标，使企业和客户的评价指标相统一，真实地反映出客户服务的实际水平。

（2）评价原则

1）准确性原则。在进行客户服务评价时，首先应明确评价的目标对象是什么，功能目标是什么。不准确的目标、不准确的对象肯定会得出不准确的结论。

2）过程化原则。指把客户服务放在供应链上运行过程中考察，并且把客户服务本身作为一个过程考察，从各环节、各要素上发现问题，评价考证。即使是某个环节、某个节点上的专项客户服务评价，也应如此。

3）连续性原则。即指把客户服务评价作为一个连续性工作来做，每次评价虽然各有侧重，但整个过程、各次评价都应该相互关联。即使对于某一过程的某一环节客户服务进行评价时，也应该采用不同方式连续进行，避免结论失真。同时，还要将经常性评价与专项评价结合起来，使评价连续进行，减少随意性。

4）内部评价与外部评价相结合原则。从方式上看，客户服务可由企业内部评价，也可由专业服务机构评价，但最好将二者结合起来。

（3）物流客户满意度评价方法

物流客户满意度评价方法有许多，如问卷法、协调办公室、专家共评法、技术分析法等，其中问卷法是最常用的，协调办公法和专业共评法是最有价值的方法。

1）问卷法。这种方法是在物流客户满意度评价方法中被广泛使用的方法，其最大优点是能对合作伙伴从上到下各层级的管理者和员工进行问卷调查。需要注意的是，其中的问题应不涉及企业机密和引起受访者顾虑，也应避免触及双方合作过程中的敏感话题。

问卷法虽有利于发现双方合作过程的问题，但一般这种方法会与协调办公会、现场办公会、技术分析、专家共评法等方法组合使用。

2）协调办公法。所谓协调办公法就是合作各方齐聚一起，共同了解和探讨合作过程中的服务不足，商讨解决问题的措施，完善服务的方案的一种方法。此种方法最大特点：能互通信息，表达真实愿望，即时进行评价，解决实际问题。

这种方法应与问卷法相结合使用，避免只务虚不务实。

3）专家共评法。在影响供应链伙伴关系的服务质量因素中，有一些是观念因素、人为因素，还有许多技术因素，有些技术因素的影响可能并不是员工所能解决的，此时就应该聘请专家进行共评。专家共评法是由专家组对物流伙伴的服务进行专业性综合评价，掌握服务现状，发现影响服务质量提高的深层次原因，制定解决方案和操作规程的一种方法。

注意，这种方法不能由物流企业单独开展，而是各合作伙伴共同组建专家组，共同开展评价，这样才能使各方受益。

9.3.3 物流客户满意度评价的工作流程图

物流客户满意度评价的工作流程如图9.3所示。

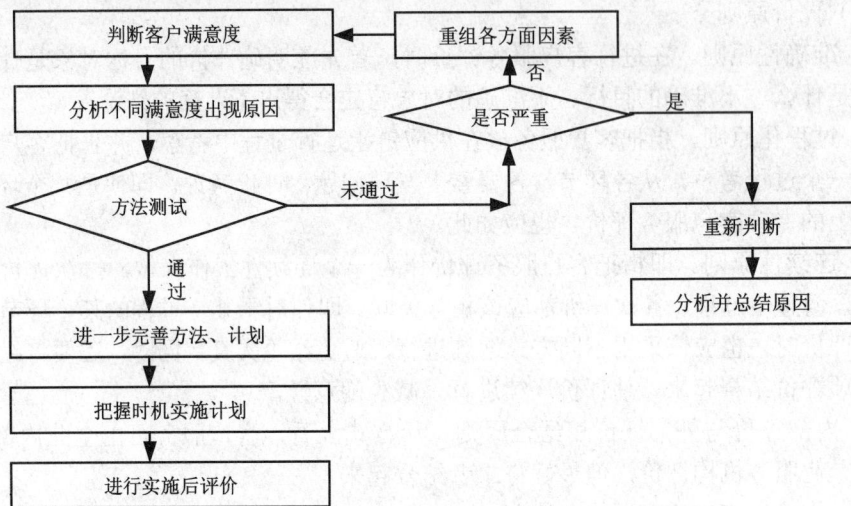

图 9.3 物流客户满意度评价的工作流程

9.3.4 评价步骤的说明

1）判断客户满意度：根据销售实施情况进行有针对性的判断，可以是在销售情况不良的地方大力度进行，也可在所有销售地全面铺开。判断形式可多样，如书面的、口头的等。

2）分析原因：根据客户满意度判断结果，有针对性的进行分析，按不同的指标将满意度划分为若干等级，分析出现的原因。

3）方法测试：根据以上分析结果，采取相应的提高满意度的方法，并进行实施前的测试，在一定范围内掌握并预测销售结果。

4）进一步完善营销方法：根据预测结果，把测试过程中出现的纰漏进行计划性的弥补。

9.3.5 客户满意度评价的标准及要求

1）判断客户满意度时，方法要灵活、结果要准确，切忌出现判断失误。

2）分析出现不同满意度的原因，将不同程度满意度的客户分出层次，针对不同层次的客户分析个性心理特征及商品和销售中存在的优劣之处。

3）根据分析得出的结果，确定针对不同满意程度应采取的有效方法，提前在一定范围内进行测试。

4）方法测试中必然存在一些小的纰漏，边测试边记录，提出修改意见，对方法进行进一步的完善。

5）新方法实施中，企业要有专人进行监督和测试，避免出现影响大局的失误。

相关作业

1．增强客户体验是培养客户信任感的重要方法。对此，企业应当如何做？

2．海尔的服务质量有口皆碑，请调查海尔送货、安装过程中的各个环节，分析海尔提高客户满意度的方法有哪些。（提示：回执单、定期调查、安装时戴手套和鞋套、自备毛巾、不喝客户的水、走后清扫垃圾等）

小组模拟仿真

（要求小组讨论，并将活动成果以小组为单位提交电子作业）

增加销量的另一种方法

1．岗位角色

每组若干人，将本班同学分为三组，参考案例导入中"亚都加湿器"的销售方法，想一个其他的办法提高客户满意度，使亚都加湿器的销量同样也能增加。

2．活动要求

1）三组人员先进行集体讨论，熟悉自己的职责范围。

2）各小组各尽其责，按照职责分头行动，注意时机和客户态度的把握。

3）互相考核。

3. 模拟步骤

1）各小组明确各自职责范围，并为各自的职责制定说明书。

2）各组人员按活动要求准备各自资料或进行工作准备。

3）活动中，各小组成员密切配合，按相关程序进行。

4）进行一个完整的满意度分析和方法实施过程模拟。

4. 注意事项

1）各小组可上网查询相关资料。

2）充分发挥团队精神，对本职工作应熟练掌握。

3）表格制作要求尽量完善，达到标准化。

4）对各自小组工作流程能够解说。

5）各小组分别为另外小组打分。

5. 作业展示及评价

考核评分见下表。

考核评分表

考评小组		被考评小组	
考评地点		考核时间	
考评内容	增加销量的另一种方法		
考评标准	内　　容	分　　值	实际得分
	角色扮演	20	
	工作准备	40	
	工作成效	40	
合　　计		100	

注：考评满分为100分，60～74分为及格；75～84分为良好；85分以上（含85分）为优秀。

9.4　物流客户的开拓

学习目标

1. 了解物流客户开拓的意义和建立良好的服务体系对开拓物流客户的重要性

2. 掌握建立良好的服务体系的方法

3. 熟悉物流市场定位和忠诚营销的意义、方法

4. 掌握多种物流促销方法和手段

案例导入

"800"是电信部门提供的被叫（接话一方）电话集中付费业务。某电玩公司率先开通"800"热线。开通以来，该公司不仅接受消费者投诉，而且收到更多的热心消费者的建议和意见。这直接便利了消费者与公司的沟通，加强了联络和交流，提高了公司的知名度。消费者提供的信息，使公司及时调整了电玩商品结构和营销策略，创造了开业以来最高的销售业绩。

必备的理论知识

9.4.1 开拓物流新客户的意义

最新的客户关系管理理论告诉我们，稳定一个老客户，其重要性远胜于开拓一个新客户。稳定老客户费用低，业务增长稳定；而失去一个老客户，会失去更多的新客户。

9.4.2 知识储备

1. 建立良好的服务体系

1）良好的服务体系是开拓物流客户的基本途径，没有良好的服务体系做基础，其他的开拓途径是不可能有效开展的。

良好的物流服务体系包括物流服务设施和物流服务作业体系，是开展一切物流活动的基础。因此，只有具备满足物流服务需要的服务设施和完整的服务体系，才能更好、更有效地开拓物流客户。

2）物流服务作业体系是开拓客户的前提。

首先，企业要确定物流服务的方向，这是决定企业相应服务设施、人员配置、工作流程、服务规范等的主要因素，在企业进行自身定位时，要综合考虑企业自身实力、服务内容差异、市场需求特点、服务的生命周期、市场竞争状况、市场营销宏观环境等主客观因素，选择一个或几个细分服务市场作为自己的物流服务的方向。

其次，企业服务管理人员要制定出服务流程图，在服务流程中，服务人员决定服务过程，组织管理通过对服务人员管理，使服务过程规范化、全面化，从而使客户满意。

最后，企业要寻找适合自己的客户群体。只有合适的客户才能有效地提高企业绩效和降低服务成本，只有合适客户才是企业利润之源，只有合适客户才使企业有动力。

2. 进行准确的物流市场定位

当前的市场越来越复杂，客户的需求越来越大，特别是物流市场，其产品形式和内容越来越丰富。企业要充分利用有效的资源，首先要进行市场细分，进行准确的物流市场定位，找准物流客户，做到有的放矢，才能有效地开拓物流客户。

市场细分是指按照消费者"欲望与需求"把一个总体市场划分成若干个具有共同特征的子市场的过程。要想进行准确的物流市场定位，必须要对细分物流市场进行综合全面的考量。

3. 推进忠诚的物流市场营销

在以客户为导向的物流市场客户开拓中，取得市场占有率，不如获得客户忠诚。即推进忠诚的物流市场营销，让客户满意并使之成为企业的长期客户，建立客户忠诚。忠诚客户计划应在了解客户与产品之间的相互影响和客户价值的主要影响因素的前提下进行，可以采用的具体办法有折扣、赠送礼品、奖品等，进而拓展市场份额，开拓物流客户。

4. 开展多样的物流促销活动

开拓物流客户最具实质性的途径是开展多样的物流促销活动，以此来吸引更多的物流客户，通过沟通、宣传、说服、使客户了解并接受服务产品。可用的方法包括：

（1）专题创意

1）针对公众关注的热点进行专题策划。

2）抓住"新、奇、特"三个要素开展专题策划。

3）有意识地利用名人效应。

（2）媒介事件

在现代社会激烈的竞争中，企业往往面对强手如林的竞争者。在竞争中做到独树一帜、提高知名度的最有效途径就是借助于传播。所谓媒介事件，是指企业为了让新闻媒介进行宣传报道而策划的公共关系活动。

与一般公关活动相比，媒介事件有着为新闻媒体所关注而竞相报道传播的特点，在提高知名度上是一般的方法所不能望及的。但是，并非所有的活动都能成为媒介事件。新闻媒介所关注并乐于宣传报道的活动，必须符合新闻报道的原则，即重要性、时间性、接近性。

（3）公益活动

1）对社会突发事件，如对重大灾害的捐赠。

2）赞助教育事业。

3）赞助各种体育文化活动和赛事。

4）赞助社会福利事业和慈善事业。

5）赞助社区活动。

9.4.3 物流促销活动工作流程图

物流促销活动的工作流程如图 9.4 所示。

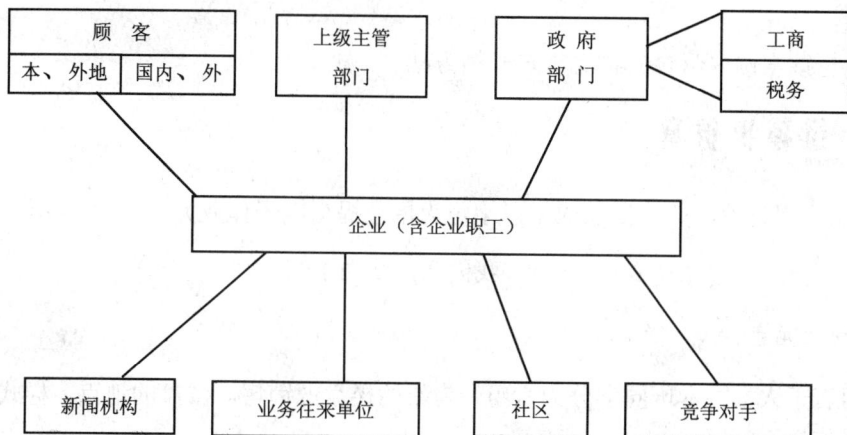

```
┌──────────────┐  ┌──────────┐    ┌──────────┐  ┌────────┐
│    顾  客     │  │ 上级主管  │    │  政  府   │  │  工商   │
├──────┬───────┤  │   部门    │    │  部  门   │  ├────────┤
│本、外地│国内、外│  │          │    │          │  │  税务   │
└──────┴───────┘  └──────────┘    └──────────┘  └────────┘

              ┌─────────────────────────────┐
              │      企业（含企业职工）         │
              └─────────────────────────────┘

┌──────────┐  ┌──────────────┐  ┌────────┐  ┌──────────┐
│  新闻机构  │  │  业务往来单位   │  │  社区   │  │  竞争对手  │
└──────────┘  └──────────────┘  └────────┘  └──────────┘
```

图 9.4　物流促销活动工作流程

9.4.4 工作步骤和说明

1）建立完善的客户体系：需要相关部门和个人有广泛的人际关系网，懂得与不同的人和单位进行多方面的联系。

2）以点带面：先从最适合的人或单位入手，占领部分市场后，借助有利时机扩大范围。

3）注意信息的收集和整理：利用灵活的公关手段进行有效的客户开拓，注意收集和整理有关客户的信息。

9.4.5 工作标准及要求

1）物流企业和相关部门一定要注意与各个方面的关系处理，因为新的商机、机会都蕴含其中。

2）注重遵守法律法规，所有行为不可出现违法乱纪行为。

3）处理各种关系时方法要灵活，注意收集和整理有关客户的信息。

相关作业

案例分析。

上海市第七百货商店开展以"情真品正四十载，关爱永远在七百"为主题的店庆 40 周年活动，匠心独运，颇具魅力，本市各大报纸、杂志、电视等纷纷作了报道。其中，

"我与七百"消费者征文和"百姓书百'家'"活动在社会上反响强烈。"我与七百"征文信息发布之后，来稿一千多件，片片来稿都述说了顾客与"七百"的渊源关系，包含着对"七百"的真情实意。

问题：

请分析该案例中蕴含的物流客户开拓方法。

小组模拟仿真

（要求小组讨论，并将活动成果以小组为单位提交电子作业）

我创意，我做主

1. 岗位角色

每组若干人，将本班同学分为六组，为新的楼盘做销售，楼盘的地点、样式、售价具有可操作性。

2. 活动要求

1）六组人员先进行集体讨论，熟悉自己的职责范围。
2）各小组各尽其责，按照职责分头行动，注意时机和客户态度的把握。
3）互相考核。

3. 模拟步骤

1）各小组明确各自职责范围，并为各自的职责制定说明书。
2）各组人员按活动要求准备各自资料或进行工作准备。
3）活动中，各小组成员密切配合，按相关程序进行。
4）进行一个完整的客户开拓过程模拟。

4. 注意事项

1）各小组可上网查询相关资料。
2）充分发挥团队精神，对本职工作应熟练掌握。
3）表格制作要求尽量完善，达到标准化。
4）对各自小组工作流程能够解说。
5）各小组分别为另外小组打分。

5. 作业展示及评价

考核评分见下表。

考核评分表

考评小组			被考评小组	
考评地点			考评时间	
考评内容		我创意，我做主		
考评标准	内　　容	分　　值	实际得分	
	角色扮演	20		
	工作准备	40		
	工作成效	40		
合　　计		100		

注：考评满分为100分，60～74分为及格；75～84分为良好；85分以上（含85分）为优秀。

9.5　物流客户的巩固

学习目标

1. 了解物流客户巩固的意义
2. 掌握物流客户巩固的方法
3. 熟悉加强内部管理和提高物流服务质量的方法和手段

案例导入

员工理念在客户关系中扮演的角色

联邦快递的创始者佛莱德·史密斯有一句名言，想称霸市场，首先要让客户的心跟着你走，然后让客户的腰包跟着你走。由于竞争者很容易采用降价策略参与竞争，联邦快递认为提高服务水平才是长久维持客户关系的关键。

良好的客户关系绝对不是单靠技术就能实现的，员工的主观能动性的重要性怎么强调也不过分。联邦快递在对员工进行管理以提供顾客满意度方面，具体方案有以下三个方面：

1）建立呼叫中心，倾听顾客的声音。联邦快递台湾分公司有700名员工，其中80人在呼叫中心工作，主要任务除了接听成千上万的电话外，还要主动打出电话与客户联系，收集客户信息。呼叫中心中的员工是绝大多数顾客接触联邦快递的第一个媒介，因此他们的服务质量很重要。呼叫中心中的员工要先经过一个月的课堂培训，然后接受两个月的操作训练，学习与顾客打交道的技巧，考核合格后，才能正式接听顾客来电。另外，联邦快递中国台湾分公司为了了解顾客需求、有效控制呼叫中心服务质量，每月都会从每个接听电话员工负责的顾客中抽取 5 人，打电话询问他们对服务品质的评价，了解其潜在需求和建议。

2）提高一线员工的素质。为了使与顾客密切接触的运务员符合企业形象和服务要求，在招收新员工时，联邦快递是我国台湾地区少数进行心理和性格测验的公司。对新进员工的入门培训强调企业文化的灌输，新员工要先接受两周的课堂训练，接下来是服务站的训练，然后让正式的运务员带半个月，最后才独立作业。

3）运用奖励制度。联邦快递最主要的管理理念是，只有善待员工，才能让员工热爱工作，不仅做好自己的工作，而且主动提供服务。例如，联邦快递台湾分公司每年会向员工提供平均 2500 美元的经费，让员工学习自己感兴趣的新事物，如语言、信息技术、演讲等，只要对工作有益即可。

另外，在联邦快递，当公司利润达到预定指标后，会加发红利，这笔钱甚至可达到年薪的 10%。值得注意的是，为避免各区域主管的本位主义，各区域主管不参加这种分红。各层主管的分红以整个集团是否达到预定计划为根据，以增强他们的全局观念。

必备的理论知识

9.5.1　物流客户巩固的意义

巩固现有客户，提高客户的忠诚度往往被许多企业所忽视，很多企业集中于如何开展新的客户。巩固客户是一项长期、复杂的任务。

9.5.2　知识储备

1. 建立物流服务品牌

塑造服务品牌是物流企业扩大市场、实现发展的有效途径，对巩固客户具有战略性的意义。企业应该让客户充分理解品牌含义，让他们确切地知道所选择的品牌对他们意味着什么。同时，运用有效的手段赋予品牌新的活力，维护品牌的地位、提高品牌的知名度。

（1）物流服务品牌建立的原则

品牌建立是以市场为基石的，企业应时刻检查市场行为，确保其市场行为奖励品牌忠诚，而不是惩罚品牌忠诚。有的企业在价格策略上不断提高对新客户的优惠，实际上是对品牌忠诚的惩罚。

（2）品牌的维持和复活

1）品牌的维持策略。该策略包括四个具体方法：

第一，产品领先策略。企业应在产品创新、产品质量方面取得同类品牌领先地位，产品质量不仅指产品的实际质量，还应包括附加于产品的服务质量。

第二，服务领先策略。通过对客户服务领先来增加客户的附加价值，提高品牌忠诚度。在各个阶段服务时，注重服务的个性化、特色化，提高每一个环节的可靠性。

第三，有效沟通策略。企业与客户进行沟通时，要注意主题的完整性和连续性。避免沟通主题的模糊，保护品牌鲜明的个性；实施多途径的沟通；寻找品牌的忠诚客户，通过沟通，了解客户的意见和需求并满足其需求。

第四，提高品牌转换成本策略。客户转换品牌是需要付出成本的，通过采取有效措施，增加客户转换品牌的成本，从而使客户坚持长期购买。

2）品牌复活策略。企业品牌忠诚度降低，会逐步失去老客户，更严重的是客户转向竞争对手，并产生不利的口碑宣传。企业管理者在复活品牌时必须注意服务的每个细节和服务构成的各个方面，出现差错要及时弥补。

（3）品牌延伸和重新定位

1）品牌的延伸。将现有的品牌应用到新的产品上去，降低新产品引入市场的费用，缩短市场引入周期。丰富品牌的产品线，为品牌提供更充分的有形证据，让更有竞争力的新服务项目来"激活"正在衰败的品牌。

2）品牌重新定位。重新定位是指企业改变服务，整体市场定位或市场形象。

2. 开发服务新项目

企业所提供的服务不可以是一成不变的，应当不断的进行调整，淘汰已经没有市场的产品，完善具有发展潜力的产品，开发客户需要的新产品，提供新的服务。新项目既为企业带来新的客户，又会促使现有的客户更加忠诚。

3. 强化内部客户管理

如果你不是直接提供客户服务的人，你应该为直接提供客户服务的人服务。这句话的用意无非是想提醒组织内部的人，为与客户直接接触的人提供服务，这种观念被称为"内部服务"。

（1）内部客户的满意和传递

1）使员工满意的措施。这项措施重视员工的需求；为员工提供发展和展示其才能的机会；创造良好的工作环境，使员工能够高效的完成工作；建设积极向上的企业文化，倡导团队精神和协作态度。

2）企业服务的传递。从"组织-员工-客户"关系中反映企业如何对待员工，员工就将怎样去对待客户。如果企业能够帮助员工解决问题，员工也就会为客户解决问题。

（2）重视企业文化

企业文化可以产生一种无形的动力，使企业的员工自觉去开拓、巩固客户，良好的企业文化将使员工能够自我管理，使企业无为而治。

（3）提高企业内部满意度

以客户为导向的企业文化是软件保证，它构筑了员工的价值观和行为模式。但仅有软件支撑是不够的，企业必须具有合理的组织结构、通畅的业务流程来确保客户导向的目标得以实现。企业在设计组织结构和业务流程时，必须从客户（包括企业内部客户）角度出发，一切以能给客户增加价值为准绳。

4. 提升物流服务质量

（1）物流企业要把服务质量放在供应链全过程中考虑

客户需要物流服务，是需要把货物安全、准确地送到用户手上，是综合服务，而不仅仅是仓储服务或运输服务。如果我们不认识这一点，就会将完整的物流过程隔断，使客户与不同环节的物流商谈判、订价、查询、控制，这样不仅增加了物流成本，还延滞了物流时间。为此，物流企业应该采取以下措施：

1）增强综合物流和供应链物流的策划和操作能力。

2）增强物流要素的整合能力和谈判能力。

3）没有一个物流企业能独立完成供应链全过程物流服务，因此，物流企业必须建立真诚的合作伙伴关系，优势互补，结为联盟。

（2）加强中外物流服务质量体系的比较研究

提高服务质量最有效的方式是建立质量标杆。有了先进企业的质量标杆，物流企业就能找到差距和不足，进而创造出适应自己特点和客户需求的独特的服务方式。

任何一种先进的服务质量体系都可以被物流企业所借鉴：餐饮业、酒店业、旅游业、金融业、医疗卫生业等。因此，物流企业应尽可能多地将企业运行的各方面、各环节纳入 ISO9000 认证体系。

（3）高度重视物流服务的团队建设和全员质量建设

供应链的复杂性要求建设一支有各种专业人才组成的团队。运输、配送、仓储、加工、包装、装卸、信息、安全等每一个环节，都有专门技术和管理技能，物流企业要将上述人才聚集到一起，形成合力，才能流畅地、迅速准确地完成物流活动。物流服务的实现要靠一线员工，一个员工的失误，有可能造成项目的失败。因此，质量控制与风险控制密切相关。

（4）建立科学的服务质量评价体系

建立科学的服务质量评价体系要求企业真心实意地征求客户对改进质量的意见，而不是虚晃一枪。

建立服务质量的评价指标体系。吞吐量、运输量、加工量是数量指标，利润净资产收益率、利润率、成本费用率是效益指标，响应及时率、单证准确率、货损货差率、意见反馈率是质量指标。

（5）合理地提高物流技术水平

物流企业应根据需要购置先进的物流装备，而不是过度超前增大成本。例如，不盲目建造自动立体库，码头建造适应物流量的需要，条码技术从生产商那里开始等。

相关作业

案例分析。

2004 年春，中国局部地区发生禽流感。经过各方的努力，疫情被控制并扑灭，养鸡养鸭户又恢复了生产。可是禽流感吓住了老百姓，许多人还是不敢吃鸡和鸭，导致鸡和鸭的销路很差。养鸡养鸭的专业户通过各种媒体大力宣传吃鸡和鸭的好处，并请来专业医师讲述禽流感的传染途径，如将鸡、鸭的肉加热到 100℃以上病菌就死亡了等，还请来我国卫生部部长在公共场合吃鸡，并通过媒体进行宣传。

问题：

如果你是养鸡专业户中的一个，你怎样消除大家的畏惧心理？

小组模拟仿真

（要求小组讨论，并将活动成果以小组为单位提交电子作业）

怎样巩固客户

1. 岗位角色

每组 10 人，分工协作。作为某物流公司销售部，不仅要开发新客户，还应巩固老客户。现在电器销售领域内增加了很多竞争者，一些老客户对于公司的商品不再是"忠诚无二"，企业的销售量受到威胁。请每组同学针对这种情况做出相应得对策。

2. 活动要求

1）小组成员先集体讨论。
2）各小组上网查询相关资料。
3）充分的团队精神。

3. 模拟步骤

1）各小组讨论整个流程规划，起草方案。
2）上网搜索相关信息，为确定方案的可行性做好充分的准备。

3）制订客户巩固流程说明，并以图解表示出来。

4）整个模拟过程直到把客户巩固住为止。

4. 作业展示及点评

考核评分见下表。

考核评分表

考评小组		被考评小组	
考评地点		考评时间	
考评内容	怎样巩固客户		
考评标准	内　　容	分　　值	实际得分
	角色扮演	20	
	工作准备	40	
	工作成效	40	
合　　计		100	

注：考评满分为100分，60~74分为及格；75~84分为良好；85分以上（含85分）为优秀。

本 章 小 结

　　本章主要围绕物流客户关系管理的相关流程讲述了客户关系管理过程中应掌握和必备的知识。在整个物流客户关系管理过程中，每个环节都非常重要，缺一不可，同时，其整个过程蕴涵着大量的实际操作常识，能够使大家对实际业务流程有零距离的感受和认识。物流客户信息的收集和整理、客户价值分析、满意度分析、物流客户的开拓和巩固都是企业在市场营销，特别物流营销过程当中必须掌握的理论知识。尤其作为物流客户关系管理的部门，本身就应该具备处理客户关系方面较强的专业能力和协调能力，这样才能够为企业带来更多更好的效益。

相关素质要求

1. 良好的语言表达能力、协调能力和沟通能力
2. 商务往来函电的操作能力
3. 良好的信息收集和处理能力
4. 拥有一定的数学和统计基础知识

作品展示及点评

（根据本章所学内容，要求学生利用课堂时间分小组进行"作品展示"活动。作品可以是实际操作，也可以是工作方案，还可以是围绕本章作业制作的PPT课件。作品展示过程要求配解说。）

思考与练习

一、单选题

1. 物流企业内部客户工作协调信息的分类整理的要点有（   ）。
   A. 信息输送
   B. 全面记录产品信息
   C. 仓储、运输
   D. 访问服务信息

2. 物流客户信息收集的过程中应遵守的原则有（   ）。
   A. 市场占有率的高低
   B. 市场覆盖率的高低
   C. 系统性和连续性
   D. 服务的协调原则

3. 物流客户满意度评价方法有很多，其中最为有效的是（   ）。
   A. 问卷法
   B. 协调办公会和专业共评法
   C. 技术分析法
   D. 定期调查法

4. 市场细分是指企业根据（   ）或用户需求的不同特性，将整体市场划分为若干市场部分或子市场的过程。
   A. 企业
   B. 公司
   C. 消费者
   D. 消费群体

5. 塑造服务品牌是物流企业扩大市场实现发展的有效途径，（   ）可以激活正在衰败的品牌。
   A. 品牌的维持策略
   B. 品牌的延伸
   C. 品牌的重新定位
   D. 品牌复活策略

6. 客户价值是客户购买商品或服务的成本与价值的比较，客户价值的大小由客户总价值和（   ）两个因素决定。
   A. 客户总成本
   B. 服务价值
   C. 形象价值
   D. 人员价值

二、多选题

1. 物流系统对物流客户信息质量的要求包括（   ）。
   A. 信息充足
   B. 信息准确
   C. 信息通畅
   D. 信息时尚

2. 物流客户信息的整理一般要求包括（   ）。
   A. 提供有效服务的质量信息要求
   B. 访问服务信息

C. 信息输送和工作流程管理　　　　D. 记录客户反馈

3. 增强客户体验是培养客户信任感的重要方法，为此，企业应做好（　　　）。

    A. 树立为客户服务的理念　　　　B. 制定合理有效的服务质量标准

    C. 向客户做出的承诺一定要兑现　　D. 服务质量的考核和改进

4. 巩固物流客户就要加强内部管理，其中使员工满意的措施有（　　　）。

    A. 多发工资　　　　　　　　　　B. 重视员工的要求

    C. 为其提供发展和展示的空间　　D. 建设积极向上的企业文化

5. 建立良好的服务体系，应该（　　　）。

    A. 确定物流服务的方向　　　　　B. 企业服务人员要制定出服务流程

    C. 企业要寻找适合自己的客户群体　D. 经常联系客户适时开展集体活动

6. 客户总成本由（　　　）构成。

    A. 货币成本　　B. 时间成本　　　C. 精力成本　　D. 形象成本

三、判断题

1. 物流客户管理是物流营销中最重要的环节。（　　）

2. 物流客户信息收集的途径有口头和书面两种形式。（　　）

3. 整理客户信息时，应注意将不同客户的信息进行分类，将客户分成三六九等。

（　　）

4. 提高客户满意度的最有效方法就是为客户提供最为优质的服务。（　　）

5. 开拓物流客户的方法很多，但这些方法都是在完善、优质的服务体系下进行的。

（　　）

6. 有的企业在价格策略上不断提高对新客户的优惠，实际上是对品牌忠诚的惩罚。

（　　）

四、填空题

1. 物流客户管理是指_____。

2. 物流客户信息的内容包括_____、_____、_____。

3. 物流客户价值由_____、_____、_____、_____四方面构成。

4. 物流客户情感指标分为五个层次，其中最高层次为_____。

5. _____是开拓物流客户的前提。

6. 物流客户的巩固方法有_____、_____、_____、_____。

五、案例分析题

北欧航空公司是在20世纪80年代初期因业绩衰退而陷入赤字困境的。当时任企业总经理的卡尔森临危受命，接任总公司的总经理一职，开始重建工作。

卡尔森没有像其他公司那样裁减员工、削减经费，而采取了完全不同的做法。他认为经营上最重要的不是这些，而是在全球各地的一线员工与客户的接触过程中。每天大约五万人次的接触中，能否使客户满意，才是决定公司业绩的主要原因。

在此同时，另外还有一项改革就是新设立"欧洲级"座位，卡尔森针对那些从正规途径购买机票的商人特别开辟了商业人士专用等级，受到了极佳的评价。每当飞机出现延误，卡尔森必定亲自打电话了解原因，以彻底实施准确的时刻管理。

除了服务的改革之外，卡尔森还努力排除公司内部阻碍，发掘内部组织、制度及手续上可能影响客户满意的问题，并加以解决。通过这些措施，顾客对北欧航空的印象果然改观，而且在很短的时间内即扭亏为盈，成功地完成了公司重建的任务。

问题：

1. 卡尔森为什么着眼于每天从业人员与客户间的无数接触过程中？

2. 卡尔森是如何巩固和开发客户的？这样做有什么意义？

六、思考题

1. 物流客户信息一般收集法的内容和主要特征有哪些？

2. 物流客户信息整理的目标是什么？

3. 什么是客户满意度？提高客户满意度有哪些具体方法？

4. 巩固物流客户的方法有哪些？

5. 开拓物流客户有哪些途径？

第**10**章 国际物流市场营销

　　国际物流市场营销是市场营销的国际化，是大市场营销。本章重点讲述了与国内市场营销不同的一些方面，如国际市场营销环境、方式和策略。通过本章的学习，学生应能够正确分析国际物流市场营销环境，理解国际物流市场营销的概念、内容和方法，进一步掌握国际物流市场营销组合的基础知识。

10.1　国际物流市场营销环境

学习目标

1. 理解国际物流市场营销的概念
2. 掌握国际物流市场营销与国内物流市场营销环境的差异
3. 了解国际物流市场营销研究的主要内容

案例导入

　　2002 年 10 月 11 日，民航三大航空集团公司同时挂牌成立，说了很久的民航重组终于尘埃落定。新成立的三大航空集团公司是中国航空集团公司、中国东方航空集团公司、中国南方航空集团公司。"重组将使中国民航的整体实力和角逐世界空运市场的能力大为增强"，这成了业界对此次重组的一个基本共识。九个直属航空公司联合重组为三大集团后，资产总和高达 1500 多亿，占了民航总资产的 80%，人员近 8.3 万人，运输飞机 400 多架，经营航线上千条，真正实现了规模经营。

　　请问：这样做的意义何在？

必备的理论知识

10.1.1　国际物流市场营销的含义

国际物流市场营销是指从事一体化物流服务的企业，通过整体营销满足国际市场对物流产品的需求的过程。

该定义可从以下五个方面理解与把握：

1）营销活动的主体是以国际市场为目标市场的物流企业。

2）物流营销的客体是一个以上国家或地区的顾客。作为营销客体的顾客，既可以是个人，也可以是团体，既可以是营利企业，也可以是非营利组织，它们往往分处于不同的国家或地区。例如，2002年9月澳大利亚主办"北京文化节"，中远物流公司就为"北京文化节"展团全体人员提供了在境外的一系列服务工作。无论是悉尼开幕式，还是随后巡回至堪培拉、惠灵顿演出，海陆空一体的全程物流服务都是由中远物流公司提供的。

3）国际物流营销的目标是在满足顾客需求的基础上实现的。国际营销的目标，既可能是预期的利润或收入，也可以是非营利目标，但强调的是通过对顾客需求的满足来达到。由于顾客需求有短期与长期之分，国际物流营销的目标就应当兼顾到顾客的短期利益和社会的长远利益。

4）国际物流营销的手段是大市场营销因素的整体组合。不仅需要运用产品、定价、分销和促销等策略，而且更注重政治权力、公共关系以及对这些策略因素的组合，以达到整体营销的效应。

5）国际物流营销活动是个连续的经营管理过程。对国际物流营销活动的管理不应当停留在某个阶段或某个时段，而是涵盖国际物流营销活动计划、组织和控制的全过程。

10.1.2　国际物流市场营销环境

对于物流企业而言，其市场营销环境一般可分为宏观环境与微观环境。宏观环境是指那些给物流企业造成市场机会和环境威胁的主要社会力量，包括政治法律环境、经济环境、社会文化环境、科技环境和自然环境等，宏观环境的变化非物流企业所能控制，它常常给企业带来机遇和挑战，因此，物流企业的一切活动都必须适应环境的变化。微观环境是物流企业在目标市场上开展营销活动的因素，包括物流企业，供应商、营销中介、竞争者、顾客等。这些因素与物流企业紧密相连，直接影响物流企业为顾客服务的能力。

下面我们侧重讨论一下微观环境的分析。

（1）物流企业

物流企业主要指本企业所拥有的资源状况、组织状况、管理水平。每个物流企业都有其发展目标，有其具体明确的经营任务。为了实现其目标或完成工作任务，必须依据自身条件和市场要求开展某些业务活动。物流企业的营销部门在制定和实施营销计划、开展营销活动时必须考虑到与企业其他部门的协调，包括与最高管理层、财务部、供应部、采购部、仓储部、物流中心等的协调，使营销活动得到内部高层和相关部门的大力支持。

（2）供应者

供应者是指物流企业从事物流活动所需各类资源和服务的供应者。它包括为物流企业提供设备、工具、能源、土地和房产的各类供应商；提供信贷资金的各类金融机构、为企业提供人力资源的中介机构等。另外，为物流企业生产经营过程提供各种劳务和服务的机构，如货物运输、设备修理、员工培训、环卫清洁及保安等服务机构，也都构成企业的供应商。供应商对物流企业营销活动的影响主要表现在三方面：一是供应的可靠性，即资源供应的保证程度，这将直接影响物流企业的服务能力和交货期；二是资源供应的价格及其变动趋势，这将影响到物流企业服务的成本；三是供应资源的质量水平，这将直接影响到物流企业提供的服务质量。因此，物流企业加强与供应商互惠互利程度，建立彼此间的信任关系，降低营销成本，实现营销目标。若供应商选择不当或出现问题，将给企业的经营带来不可估量的损失。

（3）中间商

对于物流企业而言，其中间商就是众多的货运代理机构、营销服务机构，主要包括营销、研究机构、广告代理商、CI 设计公司、媒体机构及营销咨询公司等。营销中介机构凭借自己的各种联系、经验、专业状况以及活动规模，在为物流提供货源，拓宽营销渠道，提供市场调研、咨询、广告宣传、塑造企业形象等方面，发挥着重要作用。

（4）客户

客户是物流企业服务的对象，是物流企业一切营销活动的出发点和最终归属。必须坚持以客户中心，识别当今物流市场上各客户的特征，以便为客户提供优质、高效、便捷的物流服务。

（5）竞争者

竞争者包括现有的物流企业，从事同类产品及服务的所有企业及潜在的进入者。如在物流市场上，存在三种层次的竞争对手：一是品牌竞争者，它们与本企业以相近的价格的同样的客户群提供相同的物流服务；二是行业竞争者，如从事保税仓的所有企业，它们会把经营保税业务的企业归入此类竞争者；三是形式竞争者，如航运企业会把所有从事运输服务的企业归入形式竞争者，分析竞争对手，就是要取长补短争取竞争优势。

国际物流市场营销是在国内物流营销的基础上发展起来的，国内物流营销活动的指导思想、基础理论、运作程序和方法技能同样适用于国际营销活动，为国际物流营销活动的发展提供了必备的条件与前提。同时国际物流营销又是国内营销的延伸和发展。物流企业往往是从国内物流市场起步再向国际物流市场拓展，但随着物流企业营销活动的全球化，国内物流营销则构成物流企业所从事的国际物流营销活动的组成部分。

但国际物流营销在营销环境等方面与国内物流营销有很大区别，主要体现在：

1）营销环境的复杂性与多变性。国际物流营销与国内物流营销活动相比较，物流企业在国际物流营销活动中面临的是所不熟悉的东道国营销环境，而且随着企业进入的国家或地区越多，受到国际政治与经济局势变动的影响越大，面临的营销环境也就更加复杂多变。

2）竞争对手的多国性或全球性。与国内物流营销活动不同，国际物流营销活动的竞争对手可能来自不同的国家或地区，竞争范围多国化，竞争性质全球化。

3）营销问题的特有性与策略手段的专门性。物流企业的国际物流营销，常常碰到国内物流营销所没有的问题，需要采取特殊的营销策略与技能。例如，进入国际物流市场方式的选择，营销物流服务产品的标准化或差异化，不同国家分销模式的差异，货币汇率变动对物流企业定价的影响以及物流企业促销方式在不同国家运用的局限等问题。都使得国际物流营销环境更为复杂多变。

4）营销活动协调与管理的困难性。国际物流营销活动协调和管理的难度要远远大于国内物流营销活动：物流企业营销策略的制定必须考虑不同国家或地区营销环境的差异；物流企业营销活动的计划、组织和控制过程不得不经常调整以适应国际物流营销环境的变化；物流企业不得不协调国别营销利益与全球营销目标的冲突以保证物流企业利益在全球范围内的最大化。

10.1.3　国际物流市场营销研究的主要内容

国际物流市场营销就是以物流服务为基础展开的，运用市场营销理论，在充分了解和分析国际物流市场的营销环境，搜集国际物流市场的各种信息的基础上，制定物流企业进入国际物流市场的各种营销战略与策略，如国际物流市场的选择策略、进入国际物流市场的物流服务策略、定价策略、促销策略和销售渠道策略以及编制物流企业的国际物流市场营销计划和做好国际物流市场营销的控制工作等，从而使物流企业有更多、更好的物流服务产品进入国际物流市场，满足顾客需求并取得良好的经济效益。

小　结

本节介绍了国际物流市场营销的基本含义，分析了国际物流市场营销与国内物流市场营销环境的区别，概括介绍了国际物流市场营销的研究内容。

相关作业

1. 国际物流市场营销与国内物流市场营销的共同点和不同点是什么？
2. 联系现实生活，你认为国际物流营销的环境对国际物流发展有怎样的影响？

10.2 国际物流市场营销方式

学习目标

1. 理解国际物流企业进入目标市场的方式
2. 掌握国际物流市场营销方式

案例导入

某公司生产和经营的某商品在国内已经占领了几乎所有的目标市场,为发展和扩大自己,决定向国际市场进军。

可是面对众多的国家,面对不同国家的不同情况,究竟应该选择哪一国家呢,怎么将产品打入这一国家呢?

必备的理论知识

物流企业通过对国际物流市场营销环境和企业内部条件的充分分析,通过市场细分,通过对各细分市场中各种变量的调查和计算,通过对各种方案的比较和论证,就要选定目标市场,目标市场一经确定,就需要选择进入目标市场的方式和市场营销的方式。

10.2.1 进入国际物流市场的方式

1. 投资方式

投资方式进入即通过直接投资进入目标国家,将资本连带本企业的管理技术、销售、财务以及其他技能转移到目标国家,建立受本企业控制的分公司或子公司,从而进入该国的物流市场。

目前国外企业进入我国物流市场的具体形式主要有以下几种:

(1)购买航线

美国联邦快递(FedEx)自 1996 年起已独家拥有每周直飞中国的 10 趟航班,而联合包裹(UPS)则拿到了直飞北京和上海的六个航班,这两家国际速递公司已借此在中国站稳了脚跟。

(2)建立物流设施

新加坡港务集团是世界上最强的集装箱码头管理机构之一,集装箱年吞吐量多年来一直稳居全球前两位,早有进入中国内地之心,这个心愿终于在广州港身上实现。2002

年底，新加坡港务集团加盟广州港，双方合资 8 亿元组建广州集装箱码头有限公司。此举一出，肯定影响到整个珠江三角洲的物流业。当时珠江三角洲地区的物流主要靠香港、深圳中转，由于新加坡巨头的加盟，这一格局必将发生变化。

（3）追随进入

2002 年初日本著名的物流公司商船三井（MOL）宣布，与富士胶卷在苏州成立合资物流及仓储公司，为富士胶卷提供中国地区的物流服务。商船三井和富士胶卷的这种模式代表了很多国外物流公司进入中国的情况，即进来的时候首先抓住自己所熟悉的客户。例如，联合包裹和摩托罗拉是长期全球战略伙伴，到了中国，联合包裹顺理成章地成为他们的物流服务供应商。

（4）设立分公司

20 世纪 90 年代，全球最大的四家速递公司德国邮政物流、天地快运、联合包裹、联邦快递都在我国设立了分公司，与中国邮政的 EMS 展开激烈的竞争。1995～1999 年间，中国邮政国际速递业务年均增长率仅为 2%，其中有些年份还出现了负增长。而德国邮政物流、天地快运、联合包裹的业务增长速度都在 20% 以上，德国邮政物流、天地快运近几年的业务增长速度已达到 40% 左右。

（5）成立合资物流公司

2002 年 11 月，由华联超市物流公司与秋雨环球物流股份有限公司共同投资 75 250 万元成立的首个中外合资第三方商业物流项目在沪启动，标志着外资对中国第三方物流市场的进入。

2. 建点方式

建点方式进入就是国际物流企业根据目标市场需要，将物流活动中的某一环节设在目标市场所在国，以此达到进入目标市场的目的。例如，一些国际物流公司直接在我国设立采购以及国际配送中心，为各国企业在我国的加工和采购机构提供优质的物流以及配送服务，就是采用的此种方式。

3. 贸易方式

贸易方式进入是通过向目标国家出口产品或服务进入该国的物流市场，它是非资本性进入。例如较早时期，国际企业通过向中国提供物流设备及装备，包括通信、网络、计算机等软硬件，进入中国物流市场。这类进入方式的特点是形式简单，竞争对手明确，但也可能由于产品的价值增量较小而缺乏持久的竞争力。

4. 契约方式

契约方式进入是国际企业通过与目标市场所在国家的法人之间签订长期的、非投资性的无形资产转让合同而进入目标市场的方式。主要采取授权经营、技术协议、服务合同、管理合同、分包合同等形式进入目标国家的物流市场。例如，美国的联邦快递公司早先是通过与当地企业签订许可贸易协议的方式进入墨西哥快递市场，随着当地市场知识的增加和营销经验的获得，特别是北美自由贸易协定生效之后，墨西哥政府原先的许多经营限制随之取消，联邦快递遂买下墨西哥合作伙伴的股份，使之成为独立控股的子公司。

这种进入方式在我国至少目前还尚未被广泛应用，究其原因主要是有以下几点：

1）物流管理在我国仍属于新事物，此间存在的利润空间十分巨大，因此国际企业均倾向于自主经营，以便迅速撇脂。

2）我国物流市场的发育较为滞后，并且国内物流企业之间恶性竞争现象较为普遍，对外资存在抵触情绪，因此物流的契约式合作风险很大。

3）我国的物流标准尚未与国际标准接轨，成为契约式进入的主要障碍。

但是可以预见，当中国的物流业发展到一定阶段，契约式进入将随着其进入障碍的降低而成为国际企业进入中国物流市场的重要方式。

10.2.2　国际物流市场营销方式

物流市场营销的主要方式有产品研究法、组织机构研究法、管理研究法和系统研究法，尤其以产品研究法最为普遍和有效。

（1）直接卖

通过与客户签订一次性的、短期的或长期的协议，将自己现成的部分或全部物流产品或服务项目直接推销给客户或先从部分区域、业务、个别产品入手，逐步为客户提供全方位的物流服务。如 MENLO 物流公司与 IBM 的合作，就经历了从对美国中央物流中心的运输服务，到增加对重要物流中心的管理服务，再增加到对欧洲市场的物流服务，最后到提供全球一体化的物流服务，建立长期合作伙伴关系。

（2）先买再卖

先买再卖即先部分或全部买进客户的物流系统，使自己的物流系统更加完善和充实，再为原企业或其他企业提供物流服务。一般是客户的物流系统很具有优势，可以急剧增加自己物流产品的竞争力。

（3）与贸易优势资源捆绑起来一同卖

采用这种方式，一般是自己的物流系统还不够完善，无法向客户提供他们所需要的各种物流服务。这里实际上又有两种方式：一是通过和客户合资，共同拥有部分物流系统的产权，然后共同推广和营销双方的物流系统和物流服务项目，以实现共同营销，二是与社会上零散的、少量的物流资源实现整合，一般通过挂靠的方式，实现物流资源的集聚，再共同开展营销的方式。

（4）客户物流资产托管

对那些自己没有能力运营和管理而又希望自己拥有属于自己的物流系统和资源的客户，通过签订全面托管协议，向他们出让自己物流系统的管理服务，而几乎可以完全依托客户的物流设施，自己只输出物流管理服务即可，替客户管理产权仍属于他们自己的物流系统和业务。

小　结

本节介绍了国际物流市场营销方式，分析了国际物流产品营销方式的内容，介绍了进入国际物流市场的四种方式。

相关作业

1. 小组讨论一下，举出几个国际物流市场营销的案例。谈谈市场营销方法对其产生的影响。

2. 联系实际谈一下我国为什么很少采用契约方式。

10.3　国际物流市场营销组合策略

学习目标

1. 理解市场营销组合的内容
2. 掌握国际物流市场的营销组合策略

案例导入

麦当劳公司是世界上知名的快餐连锁企业，其巨大成功关键在于其采用了结构良好的市场营销组合策略。在产品服务设计上，它注重高标准化、快速的服务和较长的营业时间；在价格方面采用低价策略；在分销方面，把店设在城镇居民集中居住地区；在促销方面，以消费导向型广告为主，尤其针对青年人，以电视媒体为主。

请问：他们为什么要进行这样的市场营销组合呢？

必备的理论知识

10.3.1　市场营销组合的内容

传统的4Ps（产品、价格、渠道、促销）营销组合策略自20世纪50年代末提出以来，对市场营销理论和实践产生了深刻的影响，被营销经理们奉为营销理论中的经典。

而且，如何在 4Ps 理论指导下实现营销组合，实际上也是企业市场营销的基本营运方法。

随着市场竞争的变化以及物流服务的特殊性，完全以 4Ps 理论来指导物流企业营销实践已经不能适应迅速发展的物流市场的要求。80 年代，美国劳特朋提出的 4Cs 营销理论更适合于目前的物流企业的营销组合策略。4Cs 营销理论主要有以下几点内容：

1）瞄准消费者需求（consumption）。物流企业首先要了解、研究、分析消费者的需要与欲求，而不是先考虑企业能提供什么样的物流服务。现在有许多企业开始大规模兴建自己的物流中心，分拨中心等，然而一些较成功的物流企业却不愿意过多地把资金和精力放在物流设施的建设上，他们主要致力于对物流市场的分析和开发，争取做到有的放矢。

2）消费者愿意支付的成本（cost）。这就是要求物流企业首先要了解物流需求主体愿意付出多少钱（成本）满足物流需要，而不是先给自己的物流服务定价，即向消费者要多少钱。该策略指出物流的价格与客户的支付愿意密切相关，当客户对物流的支付愿意很低时，及时某物流企业能够为其提供非常实惠但却高于这个支付愿意时，物流企业与客户之间的物流服务交易也就无法实现。因此只有在分析目标客户需求的基础上，为目标客户量体裁衣，实际一套个性化的物流方案才能为客户所接受。

3）消费者的便利性（convenience）。此策略要求物流企业要始终从客户的角度出发，考虑为客户提供物流服务能给客户带来什么样的效益。如时间的节约，资金占用减少，核心工作能力加强，市场竞争能力增强等。只有为物流需求者带来效益和便利，他们才会接受物流企业提供的服务。

4）与消费者沟通（communication）。即以客户为中心，实施营销策略，通过互动、沟通等方式，将物流企业的服务与客户的物流需求进行整合，从而把客户和物流企业双方的利益无形的整合在一起，为用户提供一体化、系统化的物流解决方案，建立有机联系，形成互相需求、利益共享的关系，共同发展。在良好的客户服务基础上，物流企业就可以争取到更多的物流市场份额，从而形成一定的物流服务规模，取得规模效益。

从上所述的 4Cs 内容可以看出，4Cs 物流营销组合有着很强的优势。一是 4Cs 物流营销组合首先以客户对物流的需求为导向，与目前我国的物流供求现状相适应，提出了物流市场不断发展的特点，着眼于企业与客户间的互动，达到物流企业、客户以及最终消费者都能获利的三赢局面。4Cs 物流营销组合能主动的满足客户需求，并积极地适应客户的需求，运用优化和系统的思想去整合营销，通过与客户建立长期、稳定的合作关系，把企业与客户联系在一起，形成竞争优势。因此，该营销组合将会成为我国物流企业目前和今后很长一段时间内，主要运用的营销策略。二是 4Cs 物流营销重新考虑顾客愿意付出的成本，实现成本的最小化。物流企业的利润是客户效益中的一部分，只有客户的效益提高了，才能促进物流的需求增加和质量的提高；反过来，物流企业的服务质量的提高又会促进客户效益的提高，形成良性循环。

知 识 链 接

传统的 4Ps 与 4Cs 的根本区别：前者是在把"任何人当成消费者"的思维定势下，其营销形象是"消费者请注意了"；而后者是把"消费者当成人"的基本理念下，确定自己的营销形象是"请消费者注意了"。

10.3.2　国际物流市场的营销组合策略

国家物流营销策略组合主要是由国际物流产品策略、定价策略、营销渠道策略、品牌策略和促销策略构成，本书重点介绍产品策略和品牌策略。

1. 产品策略是物流企业国际营销因素组合的基础

在国际物流营销活动中，物流企业首先面临的问题就是向国际物流市场顾客提供什么样的产品，其次还得考虑品牌、包装和物流服务等特征如何做相应的调整或改变。物流产品生命周期和新产品开发也是物流企业国际物流营销产品决策的重要问题。

（1）直接延伸策略

所谓直接延伸是指在国际物流市场上推出与国内物流市场相同的产品，并且采用与国内物流市场相同的宣传方式。直接延伸策略主要适用于国际物流市场对物流产品的需求与国内市场基本相似的场合，如东道国与本国在经济上和文化上相近的国家、各种标准化产品等。直接延伸策略的优势在于：

1）有利于获取规模经济效益。产品和宣传方式的直接延伸，既可避免产品的开发，又可扩大产品的服务区域，降低生产成本，减少广告制作的成本费用并提高媒体的利用效率。

2）便于顾客认知，迅速扩大服务区域。

3）有利于在国际物流市场上树立统一的物流产品形象。营销产品和宣传方式的直接延伸，使顾客无论到哪个国家或地区，均可感受到同样的宣传方式，均可找到相同的物流产品，有利于在全球范围内扩大影响、提高声誉和树立形象。

但是，直接延伸策略本身如果与东道国的人文环境等发生矛盾时，也有可能使其受到影响。

（2）产品延伸-宣传适应策略

这一策略的基本做法是：将国内获得成功的物流产品直接延伸到国外市场，但在产品的宣传策略上，根据当地的特点进行调整。这种策略的适用条件为：产品在国际市场的使用条件与国内市场相同或相似，但在不同国家满足的是不同的需求或者具有不同的用途。它的优势在于相对较低的运作成本。由于营销产品直接延伸，从而可以避免因改变产品而发生的各种费用。但产品延伸——宣传适应策略要求企业了解不同国家顾客需求的差异，确定产品在不同国家的用途，并以此进行相应的宣传方式的改变。

（3）产品适应-宣传不变策略

产品适应是指对国内营销的物流产品进行相应的改进以适应不同国别目标市场的要求，但保持原有的宣传方式不变。产品改进包括功能的改进、作业标准的改进、包装的改进、品牌的改进等诸多方面。这种策略适用于物流产品在不同国家的用途基本相似，但产品使用条件或顾客购买习惯存在差异的情况，如针对目标市场的具体情况，将其产品的作业标准、形象设计以及品牌加以变化，但产品的品质以及宣传方式都保持不变，这样可以节省大量的宣传费用。

（4）产品与宣传双向适应策略

产品与宣传双向适应策略即针对产品在不同国家或地区所面临的需求，将产品和宣传方式都进行相应地调整，从而使得产品和宣传方式都能很好地适应不同的目标市场的需要。值得一提的是，这种策略的花费较前几种策略要大一些，对企业的要求也较高。

（5）完全新产品策略

完全新产品开发策略是指专门为国际市场研制开发的新产品，推行的是与国内市场完全不同的产品——宣传策略。当产品改进无法满足国际市场要求或者无法适应国际市场使用条件，或者产品改进的成本费用过高而超过消费者支付能力或理解价值时，企业就可能选择完全新产品开发策略。由于新产品系依据国际市场的消费需求和使用条件进行研制和开发的，宣传方式也具有更强的针对性，从而能够更好地满足不同国家或地区顾客的需求与偏好。由于此种策略一开始就以全球市场为目标，所以如果能够成功实现，它会比产品改进具有更高的营销效率、更好的营销效益和更低的营销成本。但是，这种策略的投资较大，风险性强，对企业的要求也高。

物流企业对国际物流营销产品宣传方式策略的选择，取决于三个方面因素的相互作用：一是产品本身的特点以及产品所要满足的需求；二是目标市场的环境条件，如顾客的喜爱偏好或支付能力；三是企业的营销目标和资源条件以及产品和促销改变的成本代价。企业应在全面权衡产品、市场和企业三方面利弊的基础上做出选择。

2. 品牌营销策略

在逐步开放的物流市场，企业竞争的手段已经不单纯以产品本身为主，树立品牌形象以提高市场占有率成了许多知名企业的共同诉求。

资　料

2002年1月8日，中远集团旗下的中国远洋物流公司在京宣布成立。从国内到国际，从最初的简单运输到操作大型艺术品展览，从航运企业集团运筹帷幄、统一协调到旗下物流企业的成立与发展，中远集团的物流战略代表了许多国内运输企业发展物流的方向。两年来，中国远洋物流公司携品牌优势及网络资源之威，在家电物流、项目物流、展品物流、汽车物流四大业务板块中，皆出手不凡。

2003 年，中远物流公司对汽车物流进行了市场细分，按照提供服务的方式和客户需求的差异，确定了汽车零部件采购物流和成品车销售物流两大细分市场。中远物流的出现，奠定了"航运派"物流公司在中国物流市场中独霸一方的地位，成为重新划分中国物流市场格局的导火线之一。

DHL（敦豪）、UPS（联合包裹）、FedEx（联邦快递）、TNT（天地快递）等品牌气势如虹，是为数不多的在铸造真正的、属于自己的品牌上下功夫的物流企业，然而大多数物流企业缺乏品牌意识的企业形象是模糊的，很难给客户以稳定的概念，因此，认真对企业进行认证和评估，建立正确的品牌理念显得至关重要。正确的品牌理念是企业创建品牌、占领市场的向导。比如，UPS 的"最好的服务，最低的价格"、中铁物流的"向社会提供高效率的专业物流服务"、海尔的"真诚到永远"等品牌理念给企业注入了强大的动力，指引企业向一个明晰的方向发展，同时也建立起了民众普遍熟悉的品牌形象。品牌理念还应该符合时代和顾客的心理，每个时代的人在品牌的认知上存在差异，每个不同的顾客群对品牌的品位也不相同。美国经历了个人主义和功利主义的品牌模式，受这两种不同时代的意识驱使，使企业的品牌也显示了鲜明的时代个性，如万宝路的牛仔精神、麦当劳家的温暖、可口可乐独特的饮料文化等。现在美国的企业品牌模式和意识完全不一样了，彻底转变成了现代意识，即个人主义和功利主义的完美结合。通用电器、宝洁公司、微软公司等，都是以个人主义和功利主义为基础，强化知识化和国际化的现代意识管理。

另外，物流企业在建立品牌时还要进行准确且个性化的定位，品牌定位是设计、塑造、树立品牌形象的核心和关键。定位策略的运用是一种动态复杂的过程，它的核心是 STP，即细分市场（segmenting）、目标市场选择（targeting）和具体定位（positioning）。品牌战略决定了企业的产品针对哪类消费者、企业提供消费者以什么样的服务水平。品牌策划人要做好品牌定位，一般需要遵循消费者导向原则、差异化原则、个性化原则和动态调整原则。首先，企业要对目前和未来的市场有个准确的定位，定位策略的运用还在于创造和渲染企业与产品的个性化特征。从企业的性质来看，物流企业应该把自己定位在专业化、国际化的物流企业。海尔就是一个例子，在满足自身物流需求的同时，将未来的发展方向定为第三方物流企业，以大型生产企业、商业企业和电子商务公司为服务对象，为包括原材料物流、生产物流、成品物流和销售物流在内的供应链过程提供物流支持，以提供物流能力评估、系统设计与咨询和全过程物流代理为服务方式。

创建品牌需要通过一系列外在和内在的载体来体现。物流企业要后来居上，首先要重视品牌的命名和企业标识的确立，在总体把握品牌的基础上，创造出新颖生动的新品牌名称和方便识别的商标符号。在激烈的市场竞争中，企业想脱颖而出，必须借助于一个个性鲜明的商标,以在强手如林的市场上让人耳目一新,记忆深刻。

服务质量是物流企业参与市场竞争的法宝,是企业成为品牌企业的基本条件。企业应该长期持久地开展质量教育,使企业成员树立服务第一的观念,造就一支具有强烈质量意识、一丝不苟、精益求精的技能职工队伍。此外,还应该给客户提供导向服务和延伸服务等方面的个性化服务。

质量认证是企业进入国际市场的"通行证",它能使企业质量管理实现系统化和科学化,在建立质量体系和持续改进的过程中使企业达到有效运作。同时影响现行的管理体系,引导企业的管理走向以质量管理规模为基础的一体化进程。

功能齐备的硬件设施是物流企业制胜的坚实后盾,现代物流企业要顺利完成物流供应链运转,就必须有相当数量的主控资源——硬件设施。一个专业化的物流企业,需要从相关的硬件设施上下功夫,比如构建物流园区、增大仓储面积、购置专用货柜车辆、与铁路港口合作,在其内自建中转仓库基地等。

要为客户降低物流成本,应在供应链管理方面下功夫,使各个环节协同工作。企业还要面向国际化,实现资源共享,构筑公司全球一体化的物流网络。富有效率的供应链管理犹如汽车的引擎,给汽车提供源源不断的动力,驱使品牌不断地明晰,为更多的人所认知。

为获得顾客的永久忠诚,在供应链的设计和管理中,必须建立一个有效的反馈路径,使信息在供应链中自由畅通,尽快传达。其意义表现在:有利于加强与消费者的沟通,有利于消费者在对产品进行消费体验后对产品的改进提出建设性的建议;有利于消费者在对产品提出抱怨时,方便地通过供应链传达到供应商,便于快速有效地解决;有利于通过对消费者购买数据的分析,发现消费者的购买偏好,开发出适合消费者需要的产品,符合甚至超越消费者期望。麦当劳、UPS、FedEx 等,这些企业都是通过高效的供应链管理,增加服务水平来达到提高品牌附加值的目的。服务水平的变动,势必带来整个供应链的重新设计。因此,供应链的变动间接地影响了品牌价值的变动。产品的同质化,势必导致竞争将大部分体现在服务水平的竞争上,间接地也就体现在了供应链的竞争上。通过供应链的优化设计,提高整个供应链的服务水平,从而也提高了品牌的价值。

3. 国际物流促销策略

国际物流促销是国际物流营销组合的重要组成部分。物流企业将各有关信息传递给目标顾客,让他们知晓、了解、喜爱和购买企业的物流产品。

国际物流促销组合和国内物流促销组合一样离不开广告促销、人员促销、营业推广和公共关系这四种基本方式的协调运用。但由于不同国家或地区促销环境的差异,国际物流促销活动面临国内物流促销所没有的特殊问题,需要物流企业作出相应的策略选择。

知识链接

物流营销技巧

物流营销 = 70%脚 + 30%脑："70%脚"是指物流营销与一般产品营销一样，物流企业要将自己的工作重点放在走访客户、走访市场、调研环境上，通过艰辛的体力劳动、辛勤的付出、不厌其烦地主动与客户沟通、凭借对客户与市场细节的洞察力和关注获得的客户的信赖，所有这些离不开平时的积累，是用"脚"做出来的，而不是凭空想象出来的。

小　结

本节介绍了国际物流市场营销组合策略，分析了国际物流市场营销组合的内容，介绍了国际物流市场营销策略中的价格策略和品牌策略。

相关作业

1. 小组讨论一下，我国物流企业进入国际市场面临哪些挑战？应采取怎样的策略？哪些策略较为常用？
2. 联系现实生活，说一下 4Ps 和 4Cs 的区别。

本 章 小 结

国际物流市场营销是对各种观点、产品和服务实行构想、定价、促销和分销等活动，使其通过交换实现满足个人和组织目的的在多个国家中进行的整个策划和实施过程。国际市场营销意味着企业必须面对世界范围内的竞争对手，必须对国际市场信息掌握准确、迅速，能对国际市场的变化做出快速反应。同时，国际市场营销也意味着企业可以占有广阔的国际市场，更广泛地利用国际资源，得到世界上最新的科学技术，企业可以在世界范围内更有效地配置资金。国际市场营销将给企业带来更多的利润和更大的风险，对企业的要求也更高。

相关素质要求

1. 良好的语言表达能力、协调能力和沟通能力
2. 熟悉国际贸易的相关术语和流程

3. 熟悉目标市场所在国的市场环境

4. 较强的责任心和不怕吃苦的精神

5. 工作充满热情，具备创新能力

作品展示及点评

（根据本章所学内容，要求学生利用课堂时间分小组进行"作品展示"活动。作品可以是实际操作，也可以是工作方案，还可以是围绕本章作业制作的PPT课件。作品展示过程要求配解说。）

思考与练习

一、简答题

1. 国际物流市场营销策略组合有哪些？试举一个国际物流营销组合成功案例并进行分析。

2. 在国际市场的大环境下，物流企业应如何开展自身的业务？

二、案例分析

独一无二的"末日管理"

"小天鹅"集团公司连续8年保持国内全自动洗衣机销量第一，且已在泰国、马来西亚、印度尼西亚和中东、南美地区陆续建立了稳固的销售基地，并在印度尼西亚和马来西亚创办了合资工厂，在美国洛杉矶、日本、德国等高新技术密集区域都建立了技术开发中心，在香港建立了贸易窗口。小天鹅的成功是由于推行了独一无二的"末日管理"经营模式。"末日管理"是指企业经营者和全体员工面对市场和竞争都要充满危机感，认识到企业有末日，产品有末日，企业鼎盛时期往往也潜伏着最大的危机。小天鹅树立"怀抱炸弹"的经营思想，形成了一套独特的放眼国际，争创一流的营销方式。

1）一流质量。小天鹅把每一项质量指标、经营指标、生产效率指标都同世界一流公司的参数——相比。1991年我国对洗衣机的质量标准是4000次无故障运行，前苏联是1000次，法国是2500次，日本松下是5000次。此时小天鹅已荣获全国同行业唯一的一块金牌，但仍将目标对准了洗衣机产品质量的世界高峰。经过两年努力，在引进、消化了大量的国外先进技术后，小天鹅成功地将无故障运行提高到了5000次。

2）一流产品。小天鹅的产品向世界一流企业看齐，产品开发连赶带超，创一流产品。1997年2月，一家著名公司刚刚推出防腐防褪色洗衣机，30天后，小天鹅也开发出了同类产品；同年4月，又一家大公司推出全自动快速洗衣机，10分钟即可完成一次洗衣的全部程序，一个月后，小天鹅又跟上来了。最近，小天鹅又自行设计了面向 21 世纪的大循环喷瀑水流，节能型全自动洗衣机，已批量上市。这种洗衣机采用了 9 项世界新技术、拥有 5 项专利。小天鹅在美国技术中心的 3 位工程师仅用半年就设计出集波轮式、滚筒式洗衣机之长的搅拌式洗衣机两个新产品。

3）一流人才。小天鹅十分注重对人才的吸收、培养和使用，在全世界范围内招聘人才。目前在小天鹅本部工作的博士就有 14 位，在公司出资控股的北京和无锡的研究生有数十位，正在美国、日本继续深造的有 8 位，小天鹅发给博士的月薪为 1 万元。近两年为培训员工花去 1000 多万元，去年又投入 2000 万元进行人才培训。

4）一流管理。小天鹅实行产品零库存，不设立成品库房，如果产品三天卖不出去，宁可停产，目的就是在适销上下功夫，把好每道关，做到"零"缺陷——生产高质量的、满足市场需求的、没有缺陷的产品。正因如此，小天鹅资金回笼很快，没有死账、坏账、三角债。

问题：

这个案例包含了哪些国际市场营销的相关理论和策略？

参 考 文 献

蔡燕农. 2003. 市场营销. 北京：中国商业出版社

董千里. 2005. 物流市场营销学. 北京：电子工业出版社

华锐. 2003. 企业文化教程. 北京：企业管理出版社

劳动和社会保障部教材办公室. 2003. 市场营销. 北京：中国劳动社会保障出版社

马洪. 1993. 什么是社会主义市场经济. 北京：中国发展出版社

曲建科. 2007. 物流市场营销. 北京：电子工业出版社

石海燕. 2002. 经济学理础. 北京：高等教育出版社

吴健安. 2004. 物流市场营销. 北京：高等教育出版社

郑彬. 2005. 物流客户服务. 北京：高等教育出版社